Um vento na Casa do Islã

David Garrison

Um vento na Casa do Islã

Como Deus está atraindo muçulmanos em todo o mundo à fé em Jesus Cristo

1ª edição

Tradução: João Ricardo Morais

David Garrison
Um vento na Casa do Islã

Coordenação editorial: Walter Feckinghaus
Supervisão editorial: David Lane Williams
Título original: A wind in the House of Islam
Tradução: João Ricardo Morais
Revisão: David Lane Williams e Josiane Zanon Moreschi
Edição: Sandro Bier
Design de Capa: Mike Mirabella
Adaptação de capa: Sandro Bier
Mapas: Jim Courson
Foto do autor: Hal Lohmeyer Photography
Editoração eletrônica: Josiane Zanon Moreschi

> "A Wind in the House of Islam"
> "Copyright© 2014 by WIGTake Resources"
> "All rights reserved. No part of this publication may be reproduced in any form without the prior written permission of the author, except in the case of brief quotations for review or critical articles"

Dados Internacionais de Catalogação na Publicação (CIP)
(Câmara Brasileira do Livro, SP, Brasil)

Garrison, V. David

Um vento na casa do Islã : como Deus está atraindo muçulmanos em todo o mundo à fé em Jesus Cristo / David Garrison ; tradução João Ricardo Morais. -- 1. ed. -- Curitiba, PR : Editora Esperança, 2016.

Título original: A wind in the house of Islam : how God is drawing Muslims around the world to faith in Jesus Christ
Bibliografia.
ISBN 978-85-7839-147-8

1. Cristianismo e outras religiões - Islã 2. Islã - Relações - Cristianismo 3. Missões junto aos muçulmanos 4. Relações interreligiosas
I. Título.

16-04143   CDD-266

Índices para catálogo sistemático:
1. Missões junto aos muçulmanos : Cristianismo
266

As citações bíblicas foram extraídas da *Bíblia na Nova Tradução na Linguagem de Hoje*, © 2000, Sociedade Bíblica do Brasil.

As citações do Alcorão foram extraídas de *Os significados dos versículos do Alcorão Sagrado* (trad. Prof. Samir El Hayek). São Paulo: 1989.

Todos os direitos reservados.
É proibida a reprodução total e parcial sem permissão escrita dos editores.
Editora Evangélica Esperança
Rua Aviador Vicente Wolski, 353 - CEP 82510-420 - Curitiba - PR
Fone: (41) 3022-3390 - Fax: (41) 3256-3662
comercial@esperanca-editora.com.br - www.editoraesperanca.com.br

Sobre *Um vento na Casa do Islã*

Este é o livro mais importante e empolgante sobre o mundo do islã que eu já li!
Dr. Sasan Tavassoli – Pars Theological Centre

A pesquisa hercúlea de David Garrison através da vasta mistura do mundo muçulmano nos leva a agradecer pelo avanço do Evangelho e orar para que o Senhor amadureça esses movimentos para que o mundo creia que o Pai verdadeiramente enviou seu Filho para ser seu Salvador e Senhor.
Dr. Don McCurry, presidente, Ministries to Muslims – Fundador do Zwemer Institute for Muslim Studies

A expressão "sem precedentes" dificilmente começa a expressar os eventos históricos que agora acontecem no mundo muçulmano. Até recentemente, os muçulmanos abraçavam a fé cristã uma pessoa de cada vez. Mas, desde 2000, os muçulmanos começaram a vir a Cristo em movimentos. O extraordinário livro de David Garrison dá esperança à próxima geração de missionários cristãos de que seu trabalho na seara não será em vão.
Dr. Robert A. Blincoe – Diretor EUA, Frontiers

A pesquisa de David Garrison em *Um vento na Casa do Islã)* documenta a impressionante providência de Deus no cumprimento de sua missão e encoraja os cristãos a avançarem no engajamento de todos os povos até os confins da terra.
Dr. Jerry Rankin, presidente emérito – International Mission Board, SBC

Se você tem um coração voltado para os muçulmanos, *Um vento na Casa do Islã)* irá inspirá-lo! Se você não tem um coração voltado para os muçulmanos, leia este livro e Deus lhe fará um transplante de coração. Ele está movendo os muçulmanos como nunca anteriormente. David Garrison, obrigado por essa brilhante obra.
Tom Doyle – Autor de *Dreams and Visions: Is Jesus Awakening the Muslim World?*

Eugene Peterson em *A Mensagem* parafraseia de forma singular Apocalipse 2.11: *Seus ouvidos estão abertos? Então ouça. Ouça as Palavras do Vento, o Espírito soprando através das igrejas...* A obra poderosa e acadêmica de David Garrison, *Um vento na Casa do Islã*, é verdadeiramente um volume magistral e oportuno, destinado a despertar nossos ouvidos para o impacto de Jesus Cristo entre os muçulmanos em nossa geração.

    Dr. Dick Eastman, presidente internacional – Every Home for Christ International

Momento perfeito para *Um vento na Casa do Islã*! Garrison conta a história real através de entrevistas em primeira mão e casos de estudos recentes. Há muito aguardado e de muito valor!

    Dr. Michael Barnett, reitor – College of Inter-Cultural Studies – Columbia International University

Este livro deve ser lido por qualquer um que esteja se lançando no ministério entre os muçulmanos. Além do óbvio status atualizado dos movimentos de muçulmanos para Cristo, juntamente com histórias envolventes, grande valor é encontrado nas informações históricas que Garrison dá quando descreve cada "cômodo". Como ex--missionário no "Cômodo Indo-Malaio", ele me recorda das raízes históricas e do contexto do islamismo naquela parte do mundo em que o cristianismo agora está dando fruto.

    Dr. Marvin Newell, vice-presidente sênior – Missio Nexus

Este livro deveria ser lido por todos os que desejam estar atualizados com o progresso dos movimentos de plantação de igreja nas nove principais regiões do mundo muçulmano. É empolgante ler as histórias da obra de Deus ao tirar os muçulmanos das trevas para a luz e para a verdadeira fé encontrada somente em Jesus Cristo.

    Dr. Nabeel T. Jabbour – Professor e autor de *The Crescent Through The Eyes of The Cross*

A publicação deste livro marca uma grande virada na história de missões. Cada cristão deveria ler as histórias inspiradoras de irmãos e irmãs que, corajosa e alegremente, abraçam a fé. Vamos orar para que isso seja apenas o começo.

    Dr. Don Dent – Diretor, Kim School of Global Missions – Golden Gate Baptist Theological Seminary

Sumário

Dedicatória..9
Agradecimentos..11
Glossário..13

Parte 1: Os desdobramentos da História
1. Algo está acontecendo..21
2. Desdobramentos da História..39
3. Dez questões essenciais..49

Parte 2: A Casa do Islã
4. O Cômodo Indo-Malaio...67
5. O Cômodo da África Oriental...87
6. O Cômodo do Norte da África..105
7. O Cômodo da parte oriental do Sul da Ásia..................123
8. O Cômodo Persa..145
9. O Cômodo do Turquestão...167
10. O Cômodo da África Ocidental......................................185
11. O Cômodo da parte ocidental do Sul da Ásia...............205
12. O Cômodo Árabe...231

Parte 3: Na casa da guerra
13. Olhando para trás..255
14. Como e por quê...265
15. Nossa resposta..285

Bibliografia..291
Fontes das Ilustrações..303
Índice..309

À Cyd,
que amou seu Senhor e o povo muçulmano mais
do que a própria vida.

Para Cyd o viver era Cristo e o morrer era ganho.

Agradecimentos

Dizem: "Se você quer ir rápido, vá sozinho. Se quer ir longe, vá acompanhado". Minha oração é que este livro vá longe. A julgar por seus muitos colaboradores e contribuintes, ele tem chances. Este livro não seria possível sem a ajuda de muitos amáveis colaboradores ao redor do mundo. Por segurança, várias destas pessoas não podem ter seus nomes revelados. Outras são citadas apenas com abreviações parciais. Serei sempre grato a essas pessoas que separaram tempo para me guiar na direção correta, ajudaram-me a ver o que Deus estava fazendo e me corrigiram quando havia mal-entendido. Como sempre, os erros no livro são meus. Os agradecimentos não são endossos. O que existir de valor neste livro é pela graça de Deus e com a intenção de que seja de benefício para seu Reino ao redor do mundo. Agradeço aqui a:

The International Mission Board, SBC
> Judith Bernicchi, John Brady, Jim Courson, Tom Elliff, Gordon Fort, Wilson e Natalie Geisler, Jim Haney, Scott Holste, Chuck Lawless, Steve McCord, Clyde Meador, Mike Mirabella, Minh Ha Nguyen, Scott Peterson, Joy Shoop, Jim Slack

Facilitadores de campo, por região
> África Ocidental: Tim e Charlotte C., Duane F., Jim Haney, Shodankeh Johnson, Kris R., Jerry Trousdale, David Watson
> Norte da África: Matt B., Trevor B., George e Sheryl G., M. K., Dr. F. S., Dennis C., Hamid e Za. R.

Mundo Árabe: John B., Trey G., Chris M., Donald C., Tom e JoAnn D., Paul C.

África Oriental: Steve S., Bruce W., Aychi, Shimeles, Jeff P., John B., Tim e Charlotte C., John Becker, Joe D., James L., Chuck C., Alan F., B. J., Grant L., Jerry T., David W., Ben W.

Turquestão: Ali, Wes F., Steven G., Kolya, Bill S., Jim T.

Mundo Persa: Andy B., Mark B., Gasem, Jon G., Kambez, Sarah K., Sepideh, David P., Scott P., Hormoz S., Jim S., Sasan T., David Y., Sam Y.

Parte Ocidental do Sul da Ásia: J. e D. Br., Jon D., Hank, Herbert H., Kevin H., Todd L., Don McCurry, Jim T., Eric W.

Parte Oriental do Sul da Ásia: Dave C., Kevin G., Gary e Barbara H., Kevin H., Michael J., Todd L., Dwight M., Timothy M., Andrew N., Shannon, Stacy, Phil P., George T.

Indo-Malásia: Don D., Todd E., Mike S., Steve S., R. W., Von W.

Conselheiros e consultores

John Becker, John Brady, Curtis Sergeant, Don Dent, B. G., Todd Johnson, Jay Muller, Bill Smith, Dudley Woodberry

Encorajadores, câmaras de ressonância, colaboradores e capacitadores

Don Aaker, Bruce Ashford, Mike e Cindy Barnett, John Becker, Megan Chadwick. Bill e Karma Duggin, Carla Evans, Paul Filidis, Bob Garrett, Steve e Nelly Greisen, Max Hatfield, Nora Hutchins, Chuck Lawless, Martin E. Marty, Jon Matas, Jay Muller, Rick e Kim Peters, Melody Raines, Herschel York

Família, que nunca deixou de se sacrificar, encorajar e apoiar

Sonia, Amanda, Marcus, Seneca, Jeremiah e Liz, Etheleen, Vernon e Patsy, Vickie e Garth, Linda e Tom, e Jeff que sempre foi meu maior guerreiro de oração até sua morte em março de 2013 – sinto sua falta todos os dias.

Glossário

Ahl Al-Bayt – literalmente, em árabe, "a família da casa". Refere-se aos muçulmanos xiitas, aqueles que creem que a liderança da comunidade muçulmana deveria ter permanecido com a família do Profeta Maomé, isto é, com seu genro, Ali.

Allah – a única palavra para Deus em árabe, usada nesse idioma igualmente por cristãos e muçulmanos. Refere-se ao criador de todas as coisas que se revelou a Abraão, Moisés e outros personagens bíblicos.

ayatollah – literalmente "um sinal de Allah". Refere-se a peritos e líderes islâmicos, particularmente na tradição xiita do Islã, como encontrada no Irã.

azan – do termo árabe *adan*, ou tempo de oração.

COM – cristãos de origem muçulmana.

Dar al-Harb – literalmente, em árabe, "a Casa da Guerra", referindo-se àquelas terras e povos nos quais o islã ainda não é dominante.

Dar al-Islam – literalmente, em árabe, "a Casa do Islã", referindo-se a todos os que são muçulmanos.

Druso – ramificação do islã do século 11 considerada herética pelos muçulmanos ortodoxos. Totalizando de um a três milhões, a maioria dos Druzos de hoje vive na Síria, Israel e Jordânia.

fatwa – parecer jurídico formal decretado por um *mufti*.

ghazi – um guerreiro, especificamente um que lutou contra os infiéis, enfrentou a morte e sobreviveu. Altamente considerado como veterano, reverenciado como um mártir vivo.

Hadith – os ditos e tradições da vida do Profeta Maomé.

hafez – literalmente, em árabe, "guardião". Um *hafez* é alguém que memorizou (guardou no coração) o Alcorão.

hajj – a peregrinação a Meca, exigida dos muçulmanos pelo menos uma vez na vida.

Hazrat – da derivação árabe literalmente significando "Presença". *Hazrat* é um termo de respeito, tal como o equivalente a "Sua Eminência" ou "Meritíssimo".

imam (imã) – literalmente, em árabe, "aquele que está à frente". Refere-se ao pregador e líder de orações na mesquita.

Injil – os Evangelhos, ou mais genericamente o Novo Testamento, mas especialmente os livros sobre Jesus.

Isa – o nome árabe para Jesus. Também pode ser escrito 'Isa e Aisa.

Isai – um seguidor de Jesus. Literalmente "aquele que pretence a Jesus".

jamaat – em árabe, literalmente "um grupo ou ajuntamento". Pode referir-se a um ajuntamento religioso, como uma igreja, ou uma comunidade de crentes de qualquer tipo.

jihad – literalmente "luta" em árabe. Refere-se frequentemente à luta para o avanço do Islã.

jihadi (jihadista) – aquele que conduz a *jihad*. Consulte também *mujahid* ou *mujahedeen* (plural).

kafir – no islã, uma designação para um descrente, geralmente não um cristão ou judeu, mas um pagão. Contudo, em uso geral, pode referir-se, de forma pejorativa, a qualquer um que não seja muçulmano ortodoxo.

Kalam – literalmente, em árabe, "palavra". É usado para referir-se à Bíblia em partes do mundo muçulmano.

Khoda – um termo de origem do zoroatrismo persa usado para referir-se a Deus pelos cristãos e muçulmanos em muitas partes do mundo turco, persa e sul asiático.

Glossário

Kitab al-Moqadis – em árabe, literalmente o "Livro Sagrado ", um termo usado por árabes e cristãos para referirem-se à Bíblia.

madrasa – uma escola islâmica onde o Alcorão e o *Hadith* são ensinados. Outros assuntos podem também ser ensinados, mas não necessariamente.

masjid/mesjid – uma palavra de derivação árabe para mesquita. Significa ajuntamento ou comunidade.

al-Masih – literalmente "o Messias". Um título usado no Alcorão para Jesus.

mawlana – literalmente, "nosso mestre", refere-se geralmente a um erudito e autoridade religiosa, especialmente no sul da Ásia.

mazar – um santuário *sufi*, geralmente um lugar onde um pregador *sufi* ou santo do passado é enterrado. Torna-se um lugar de veneração para peregrinos *sufi*.

minarete – literalmente, em árabe, "um farol". Refere-se às torres altas da mesquita de onde o *muezzin* faz a chamada à oração.

muezzin – aquele que faz a chamada à oração (veja "*azan*").

mujahid (plural *mujahedeen*) – um guerreiro islâmico engajado na *jihad*.

mufti – erudito islâmico e líder capaz de julgar pela comunidade e decretar *fatwas* ou pareceres jurídicos formais.

mullah/mulvi (mulá) – um erudito islâmico, particularmente na Ásia Central e sul da Ásia Ocidental.

namaz – um termo referente a uma das cinco orações islâmicas diárias.

pak – verdadeiro ou bom, um termo comumente usado no sul da Ásia.

pir – um título de derivação persa referente a um santo vivo na tradição sufi.

rab – uma palavra árabe significando "senhor."

sahih – literalmente, em árabe, "autêntico" ou "correto e apropriado".

saidna – literalmente "nosso mestre". Um termo de respeito usado em muitas partes do mundo muçumano para Jesus.

sardar – um chefe de aldeia no sul da Ásia Ocidental.

salafi – literalmente "ancestrais". Um movimento reformador fundamentalista dentro do islã.

salam aleikum – literalmente "paz esteja sobre vocês". Uma saudação comum no mundo muçulmano.

salat – oração, geralmente refere-se a uma das cinco orações islâmicas diárias, mas pode simplesmente significar "oração".

shahada – profissão de fé muçulmana: "Não há deus além de Allah, e Maomé é seu profeta". Todos os muçulmanos fazem esta profissão.

shalwar kameez – vestimenta larga comumente usada no sul da Ásia Ocidental.

sharia – literalmente, em árabe, "maneira", geralmente usado para designar a lei islâmica, ou a maneira islâmica de fazer as coisas.

sheikh (xeque) – um título honorífico em árabe que significa "ancião".

Shi'a (xiita) – literalmente "partidários de Ali". Refere-se a 10% de muçulmanos, a maioria dos quais no Irã, que divergem dos muçulmanos sunitas a respeito do papel de liderança de Ali, o genro e sobrinho martirizado do Profeta Maomé.

Sufi – uma grande ramificação mística dentro do Islã que objetiva ter experiências com Allah através da comunhão mística. Considerada como marginal ou não ortodoxa pelos muçulmanos sunitas conservadores.

Sunita (sunni) – literalmente "reto". Refere-se a 90% dos muçulmanos que aderem aos ensinos retos ou ortodoxos do Islã.

tablighi – um grupo de pregadores islâmicos que viajam de lugar para lugar encorajando e exortando os fiéis.

ulama – a comunidade de eruditos islâmicos.

ulma – um erudito islâmico, membro da *ulama*, usado na Ásia Central e no sul da Ásia Ocidental.

Wahhabi – um movimento reformador fundamentalista dentro do islã originando no século XVIII o que é hoje a Arábia Saudita.

Watan al-Arab – literalmente "a Nação Árabe", um termo usado para referir-se a todos os que vivem em terras que têm populações árabes de tamanhos consideráveis.

"O vento sopra onde quer, e ouve-se o barulho que ele faz, mas não se sabe de onde ele vem, nem para onde vai. A mesma coisa acontece com todos os que nascem do Espírito."
João 3.8

PARTE 1
Os desdobramentos da História

Capítulo 1
Algo está acontecendo

Um vento está soprando através da Casa do Islã. A Casa do Islã, *Dar al-Islam* em árabe, é o nome que os muçulmanos dão a um império religioso invisível que vai da África Ocidental ao arquipélago indonésio, abrangendo 49 nações e 1.6 bilhão de muçulmanos.[1] Diminuindo o tamanho de qualquer reino terreno anterior, o islã dirige as relações espirituais de quase um quarto da população do mundo. Mas algo está acontecendo hoje que está desafiando o controle que o islã exerce sobre seus adeptos. Movimentos muçulmanos em direção a Jesus Cristo estão acontecendo em número jamais visto anteriormente.

Pelo bem da clareza e consistência, vamos definir um movimento de muçulmanos em direção a Cristo como sendo pelo menos 100 novas igrejas iniciadas ou mil batismos que ocorrem durante um período de duas décadas. Hoje, em mais de 70 localidades separadas em 29 nações, novos movimentos de seguidores de Cristo de origem muçulmana estão acontecendo. Cada um desses movimentos cruzou o limiar de pelo menos 100 novas igrejas iniciadas ou mil cristãos batizados, todos que vieram a Cristo nas últimas duas décadas. Em alguns países, os números dentro desses novos movimentos cresceram para dezenas de milhares.

Embora o número total de novos seguidores de Cristo, entre dois e sete milhões, possa ser estatisticamente uma pequena gota no vasto mar do Islã,

---

1 "Muslim-Majority Countries" (Países de Maioria Muçulmana), em *The Future of the Global Muslim Population* (O Futuro da População Global Muçulmana). Pew Research Center, 27 de janeiro, 2011. Citado em 8 de agosto de 2013 na Internet: http://www.pewforum.org/2011/01/27/the-future-of-the-global-muslim-population/. (Acesso em 01/04/2016)

ele não é insignificante. Não se limitando a um canto remoto do mundo muçulmano, estas novas comunidades de fé estão amplamente difundidas, a partir do Sahel da África Ocidental[2] às inúmeras ilhas da Indonésia – e tudo o que estiver entre eles.

O preço que estes convertidos pagam por sua conversão não diminuiu com a chegada dos tempos modernos. As prescrições do Alcorão permanecem inabaláveis: "caso se rebelem, capturai-os então, matai-os, onde quer que os acheis" (Sura 4.89b). E esses renegados religiosos estão pagando um preço incalculável por sua migração espiritual a Cristo. No entanto, eles continuam a vir. O que começou como algumas expressões dispersas de dissidência agora está crescendo mais substancialmente. Números historicamente sem precedentes de homens e mulheres muçulmanos estão indo contra a corrente de suas sociedades para seguir Jesus Cristo. E está só começando.

Para compreender o peso desse fenômeno, é preciso vê-lo à luz do cenário de expansão islâmica e interação com populações cristãs do século 14. Dentro de um século da morte do Profeta Muhammad (Maomé), no ano 632, seus guerreiros árabes haviam derrotado tanto a superpotência bizantina quanto a persa, que tinham dominado o mundo, diretamente e através de seus antecessores, por mais de mil anos. Ao longo do caminho, esses conquistadores muçulmanos sujeitaram milhões de cristãos ao governo islâmico.

O avanço do Islã não parou até chegar ao Oceano Pacífico no século 13 e passar pelas muralhas de Constantinopla em 1453. Em muitos aspectos, o avanço do Islã, embora mais moderado, continua até hoje. Mas, seguindo o exemplo de seu fundador, a fé cristã não morre facilmente. Embora conquistadas pelos exércitos islâmicos, populações cristãs permaneceram por séculos, mas, por fim, pressões persistentes e incentivos à conversão surtiram efeito e, assim, a ascendência cristã de milhões tornou-se uma distante lembrança.

O propósito desta análise, no entanto, não é o avanço bem documentado do islã, mas o reaparecimento do cristianismo dentro do mundo muçulmano. A ressurreição do cristianismo tem sido há muito esperada.

---

2   O Sahel é uma faixa de 500km a 700km de largura, em média, e 5.400 km de extensão, situada na África Subsaariana, entre o deserto do Saara, ao norte, e a savana do Sudão, ao sul; e entre o oceano Atlântico, a oeste, e o Mar Vermelho, a leste. O Sahel atravessa os seguintes países Gâmbia, Senegal, a parte sul da Mauritânia, o centro do Mali, Burkina Faso, a parte sul da Argélia e do Níger, a parte norte da Nigéria e dos Camarões, a parte central do Chade, o sul do Sudão, o norte do Sudão do Sul e a Eritreia. Eventualmente, são incluídos também a Etiópia, o Djibouti e a Somália. Fonte: Wikipedia. (N. de Revisão)

Movimentos muçulmanos em direção a Cristo através da História

Embora houvesse, sem dúvida, conversões individuais entre os muçulmanos em todos os lugares ao longo dos anos, os primeiros três séculos e meio de interação entre muçulmanos e cristãos não viram movimentos comunitários de muçulmanos em direção ao Evangelho. Somente no século 10, quase 350 anos após a morte de Maomé, encontramos a primeira evidência histórica de quaisquer comunidades de muçulmanos que se converteram ao cristianismo.

Nos anos finais do califado abássida[3], centrado no atual Iraque, um número crescente de emires árabes e seljúcidas[4] com esforço saíram do controle de Bagdá e forjaram suas próprias dinastias menores. No ano de 972 e novamente em 975, o imperador bizantino João Tzimisces aproveitou a oportunidade para conquistar território em sua fronteira do sul, juntamente com várias cidades da Síria e da Palestina. Foi supostamente em resposta às "extorsões financeiras de seus governantes muçulmanos" que, no ano de 980, uma tribo árabe muçulmana composta por 12.000 homens, além de mulheres e crianças, perto da antiga cidade de Nisibis, no que é hoje a fronteira turca com a Síria, aliou-se aos bizantinos e foi batizada na religião cristã. Nos séculos turbulentos que se seguiram, no entanto, esses ganhos duvidosos e muito mais foram perdidos.[5]

João Tzimisces

Pesquisadores do século 21 podem, com razão, contestar se essa taxa de convertidos do século 10 era realmente de verdadeiros cristãos ou não. Eles merecem ser mencionados nesta análise histórica, contudo, apenas para ilustrar o quão raro era encontrar quaisquer conversões vindas do islã. À parte desse incidente, nenhum movimento para Cristo apareceu nos primeiros 500 anos de avanço islâmico.

---

3   O Califado Abássida foi o terceiro califado islâmico. Ele foi governado pela sinastia Abássida de califas, que construíram sua capital em Bagdá após terem destronado o Califado Omíada, cuja capital era Damasco, com exceção da região de al-Andalus. Fonte: Wikipedia. (N. de Revisão)

4   O Império Seljúcida foi um império islâmico sunita medieval, persianizado (muito influenciado pela cultura persa) de origem turco-persa fundado pelo ramo *Qynyq* dos turcos oguzes, que controlavam uma área vasta que se estendia do Indocuche até a Anatólia oriental, e da Ásia Central ao Golfo Pérsico. Fonte: Wikipedia. (N. de Revisão)

5   K. S. Latourette, *Uma história do cristianismo*, Vol. 2, (São Paulo: Hagnos, 2007), citando a obra anterior de Alfred Von Kremer, *Culturgeschichte des Orients, Vol. II*, pp. 495-6.

Cruzadas, inquisições e outros fracassos

Embora as Cruzadas (1096-1272) possam ser vistas como a resposta imitativa da Europa cristã a séculos de *jihad* islâmica, essas incursões militares provaram ser contraproducentes ao avanço do Evangelho. As minorias cristãs em terras dominadas por governos muçulmanos realmente mostraram um crescimento acentuado de conversões ao islã durante esses séculos, à medida que sua lealdade patriótica era questionada diante das invasões dos exércitos europeus sob a bandeira da cruz.[6]

Rogério II

Uma exceção política ao espírito das cruzadas aconteceu no reinado siciliano de Rogério II. Rogério era um conquistador normando francês que, antes de 1130, tinha consolidado o controle sobre a Sicília e o sul da Itália. Rogério formou uma civilização normando-árabe nos cruzamentos das culturas bizantina, árabe, grega e sua própria cultura normanda que se desenvolveu em uma das mais prósperas em todo o Mediterrâneo. Resistindo às convenções anti-islâmicas daqueles dias, o experimento social inclusivo de Rogério floresceu durante quase um século à medida que ideias, idioma e comércio fluíam entre muçulmanos e cristãos. Não há nenhum relato de quantos muçulmanos possam ter se convertido ao cristianismo durante esse século, mas merece menção aqui como um dos poucos interlúdios em um relacionamento violento entre as duas grandes religiões. O experimento terminou em 1224 quando o neto de Rogério, Frederico II, expulsou todos os muçulmanos de seu reino.

O século 13 viu um novo impulso do evangelismo cristão aos muçulmanos, particularmente na Espanha, onde o controle islâmico estava diminuindo depois do domínio de quase meio milênio. Bem antes da finalização da *Reconquista* Católica da Península Ibérica em 1492, os cristãos europeus estavam impondo sua fé entre a população muçulmana.

---

6 Para uma boa introdução aos motivos para conversão ao islã, consulte R. Stephen Humphreys, "The Problem of Conversion" (O problema da conversão), em *Islamic History: A Framework for Inquiry (História islâmica: uma estrutura para investigação)* (Londres: Princeton University Press, 1991), pp. 273-283. Também, Philip Jenkins, *The Lost History of Christianity, The Thousand-Year Golden Age of the Church in the Middle East, Africa and Asia—and How It Died* (A história perdida do cristianismo, a era de ouro dos mil anos da igreja no Oriente Médio, África e Ásia – e como ela morreu) (Nova Iorque: Harper One, 2008).

Em 1219, o caráter transcendente de Francisco de Assis (1181-1226) atravessou as linhas entrincheiradas de batalha separando Cruzados e exércitos muçulmanos perto de Damietta, Egito, para evangelizar – ou ser martirizado – o governante fatímida[7] e sobrinho de Saladino, o sultão al-Malik al-Kamil. Embora Francisco não tenha conseguido nenhum dos dois, seu interesse pelas almas muçulmanas foi transmitido à ordem fraternal que o seguiu e levou seu nome.

Entre os primeiros imitadores franciscanos estava o inglês Roger Bacon (1214-1294), que contrariou as paixões políticas de seus contemporâneos para defender a evangelização, em vez de a subjugação dos muçulmanos. Tudo o que era necessário, Bacon insistiu, era que eles fossem "ensinados na doutrina católica em seu idioma materno".[8] O franciscano flamengo Guilherme de Rubruck (1220-1293), partiu em 1254 para fazer exatamente isso. Comissionado como missionário para os tártaros muçulmanos de Constantinopla, Guilherme ultrapassou seu alvo, mais tarde viajando 8.000 km para o palácio de Mongke Khan, em Karakorum, Mongólia. Assim como seu fundador, Francisco de Assis, e apesar de sua nobre intenção, nem Roger Bacon nem Guilherme de Rubruck viram muito resultado com relação à resposta dos muçulmanos.

Francisco de Assis

Uma exceção ao ministério geralmente infrutífera dos franciscanos entre os muçulmanos, no entanto, foi o trabalho missionário de Conrado de Ascoli (1234-1289).[9] Nascido em uma família nobre na Itália, a piedade de Conrado desde a infância levou-o à ordem franciscana. Depois de um breve mandato de pregações em Roma, Conrado obteve permissão para ir para a Líbia, onde se diz que seu humilde estilo de vida, pregação do Evangelho e supostos milagres resultaram no batismo de 6.400 convertidos

---

7 O Califado Fatímida foi um califado formado com a ascensão da dinastia dos Fatímidas, uma dinastia xiita ismaelita constituída por catorze califas, que reinou na África do Norte entre 909 e 1048 e no Egito entre 969 e 1171. Fonte: Wikipedia. (N. de Revisão)

8 K. S. Latourette, *Uma história do cristianismo*, Vol. 2.

9 Andrew Alphonsus MacErlean, "Conrado de Ascoli", in: *The Catholic Encyclopedia: An International Work of Reference* (Enciclopédia Católica: uma obra de referência internacional), Vol. 4 (Ann Arbor, MI: University of Michigan Library, 1907), p. 258.

líbios.[10] Algum tempo depois, amigo de infância de Conrado, que cresceu e tornou-se o Papa Nicolau IV, chamou-o novamente para a Europa para intervir entre os beligerantes monarcas católicos da Espanha e França. Conrado nunca mais voltou para o norte da África, optando por permanecer em Paris, onde se tornou professor de teologia.

Compartilhando o zelo de Francisco de Assis pelas almas muçulmanas estava também seu contemporâneo, o espanhol Dominic de Guzman, cuja Ordem Dominicana, apesar de dedicar-se à pregação do Evangelho aos sarracenos (como os muçulmanos foram anacronicamente chamados) viu pouco fruto entre eles. Nenhum santo fundador (nem Francisco nem Dominic) pôde reivindicar um único movimento muçulmano voluntário de pelo menos mil convertidos a Cristo (ou ao catolicismo), embora eles tenham incentivado uma abordagem mais espiritual e menos violenta com relação ao islã.

São Domingos de Gusmão

Em 1240, um dos sucessores de Dominic, Raimundo Penaforte, renunciou a seu posto como o terceiro comandante geral da Ordem Dominicana para passar suas últimas três décadas mobilizando a Igreja na Espanha para fazer missões entre os muçulmanos. Raimundo inaugurou escolas de árabe em Barcelona e Tunis, na Tunísia, e convenceu seu amigo e colega dominicano, Tomás de Aquino, a escrever *Summa contra Gentiles* como uma resposta apologética para muçulmanos e judeus.[11] Estes recursos para comunicar a fé católica, juntamente com a quebra do domínio islâmico na Espanha, contribuíram para a recristianização da Ibéria nos séculos subsequentes. Infelizmente, Raimundo também empregou a Inquisição brutal como ferramenta para forçar conversões e identificar heresias entre as populações espanholas de muçulmanos e judeus, questionando a profundidade e a integridade dessas conversões.[12]

---

10 Latourette, *Uma história do cristianismo*, Vol. 2. A vida e ministério de Conrado de Ascoli são pouco conhecidos. Ele recebe apenas uma sentença na história de sete volumes de Latourette. Diz-se que o santo católico desejou pregar o Evangelho aos negros na África. Quantos destes convertidos líbios eram escravos negros e quantos deles eram muçulmanos é desconhecido.

11 "St. Raymond of Peñafort" (São Raimundo Penaforte), in: *Enciclopédia Católica*. Disponível em: http://www.newadvent.org/cathen/12671c.htm. (Acesso em 01/04/2016)

12 "Raymond of Peñafort" (Raimundo Penaforte), in: *Nova Enciclopédia Católica*, 2ª ed., Vol. 11, (Detroit: Gale, 2003), pp. 936-937.

No lado oriental do Mediterrâneo, outro dominicano, Guilherme de Trípoli (ca. 1220-1275), nascido e criado no último posto avançado cruzado, que hoje é o Líbano, teria supostamente "batizado mais de mil muçulmanos"[13] ou teria pelo menos visto "muitos muçulmanos convertidos chegarem à fé".[14]

Guilherme é um sujeito curioso, talvez mais bem conhecido na posteridade como um dos dois missionários enviados pelo Papa Gregório X, em 1271, na malfadada viagem de Marco e Matteo Polo à corte mongol de Kublai Khan. A doença encurtou a viagem de Guilherme depois de ir apenas à distância do alcance da Armênia, ao leste da Turquia.

Raimundo Penaforte

Para nossos propósitos, porém, Guilherme pode ser mais importante por seu sucesso em alcançar os muçulmanos do Levante "sem o benefício de armas ou argumento filosófico".[15] Guilherme creditou seu sucesso aos seus estudos da cultura e do idioma islâmicos. Dado que a presença de Guilherme no Levante foi o resultado de uma cruzada militar de um século na região, a história pode, com razão, descartar suas reivindicações de ser "sem o benefício de armas". Não está claro quantos muçulmanos realmente responderam positivamente ao apelo de Guilherme, contudo, com a queda deste último posto avançado latino no Oriente Médio em 1291, menos de duas décadas após a morte de Guilherme, está claro que nenhum de seus frutos sobreviveu.

Um dos mais heroicos missionários para o mundo muçulmano foi o místico catalão, Raimundo Lúlio. Um mestre em árabe e estudante do islã, Lúlio rejeitou o paradigma cruzado e fez três viagens missionárias para a Argélia e a Tunísia, antes de finalmente receber o martírio que desejava na cidade costeira argelina de Bougeia, em torno do ano de 1315. Lúlio, como seus contemporâneos franciscanos e dominicanos, foi excepcional em evitar a violência e buscar um testemunho consistente aos muçulmanos no idioma árabe.

---

13 Latourette, *Uma história do cristianismo*, Vol. 2.

14 J. F. Hinnebesch, "William of Tripoli" (Guilherme de Trípoli), in: *Nova Enciclopédia Católica*, 2ª edição, Vol. 14 (Detroit: Gale, 2003), p. 754.

15 Thomas F. O'Meara, "The Theology and Times of William of Tripoli, O.P.: A Different View of Islam" (A Teologia e os momentos de Guilherme de Trípoli, O.P.: uma visão diferente do islã), in: *Theological Studies* (Estudos Teológicos), Vol. 69, No. 1.

No entanto, como seus contemporâneos franciscanos e dominicanos, Lúlio relatou poucos convertidos à fé cristã.[16]

Embora não tenha ocorrido de imediato, o zelo renovado para alcançar os muçulmanos não ficou inteiramente sem resultado. Após reconquista de Granada em 1492, a última fortaleza muçulmana na Espanha, o arcebispo católico, Hernando de Talavera, obrigou o clero sob a sua autoridade a aprender árabe e usar tato e persuasão para converter os muçulmanos em suas paróquias, respeitando os direitos deles de conservarem sua religião, propriedade e leis. Em parte, como resultado, durante a década entre 1490 e 1500, "milhares de muçulmanos foram batizados".[17] Entretanto, é difícil avaliar a motivação voluntária para esses batismos à luz da Inquisição iminente que sempre apareceu como um incentivo à conversão. Antes de 1610, todos os muçulmanos restantes, incluindo os *mouriscos* ou cripto-muçulmanos da Espanha, foram expulsos da Península Ibérica.[18]

Raimundo Lúlio

Nos séculos 16 e 17, a Reforma Protestante e as Contra-Reformas Católicas estavam permeando a Europa Ocidental, tirando a atenção do colapso no Oriente do cristianismo grego e do cristianismo do Oriente Médio em face de uma expansão do império turco-otomano. Os cristãos ocidentais voltaram sua atenção para o exterior, para as aventuras coloniais nas Américas, África e Ásia, trocando conflitos diretos com os muçulmanos para ganhos mais fáceis entre as populações não muçulmanas.

À medida que o primeiro milênio da interação entre cristãos e muçulmanos se aproximava do fim, milhões de cristãos foram assimilados na Casa do Islã, enquanto dificilmente um único movimento muçulmano a Cristo, sem coerção, tenha ocorrido.

---

16 Latourette, *Uma história do cristianismo*, Vol. 2.

17 Latourette, *Uma história do cristianismo*, Vol. 2, citando *The Moriscos in Spain* (Os Mouriscos na Espanha) de Lea, pp. 12-31.

18 *Mouriscos* era o termo para os muçulmanos que concordaram em se converter ao catolicismo em vez de serem expulsos do país. O termo, mais tarde, tornou-se pejorativo à medida que estes *Mouriscos* eram suspeitos de, secretamente, continuarem a praticar o islã.

A era colonial

Os séculos 16 e 17 lançaram a era da expansão colonial ocidental com o comércio espanhol e português e conquistas na África, Ásia e Américas. Comerciantes holandeses, franceses e ingleses correram para recuperar o atraso nos séculos 18 e 19. Embora a colonização europeia estivesse de mãos dadas com o empreendimento missionário na maior parte do mundo não ocidental, o mesmo não poderia ser dito sobre os encontros dos colonizadores nas regiões muçulmanas.

Os comerciantes europeus tipicamente adotavam uma das duas abordagens em relação às populações muçulmanas que encontravam. Se os portos fossem controlados pelos sultões muçulmanos, os europeus conspiravam com facções não muçulmanas locais, dividindo e conquistando para ganhar vantagem. Se as terras estrangeiras continham populações muçulmanas muito grandes, os europeus adotavam uma abordagem mais flexível, suprimindo os esforços missionários de modo a não provocar a ira dos sentimentos dos habitantes locais.

Até o fim da era colonial, o historiador de missões católicas Joseph Schmidlin teve que admitir: "Como um todo, o mundo muçulmano com seus duzentos milhões de adoradores de Allah tem, até o presente momento, se mantido à distância do cristianismo tanto católico quanto protestante, apesar dos esforços determinados de alguns missionários em particular".[19]

Schmidlin continuou a lamentar,

> ... O Crescente na Ásia e na África até progrediu a ponto de ter se tornado o rival mais poderoso das missões cristãs. No entanto, não se deve, por essa razão, declarar que os muçulmanos sejam absolutamente insensíveis à conversão ou incapazes de receber o Evangelho, já que comunidades cristãs foram, de fato, formadas dentro deles, mesmo durante o século 19 – pelo menos pelos protestantes nas Índias Orientais Holandesas e, em casos isolados, como o resultado de esforços católicos na Cabília (Argélia) – e continuaram desde então.[20]

As duas exceções que Schmidlin destaca, as Índias Orientais Holandesas (atual Indonésia) e Cabília (uma região berbere da Argélia), merecem um exame mais minucioso como dois exemplos raros de movimentos muçulmanos para Cristo na grande era de expansão colonial e missionária ocidental.

---

19 Joseph Schmidlin, *Catholic Mission History* (História da Missão Católica) (Techny, IL: Mission Press, SVD, 1933), p. 584.
20 Ibid.

Nos séculos seguintes à sua chegada em 1605 nas Índias Orientais, os exércitos holandeses estenderam o controle sobre a maioria dos sultanatos muçulmanos independentes no que viria a se tornar a Indonésia. Como havia ocorrido em outras conquistas europeias, o padrão de colonização holandesa evitou o conflito com as populações muçulmanas. Dos 245 missionários que logo chegaram à Indonésia, a maioria foi enviada para evangelizar as ilhas mais distantes, onde o Islã ainda não tinha se estabelecido. Apenas alguns foram enviados para Java, e sua tarefa era ministrar a qualquer um exceto aos muçulmanos.[21]

Por sua vez, os indonésios geralmente consideravam o austero calvinismo holandês desagradável, enquanto os nacionalistas muçulmanos apontavam para o estrangeirismo como uma razão para se abraçar o islã e resistir ao Ocidente. Em 1914, Abraham Kuyper, o líder mais influente da Igreja Reformada na Holanda, sugeriu que, com apenas 1.614 convertidos incluindo mulheres e crianças, talvez fosse a hora para a missão deixar Java devido à sua falta de aceitação.[22]

Embora clérigos europeus estivessem atolados em frustração, evangelistas leigos da Eurásia e da Indonésia estavam fazendo progresso à medida que empregavam um testemunho evangélico mais contextualizado. Um evangelista javanês local chamado Radin Abas Sadrach Surapranata (1835-1924), baseou-se na abordagem de evangelistas euro-indonésios anteriores para expandir grandemente a resposta muçulmana ao Evangelho. Por isso, ele é lembrado pelos cristãos indonésios como "Sadrach: o apóstolo de Java". Sadrach utilizou a tradução javanesa da Bíblia recém-publicada e uma apologética agressiva para envolver os líderes muçulmanos no debate. Ele, em seguida, reunia os convertidos em *mesjids* (comunidades) nacionais contextualizadas de crentes cristãos javaneses chamadas *Kristen Jawa*, em vez de extraí-los para as igrejas cristãs holandesas locais.

Na época da morte de Sadrach, em 1924, entre 10 e 20 mil cristãos javaneses podiam ser rastreados até o ministério do Apóstolo de Java.[23] Embora

---

21 Don Dent, "Sadrach: The Apostle of Java" (Sadraque: o Apóstolo de Java) pp. 2-3. Obra não publicada, citada em 28 de novembro de 2012.

22 Dent, "Sadrach" (Sadraque) p. 27, citando Sumartana, Th., *Missions at the Crossroads: Indigenous Churches, European Missionaries, Islamic Associations and the Socio-Religious Change in Java 1812-1936* (Missões nas encruzilhadas: igrejas nacionais, missionários europeus, associações islâmicas e a mudança sócio-religiosa em Java 1812-1936) (Jakarta: Gunung Mulia, 1993), pp. 89-92.

23 Dent, "Sadrach" (Sadraque), p. 26, citando Sutarman S. Partonadi, *Sadrach's Community and Its Contextual Roots: A Nineteenth Century Javanese Expression of Christianity* (A comunidade de Sadraque e suas raízes contextuais: uma expressão do cristianismo javanês do século 19) (Amsterdã: University of Amsterdam, 1988), p. 129.

eles representassem apenas uma fração do país islâmico mais populoso do mundo, estes *Kristen Jawa* marcaram um avanço histórico como o primeiro movimento muçulmano para Cristo não coagido em quase 13 séculos de testemunho cristão ao mundo muçulmano.

Do outro lado da *Dar al-Islam*, outro experimento no ministério aos muçulmanos estava tendo algum sucesso. Em 1830, a Argélia passou a estar sob controle francês e foi governada como uma parte integrante da França até sua independência em 1962. No entanto, não foi antes de 1868, depois de uma fome devastadora que deixou muitos árabes e berberes órfãos, que a Igreja Católica começou ativamente a testemunhar aos seus cidadãos argelinos muçulmanos.

Charles Martial Lavigerie (1825-1892) chegou como arcebispo da Sé de Argel em 1868 e logo começou a reunir os órfãos da fome em aldeias para fins ministeriais. Temendo agitação popular, o governador-geral da Argélia, Marshal McMahon, proibiu o proselitismo a muçulmanos. Lavigerie concordou, ordenando seus padres a evitarem batizar qualquer não cristão entre os quais ministravam.

Charles Lavigerie

Em 1874, Lavigerie deu um passo importante para a remoção de barreiras à aceitação do Evangelho por parte dos muçulmanos quando fundou a *Société des missionnaires d'Afrique* (Sociedade dos Missionários da África), popularmente conhecida como *Pères Blancs* ou Padres Brancos, por causa da batina branca e do cachecol de lã que eles adotaram. Os Padres Brancos aprenderam árabe e adotaram muitos dos costumes dos povos muçulmanos entre os quais serviam, na esperança de facilitar o caminho para a transmissão do Evangelho.

No entanto, os primeiros batismos não ocorreram até 1887, quando três rapazes berberes de Cabília, que estavam visitando Roma para o Jubileu do Papa Leão XIII, "suplicaram em lágrimas para serem batizados e o foram".[24] Naquele mesmo ano, Lavigerie permitiu, pela primeira vez, o ensino religioso, mas apenas se a comunidade local estivesse de acordo.

Os berberes de Cabília provaram ser os mais responsivos dos povos muçulmanos do norte da África, mas dificilmente pode-se dizer que exibiram o

---

24 Schmidlin, *Catholic Mission History* (História da Missão Católica), p. 591.

que poderia ser chamado de um movimento para Cristo. Muitos obstáculos islâmicos, católicos e franceses estavam em seu caminho, não o menos importante sendo o fardo da sujeição da Argélia à força de ocupação francesa, estrangeira e culturalmente cristã. Como resultado, até 1930 podia-se contar não mais do que 700 convertidos católicos batizados entre os cabilas.[25]

As últimas décadas do século 19 viram a chegada de numerosos missionários protestantes no norte da África. Apesar do heroísmo de muitos que trabalharam lá, a história registra, com precisão e de forma sucinta, que "não muitos convertidos foram ganhos".[26]

Um terceiro movimento de muçulmanos para Cristo escapou à atenção de historiadores tanto das missões católicas quanto protestantes. Em 1892, um muçulmano etíope conhecido como Shaikh Zakaryas (1845-1920), de uma aldeia a noroeste do Lago Tana, começou a ter sonhos perturbadores que o levaram a obter uma Bíblia de missionários suecos na cidade de Asmara, no que hoje é a Eritreia. Inicialmente, Zakaryas tentou usar seus novos conhecimentos bíblicos para pregar a reforma islâmica, mas uma feroz oposição dos líderes islâmicos o expulsou da comunidade muçulmana e, em 1896, Zakaryas começou seu ministério como cristão.

Zakaryas não foi batizado, no entanto, até 1910. A essa altura ele já tinha levado 75 clérigos muçulmanos influentes à fé. Na época de sua morte, em 1920, os seguidores muçulmanos batizados de Zakaryas eram em número de 7.000. Nas décadas seguintes a sua morte, esses cristãos de origem muçulmana (COM), chamados *Adadis Krestiyan* (novos cristãos) foram recebidos tanto na Igreja Ortodoxa Etíope quanto na Igreja Adventista do Sétimo Dia.[27]

Embora os historiadores de missões tenham saudado o século 19 como "O Grande Século" de expansão cristã ao redor do mundo, o século encerrou-se com apenas dois movimentos muçulmanos para Cristo e, pelo menos, mil convertidos batizados, e isso só ocorreu quase 13 séculos depois da morte

---

25 Latourette, *Uma história do cristianismo*, Vol. VI, citando Antony Philippe, *Missions des Peres Blancs en Tunisie, Algerie, Kabylie, Sahara* (Missões dos Padres Brancos na Tunísia, Argélia, Cabília e Sahara) (Paris: Dillen & Cie, 1931), pp. 143, 145, 146.

26 Latourette, *Uma história do cristianismo*, Vol. VI.

27 Paul Balisky, "Dictionary of African Christian Biography, Shaikh Zakaryas 1845 to 1920 Independent Prophet Ethiopia" (Dicionário de biografia cristã africana, Shaikh Zakaryas 1845 a 1920 profeta independente da Etiópia), disponível em www.dacb.org/stories/ethiopia/zakaryas2.html. (Site em inglês. Acesso em 04/04/2016.)

do Profeta Maomé. Apenas 65 anos após o início do século 20 é que o próximo movimento muçulmano para Cristo apareceu, e aconteceu sob grande coação.[28]

Os avanços do século 20

No ano de 1965, a Indonésia tinha um dos maiores partidos comunistas do mundo. Em setembro do mesmo ano, um golpe comunista abortado provocou um derramamento de sangue que não parou até que mais de meio milhão de indonésios fossem mortos. Qualquer pessoa suspeita de ser comunista ou de ter inclinações ateístas era presa, executada ou massacrada.[29] O governo de Nova Ordem da Indonésia que subiu ao poder durante os atos de violência aboliu o comunismo e o ateísmo em uma só vez, exigindo que cada cidadão indonésio aderisse a uma das cinco religiões históricas da nação: islã, protestantismo, catolicismo, hinduísmo ou budismo. Na confusão que se seguiu, dois milhões de indonésios, alguns dos quais tinham vindo de, pelo menos, uma origem culturalmente muçulmana, entraram para as igrejas protestantes e católicas do país.[30]

Apesar de que seria difícil ver como uma vinda puramente voluntária de muçulmanos a Cristo, isso resultou em muitas pessoas depois recebendo ensino cristão e vindo à fé, que, de outra forma, não teriam vindo.

Outros movimentos muçulmanos para Cristo em vários cantos do mundo muçulmano não apareceram até a década de 1980. Jovens cristãos no Ocidente, revigorados pelo Movimento Jesus de 1970, abraçaram, nos anos 80, o chamado para missões de fronteira a fim de chegar aos grupos não alcançados que restavam no mundo. Perto do topo de todas as listas estava o um bilhão de muçulmanos não alcançados do mundo.

O movimento seguinte surgiu no mais improvável dos lugares. Após o choque da Revolução Iraniana em 1979, muitos iranianos descobriram que

---

28   O termo "The Great Century" (O Grande Século) foi cunhado pelo historiador de missões de Yale, Kenneth Scott Latourette, em sua *Uma história do cristianismo*, em sete volumes, op. cit.

29   As matanças da Indonésia de 1965-1966 estão bem documentadas. Para uma lista de 15 fontes adicionais sobre este assnto, consulte "Indonesian Killings of 1965-1966" (As matanças da Indonésia de 1965-1966). Citado em 28 de novembro de 2012. Disponível na Internet em: http://en.wikipedia.org/wiki/Indonesian_killings_of_1965–1966. (Site em inglês); https://pt.wikipedia.org/wiki/Massacre_na_Indon%C3%A9sia_de_1965-66 (Site em português. Acesso em 04/04/2016.)

30   Avery T. Willis, *Indonesian Revival: Why Two Million Came to Christ* (Avivamento indonésio: por que dois milhões vieram para Cristo) (Pasadena: William Carey Library, 1977).

um Estado Islâmico não era o remédio para todos os males que tinham imaginado. Em meados da década de 1980, os pentecostais armênios no Irã estavam presenciando um número crescente de muçulmanos xiitas voltando-se para eles para ouvir o Evangelho. Até o final da década de 1980, em face da severa perseguição do governo, milhares de muçulmanos entraram para a fé cristã.[31]

A década de 1990 também testemunhou um ressurgimento do cristianismo entre berberes de Cabília, na Argélia. À medida que se agravava uma luta sangrenta entre o governo militar e islâmicos, mais tarde reivindicando mais de 100 mil vidas civis, berberes na Cabília renovaram sua busca por alternativas. Eles as encontraram no fim de noite nas transmissões de rádio evangélica em ondas curtas e nas cópias ilicitamente distribuídas do filme *Jesus*, com o resultado de milhares de berberes secretamente voltando-se ao Evangelho, enquanto o resto do país entrava em guerra civil.[32]

À medida que a década de 1990 se desenrolou, o mundo testemunhou a queda da Cortina de Ferro e o colapso econômico da União Soviética. Milhões de muçulmanos turcos (turcomanos) na Ásia Central, que cresceram sob o ateísmo soviético, foram subitamente confrontados com um novo horizonte de possibilidades. Os evangélicos americanos, europeus e coreanos aproveitaram a janela da abertura (*glasnost*) para levar o Evangelho aos povos turcos da Ásia Central. Até o final do século 20, o cristianismo evangélico pôde reivindicar movimentos nacionais entre as populações do Azerbaijão, do Quirguistão e do Cazaquistão e também em áreas nas quais havia o início de grupos de cristãos entre a maioria dos outros povos turcos da Ásia Central.[33]

Enquanto a Guerra Fria descongelava, muitos países do Bloco Leste, que anteriormente haviam sido fechados para testemunho cristão estrangeiro, abriram-se de repente. Além de seus avanços entre comunistas prescritos, missionários alcançaram os muçulmanos e viram movimentos de mais de mil novos seguidores de Cristo nas populações muçulmanas da Albânia e

---

31 Os movimentos no Irã serão discutidos em detalhes no capítulo oito deste livro. Consulte também a obra de Mark Bradley's, *Iran: Open Hearts in a Closed Land* (Irã: corações abertos em uma terra fechada) (Colorado Springs: Authentic, 2007) e *Iran and Christianity, Historical Identity and Present Relevance* (Irã e o cristianismo, identidade histórica e relevância atual) (Londres: Continuum Religious Studies, 2008).

32 Ahmed Bouzid, "Algerian Crisis, No End in Sight" (Crise argelina, sem solução à vista). Citado em 2 de dezembro de 2012 em http://www.library.cornell.edu/colldev/mideast/algbouz.htm. (Site em inglês. Acesso em 04/04/2016)

33 Isso será discutido em detalhes no capítulo nove. Fontes incluem o Annual Statistical Report (Relatório Estatístico Anual) da Junta Missionária Internacional dos Batistas do Sul.

Bulgária. A década também viu uma aceitação entre os muçulmanos do Sahel na África Ocidental, onde anos de seca crônica tinha fraturado lealdades ao Islã popular tradicional.

A população de Bangladesh, no Sul da Ásia, também provou ser um terreno fértil para o Evangelho na década de 1990. Amplamente vista como um estado falido e confuso, Bangladesh era, de fato, uma massa confusa de homens e mulheres trabalhadores e intelectualmente vibrantes, que estavam fazendo a transição de suas antigas lealdades hindus para uma identidade islâmica crescente, que estava em conflito por causa das feridas ainda abertas pelas atrocidades cometidas por seus correligionários paquistaneses na Guerra da Independência de 1971.[34] Em meio a esse caldeirão bengali que fervia, o Evangelho estava se espalhando de forma viral, levando dezenas de milhares de muçulmanos de Bangladesh a buscarem o batismo como evidência de sua nova fé em *Isa al-Masih*, Jesus, o Cristo.

Multiplicando movimentos

Para recapitular nossa revisão da história dos movimentos muçulmanos a Cristo, nos 12 primeiros séculos do islã não descobrimos conversões voluntárias à religião cristã, e apenas um punhado de conversões sob coação. Foi no final do século 19, doze séculos e meio após a morte de Maomé, que descobrimos os primeiros movimentos voluntários de muçulmanos a Cristo que chegaram pelo menos a mil batismos. Esses dois movimentos, o movimento indonésio, liderado por Sadrach, e o movimento etíope, por Shaikh Zakaryas, conseguiram o que nenhum outro cristão tinha visto em mais de mil anos.

Esses avanços foram seguidos pela conversão influenciada por perseguição, que conduziu cerca de dois milhões de indonésios a igrejas cristãs depois de 1965. Mas, em seguida, nas duas últimas décadas do século 20, houve um aumento de 11 movimentos adicionais. Eles ocorreram no Irã (2), Argélia, Bulgária, Albânia, África Ocidental, Bangladesh (2) e na Ásia Central (3). Até o fim do século 20, 1.368 anos após a morte de Maomé, havia um total de 13 movimentos de comunidades muçulmanas para a fé em Jesus Cristo.

---

34 O legado intelectual de Bangladesh foi duramente atacado quando os invasores militares paquistaneses sumariamente executaram milhares de acadêmicos, líderes sociais e políticos no fim da guerra. Contudo, os bengaleses orgulhosamente receberam três prêmios Nobel: Rabindranath Tagore (1913), Amartya Sen (1998) e Muhammad Younis (2006).

É esta longa história de frustração, uma história que tem visto dezenas de milhões de cristãos absorvidos pelo mundo muçulmano, que faz com que os eventos atuais sejam ainda mais surpreendentes. Apenas nos primeiros 12 anos do século 21, surgiu um adicional de 69 movimentos para Cristo de pelo menos mil batismos de COM ou 100 novas comunidades de adoração. Estes movimentos do século 21 não estão isolados em um ou dois cantos do mundo. Estão acontecendo através da Casa do Islã: na África Subsaariana, no Mundo Persa, no Mundo Árabe, no Turquestão, no sul e no sudeste asiático. Algo extraordinário, histórico, está acontecendo, algo sem precedentes.

Um vento está soprando através da Casa do Islã.

Discussão em grupos pequenos
Descubra por si mesmo

1. O que está acontecendo na história dos movimentos muçulmanos para Cristo?

2. Por que você acha que isso está acontecendo agora?

3. Em sua opinião, quais são algumas das razões porque esses movimentos não aconteceram durante 13 séculos?

Capítulo 2
Desdobramentos da História

Em 1º de fevereiro de 1979, o Ayatollah Ruhollah Khomeini encerrou seu exílio de 15 anos e embarcou em um voo da Air France a Teerã, consumando uma luta revolucionária que reescreveria a história iraniana e desafiaria três séculos de domínio ocidental no mundo muçulmano. A Revolução Iraniana marcou um movimento de desdobramentos na história do Islã com o Ocidente, provocando uma série de eventos que continua até o presente. Os desdobramentos da História são marcos que indicam mudanças importantes, não apenas por causas dos eventos em si, mas por causa daqueles que acontecem depois. Nove meses depois do retorno de Khomeini a Teerã, estudantes iranianos fizeram 52 americanos reféns, criando uma crise internacional que acabou com as esperanças de reeleição de um presidente dos Estados Unidos 444 dias mais tarde.

Dezesseis dias depois que os reféns foram tomados, o próximo evento aconteceu quando, em 20 de novembro, provocado por aspirações messiânicas, Juhayman al-Otaybi declarou-se o *Mahdi* (Messias islâmico) e liderou um bando de 500 militantes para tomar a Grande Mesquita, em Meca. A insurreição durou apenas duas semanas, mas provocou mais violência do norte da África até as Filipinas. Antes do fim do ano, as embaixadas dos EUA tinham sido queimadas totalmente em Trípoli, na Líbia, e em Islamabad, no Paquistão.

O "desdobramento Khomeini" não tinha terminado de causar efeito. Quase dois anos mais tarde, em 6 de outubro de 1981, gritando: "Eu matei o Faraó!", o tenente do exército egípcio Khalid Islambouli assassinou o presidente egípcio Anwar Sadat, o aliado mais próximo dos Estados Unidos no Mundo Árabe. Em 18 de abril de 1983, um homem-bomba matou 63 pessoas na embaixada americana em Beirute. Seis meses depois, um ataque ainda maior demoliu o complexo dos Fuzileiros dos Estados Unidos na cidade, matando 241 soldados, o que levou a evacuação americana no ano seguinte.

Um segundo desdobramento da História se abriu em 1989, quando a Cortina de Ferro se desintegrou, descongelando 80 anos de conflito da Guerra Fria entre o Leste e o Oeste. Depois de décadas de guerras de alto custo por procuração na Ásia, África e Américas, o jogo mudou de repente. Velhas alianças, que pareciam dividir todo o mundo em campos soviéticos e americanos, agora estavam para ser reconsideradas.

O colapso da União Soviética provocou uma temporada sem precedentes de acesso aos povos e terras que efetivamente haviam estado fechados ao contato externo com cristãos por quase um século. Apesar do crescimento do contato, os muçulmanos permaneceram resistentes à mensagem de Cristo. Iniciativas novas de levar o Evangelho aos muçulmanos na Indonésia, Índia, Bangladesh, Arábia Saudita, Iêmen, Iraque, Irã, Turquestão da Ásia Central, Argélia, os nômades e cidades do Sahel da África Ocidental e os muçulmanos cuchitas das colinas do Mar Vermelho da África Oriental aumentaram consideravelmente durante os anos que se seguiram, mas a aceitação manteve-se pequena. Os muçulmanos eram difíceis.

O desdobramento de 11 de setembro

Em 11 de setembro de 2001, quando as torres do World Trade Center caíram e partes do Pentágono ficaram em chamas, a história do mundo pareceu estar pronta, mais uma vez, para mudanças violentas por causa de algum grande desdobramento invisível. Apesar do tumulto, ou talvez por causa dele, os anos que se seguiram provaram ser anos de aceitação do Evangelho sem precedentes.

À medida que a primeira década do século 21 se desenrolava, tanto rumores quanto indícios de movimentos muçulmanos para Cristo estavam em ascensão. Em 2007, um colega me incentivou a realizar um estudo dessas mudanças dos muçulmanos. Naquela época, podíamos contar pelo menos 25 movimentos muçulmanos para Cristo que conhecíamos pessoalmente ou tínhamos ouvido falar. Não tínhamos ideia, na época, de que o número de movimentos era realmente muito maior. Quando concluímos nosso estudo, seis anos mais tarde, fomos capazes de identificar 82 movimentos para Cristo ocorrendo em todos os cantos do mundo muçulmano.

Em 2011, uma década após o momento de mudanças do 11 de setembro, uma fundação cristã entrou em cena apresentando uma proposta para financiar um projeto de investigação do crescente número de movimentos muçulmanos para Cristo, buscando entender o que estava acontecendo e como Deus estava trabalhando no meio deles. Nós nos perguntamos se outro desdobramento, este marcando uma nova abertura na história dos muçulmanos que vêm à fé em Cristo, estava discretamente surgindo.

Descrição do projeto

O projeto tomou forma com o título de trabalho "Movimentos muçulmanos para Cristo". Nos primeiros rascunhos do projeto, imaginamos a realização de 12 entrevistas com 12 indivíduos (seis homens e seis mulheres) de 12 movimentos representativos em 12 contextos em todo o mundo muçulmano. A simplicidade do escopo era sinal da minha própria preocupação de que uma pesquisa mais extensa poderia revelar-se interminável. No entanto, quanto mais de perto examinávamos o assunto, mais convencidos ficávamos de que 12 entrevistas em 12 locais formavam um quadro artificial e inadequado que não se encaixava com precisão o mundo muçulmano ou os movimentos emergentes lá. Precisávamos fazer mais, ir mais longe.

Nove Cômodos

Um exame mais detalhado do mundo muçulmano revelou um agrupamento natural de nosso assunto em nove diferentes grupos geoculturais ou complexos de povos muçulmanos. Definidos inicialmente pela geografia, esses agrupamentos foram mais moldados pela história, idiomas, comércio, conflito e, portanto, destino, que todos compartilharam. Seguindo a descrição dos muçulmanos árabes de seu mundo como "A Casa do Islã", chamamos estes nove grupos geoculturais de "Cômodos", cômodos dentro da Casa do Islã: (1) África Ocidental, (2) Norte da África, (3) África Oriental, (4) O Mundo Árabe, (5) O Mundo Persa, (6) Turquestão, (7) parte Ocidental do Sul da Ásia, (8) parte Oriental do Sul da Ásia e (9) Indo-Malásia.

Felizmente para os nossos propósitos, há pelo menos um movimento muçulmano para Cristo em cada um dos nove cômodos, e múltiplos movimentos em vários deles. Tomando amostras de um ou mais movimentos em cada cômodo, esperávamos obter uma perspectiva global sobre como Deus está trabalhando no mundo muçulmano.

A Casa do Islã

Nove cômodos geoculturais

O questionário

Depois de reduzir o escopo do estudo de movimentos muçulmanos para Cristo em cada um dos nove cômodos na Casa do Islã, estreitamos também as perguntas da pesquisa. Começamos por perguntar o que era a coisa mais importante que queríamos saber. Uma pergunta dominava todas as outras: *O que Deus está usando para trazer muçulmanos à fé em Cristo?* A partir desta pergunta base, construímos círculos concêntricos de perguntas relacionadas, algumas essenciais, outras nem tanto.[35]

Depois de captar informações demográficas básicas do entrevistado, tais como nome, grupo etnolinguístico, localização, gênero, idade, nível de escolaridade e número de anos como seguidor de Cristo, prosseguíamos para a parte central da investigação. Aqui estão as perguntas que fizemos:

1. **Antes de você chegar à fé em Cristo**
   a. Quão ativa era sua fé muçulmana?
   b. Descreva como você praticava sua fé muçulmana.
   c. Qual era sua visão sobre o cristianismo e sobre os cristãos?
   d. Quais foram os maiores obstáculos para tornar-se crente em Jesus?

2. **Voltando-se para Cristo**
   a. O que levou você a mudar sua visão sobre Jesus?
   b. Há quanto tempo você é seguidor de Jesus?
   c. O que Deus usou para trazê-lo à fé em Cristo?
   d. Em sua comunidade hoje, o que Deus está usando para atrair outros muçulmanos à fé em Jesus Cristo?

3. **Sua vida com Cristo**
   a. Quem é Jesus para você agora e como você o segue?
   b. O que a Bíblia significa para você e como você a utiliza?
   c. Como você pratica a igreja? Descreva sua igreja.

---

[35] Muitos conselheiros influenciaram a seleção dessas perguntas centrais. Alguns deles, que ajudaram a moldar o questionário, incluíram pesquisadores profissionais que pediram que seus nomes fossem retirados das descobertas publicadas. Outros, incluindo preletores, missionários de campo de base, demógrafos mundiais e colegas confiáveis ajudaram o autor a aperfeiçoar e esclarecer as perguntas que se seguem.

4. **Comunidade**
   a. Como você compartilha sua fé com os outros?
   b. Qual o papel dos estrangeiros em sua fé? (*Recursos estrangeiros influenciam esta obra? Em caso afirmativo, como?*)
   c. Quais pessoas têm sido influentes em sua jornada espiritual a Cristo e com Cristo?
   d. Qual o papel da mídia (*TV, Internet, rádio, o filme* Jesus, *gravações em áudio, outros*)?
   e. Como seguidor de Jesus, como você se relaciona com sua comunidade não cristã?
   f. Que papel a perseguição tem em sua vida?

5. **Antes e agora**
   a. Qual sua visão sobre o Alcorão e Maomé hoje?
   b. Observação para o entrevistador: tente deduzir, a partir de sua conversa, como a fé dessas pessoas está mudando. (Isto é, como essas pessoas e seus respectivos movimentos estão crescendo em sua fé cristã, migrando em direção ou para longe de sua fé islâmica?)
   c. Como sua vida mudou em decorrência de seguir Jesus?

Finalmente:

6. **Como podemos orar por você?**

Mudança de estilo

Mantidas essas mesmas perguntas em todas as nossas entrevistas desde a África Ocidental até a Indonésia, mas alteramos a forma como reunimos as respostas. Em nossas primeiras entrevistas, simplesmente coletamos as perguntas, inserindo as respostas em uma planilha de dados. Embora as informações recolhidas tenham sido boas e válidas, eram apenas dados, frios e impessoais, e depois isso pareceu muito insuficiente.

Nas semanas que se seguiram, mudamos para uma abordagem de conversação, permitindo aos entrevistados contarem suas histórias em suas próprias palavras. Após o testemunho, olhávamos para o questionário, pedindo ao entrevistado qualquer outra informação que não tivesse surgido naturalmente em sua história. O resultado foi um quadro muito mais rico, mais perspicaz e, acreditamos, mais preciso da pessoa que estava sendo entrevistada e das maneiras pelas quais Deus esteve operando entre seu povo.[36]

Através de um vidro embaçado

Dois anos e meio, 400 mil km, e mais de mil entrevistas depois, eu pude compreender de forma mais profunda como Deus está operando no mundo muçulmano. O escopo do estudo foi além do que inicialmente se pensava possível. Com a ajuda de colaboradores locais, entrevistas foram coletadas de 45 movimentos, em 33 povos muçulmanos, em 14 países. Embora não abrangendo todos os movimentos que se desenrolam atualmente, estas entrevistas fornecem um amplo escopo para lançar luz sobre o que parece ser um momento de desdobramento histórico na propagação do Evangelho em todo o mundo muçulmano.

Antes de entrar nos nove cômodos e ouvir as histórias extraídas desses movimentos muçulmanos para Cristo, é preciso ter em mente algumas das questões críticas que cercam essas histórias.

---

[36] Para ler mais sobre as "Diretrizes e Metodologia" que desenvolvemos ao longo do caminho, visite o website: http://www.windinthehouse.org. (Site em inglês. Acesso em 04/04/2016.)

Discussão em grupos pequenos
Descubra por si mesmo

1. Quais são as perguntas-chave que o autor quis fazer?

2. O questionário é equilibrado? Por que ou por que não?

3. Depois da primeira entrevista, o autor mudou sua abordagem. Quais são os pontos fortes e fracos da mudança de estilo da entrevista?

Capítulo 3
Dez questões essenciais

Identificar questões essenciais define o campo de jogo (o escopo) antes de começar um jogo ou uma competição importante, garantindo consistência e entendimento mútuo. Nunca é a parte mais empolgante do jogo, mas, sem ela, tudo o que vem depois seria confuso e sem significado. Localizar os limites, esclarecer as penalidades desclassificatórias, avaliar o progresso e o sucesso são essenciais para o significado e o entendimento.

Inúmeros acadêmicos, praticantes de campo, pesquisadores e COMs ajudaram a identificar 10 questões essenciais que precisam ser esclarecidas antes de examinarmos esses movimentos muçulmanos para Cristo:

1. Preocupações com a segurança
2. Escopo do projeto
3. Abordagem fenomenológica
4. Visão do islã
5. Definição de conversão
6. Definição de movimento
7. Motivações para a conversão
8. Limitações deste estudo
9. O viés do autor
10. Resultados desejados

Preocupações com a segurança

Da segurança dos Estados Unidos, os perigos que os convertidos enfrentam em países de maioria muçulmana parecem estar distantes. Mas uma revisão dos testemunhos pessoais e centenas de rostos fotografados, recolhidos durante minhas viagens, relembram vividamente aqueles que vivem em circunstâncias muito diferentes. Se estes movimentos estivessem ocorrendo no passado distante, a segurança não seria uma preocupação. Mas, porque estão acontecendo agora, a segurança dos envolvidos é de primordial importância.

Um amigo egípcio chamado Mo, abreviação de Mohammed, confidenciou para mim: "Como um convertido do islã, meu sangue não é mais proibido". Mo passou a explicar: "Sob o islã, nenhum muçulmano tem o direito de derramar o sangue de outro muçulmano. Mas porque eu me afastei do islã, *meu sangue não é mais proibido*". Ele continuou: "Um lojista muçulmano devoto ou garçom em uma cafeteria que pretenda implementar a lei da *sharia* só precisa colocar secretamente algum veneno no meu chá ou prato de *kusherie*. Para tal obediência à lei islâmica, meu assassino muçulmano iria antecipar grandes recompensas na vida após a morte". Mo vai passar o resto de sua vida olhando por cima dos ombros e mexendo cautelosamente seu chá – tudo isso por seguir Jesus.

O Hadith *Sahih al-Bukhari*, 9:83:17 confirma os temores de Mo. "O sangue de um muçulmano que confessa que ninguém tem o direito de ser adorado, mas apenas Allah e que eu (Muhammad) sou Seu Apóstolo, não pode ser derramado, exceto em três casos: Em *Qisas* para assassinato, uma pessoa casada que cometa relação sexual ilegal *e aquele que abandona o Islã (apóstata) e deixa os muçulmanos*".

Os convertidos cujas histórias dão informações para este estudo enfrentam uma ameaça muito real, e protegê-los foi prioridade máxima para este projeto. Assim, nenhuma das fotografias memoráveis de meus entrevistados está incluída neste livro, apesar de, em muitos casos, aqueles a quem eu entrevistei me pediram: "Conte minha história. Diga a todos. Eu quero que eles saibam que os muçulmanos estão indo à fé". Mas depois de ter examinado as implicações mais amplas de tais divulgações, estou escolhendo não ser tão transparente.

Embora cada história e cada citação no livro sejam verdadeiras, lugares e nomes de pessoas foram alterados para proteger os envolvidos. O leitor deve ter em mente que praticamente todas as entrevistas foram realizadas em outros idiomas e traduzidas por tradutores bilíngues locais e, depois, reproduzidas em inglês inteligível. No entanto, o mais fielmente possível, as citações refletem os testemunhos reais dos entrevistados.

Mesmo nos casos em que alguém deu permissão para usar seu nome, nós o alteramos a fim de proteger outras pessoas que possam ser afetadas negativamente por sua associação com a pessoa entrevistada. O anonimato apresenta seus próprios desafios, no entanto: Como é que se conta histórias sem revelar nomes e lugares? Sempre que possível, sem comprometer a segurança, as datas exatas e sequências de eventos são fornecidas. Como a maioria desses eventos e histórias está ocorrendo no presente, sempre que eventos ocorreram mais de duas décadas atrás, isso é apontado pelo verbo no passado e geralmente tratado como pano de fundo para o que está acontecendo agora.

O contexto geográfico para esses movimentos é fundamental para compreender o que lhes deu origem. Assim sendo, dar nome às cidades, grupos étnicos e países poderia colocar uma fonte em perigo. A solução para este dilema tornou-se aparente enquanto a pesquisa se desenrolava. O mundo muçulmano está longe de ser um monólito. Os muçulmanos indonésios diferem consideravelmente dos da Nigéria, assim como os uigures chineses diferem dos xiitas iemenitas.

Nossa pesquisa revelou que 2.157 culturas muçulmanas distintas e povos do mundo poderiam ser razoavelmente agrupados em nove grupos de afinidade, grupos que compartilham as mesmas experiências em torno da geografia, idioma e história. Estes grupos de afinidade têm negociado entre si, guerreado uns com os outros, enfrentado problemas geográficos e climáticos juntos, e enfrentado os de fora juntos.

Ao localizar cada movimento amplamente dentro desses nove grupos de afinidade, conseguimos realizar dois propósitos. Em primeiro lugar, pudemos descrever com precisão o contexto e seu impacto sobre esses movimentos. Em segundo, pudemos proteger os entrevistados e seus movimentos, "escondendo-os" entre os milhões de indivíduos que compartilham de seu grupo de afinidade.

Escopo do projeto

A enormidade do mundo muçulmano e do número crescente de movimentos também se mostra como um desafio para a conclusão do projeto. O próprio tamanho deste estudo, os movimentos para Cristo em todo o mundo muçulmano, ameaçou atrapalhar e sabotar o projeto. Embora pudéssemos ter limitado o estudo para um movimento e nos aprofundado nele, ou realizado uma ampla pesquisa sobre convertidos muçulmanos sem relação com os movimentos, esses estudos já haviam sido feitos por outros pesquisadores.[37]

No momento da redação desta obra, identificamos 82 movimentos muçulmanos voluntários para Cristo durante todo o curso da história. Os dois primeiros desses movimentos começaram no século 19; outros 11 tiveram lugar no século 20. O foco deste livro é sobre os 69 movimentos muçulmanos para Cristo adicionais que, ou se iniciaram ou continuam a se desenrolar no século 21. Mesmo limitando o âmbito para cada um dos 69 movimentos contemporâneos, isso produziria um peso no tempo e nas finanças que sobrecarregaria a capacidade do projeto. Felizmente, a mesma solução que ajudou a resolver o problema da segurança fornece uma resposta para o desafio da enormidade do escopo. Todos os 69 desses movimentos contemporâneos estão distribuídos, embora não de maneira uniforme, através dos nove Cômodos na Casa do Islã.

Descrever o contexto de cada um dos nove Cômodos e, em seguida, realizar entrevistas com um ou mais movimentos dentro de cada Cômodo é a melhor solução. Desta forma, podemos fazer justiça à singularidade de cada Cômodo e às vozes exatas de cada testemunho, e ainda obter uma visão global que nos permite comparar e contrastar as maneiras pelas quais Deus está operando tanto local quanto globalmente nos nove Cômodos: África Ocidental, Norte da África, África Oriental, o Mundo Árabe, o Mundo Persa, o Turquestão, a parte ocidental do Sul da Ásia, a parte oriental do Sul da Ásia e a Indo-Malásia.

---

37 Consulte, por exemplo, o artigo de 2007 de Dudley Woodberry "Why Muslims Follow Jesus" (Porque os muçulmanos seguem Jesus), in: *Christianity Today*, 24/10/2007, disponível em http://www.christianitytoday.com/ct/2007/october/42.80.html (Site em inglês. Acesso em 04/04/2016.), que pesquisa 750 muçulmanos convertidos ao cristianismo independentemente de seus relacionamentos com movimentos, e a dissertação de 2004 de Ant Greenham, *Muslim Conversions to Christ, An Investigation of Palestinian Converts Living in the Holy Land* (Conversões de muçulmanos a Cristo, uma investigação de convertidos palestinos que vivem na Terra Santa). (Pasadena, CA: WCIU Press, 2004), que examina conversões de muçulmanos palestinos na Palestina.

Embora continue possível que as amostras dos movimentos dentro de cada Cômodo não sejam representativas de todos os movimentos naquele Cômodo em particular, é inegável que elas compartilham com cada um dos outros movimentos naquele Cômodo a mesma dinâmica de geografia, clima, línguas, povos e história.

Para dar uma ideia do fluxo histórico desses movimentos, vamos começar com o Cômodo da Indo-Malásia, o primeiro em que os movimentos apareceram, e continuar cronologicamente através da África Oriental, o Norte da África e assim por diante, terminando com o Cômodo Árabe, onde os movimentos mais recentes estão acontecendo. Ao dar um panorama dos movimentos, seus contextos e seu desdobramento histórico, devemos ser capazes de pintar um retrato fiel de como Deus está operando na Casa do Islã.

Abordagem Fenomenológica

Este estudo emprega uma abordagem fenomenológica, ou descritiva, para examinar esses movimentos muçulmanos para Cristo. A fenomenologia suspende temporariamente os juízos de valor até que o fenômeno tenha sido descrito com precisão. Uma vez descrito, o fenômeno pode ser interpretado e avaliado à luz dos padrões e valores do observador.

Como o missiólogo Scott Moreau destacou, uma abordagem fenomenológica descritiva é particularmente importante "quando queremos avaliar o terreno em um novo continente que anteriormente não tínhamos visto e, assim, é provável que o entendamos mal". Moreau passa a explicar,

> No século 19, os europeus ridicularizavam os viajantes que voltavam para casa contando de uma montanha na África que permanecia com seu topo coberto de neve durante o calor do verão. Aqueles que julgavam as histórias como patentemente falsas não podiam compreender a possibilidade da existência do Kilimanjaro, não havia espaço para ele em suas suposições. A menos que queiramos que a história nos julgue semelhantemente como tolos linguarudos, precisamos separar o tempo e a energia necessários para *entender* antes de nos *pronunciarmos*.[38]

Um compromisso com a fenomenologia requer paciência, mas não exclui juízos de valor. Fazemos esses juízos de valor após primeiramente descrevermos o fenômeno.

---
38 A. Scott Moreau, *Contextualization in World Missions: Mapping and Assessing Evangelical Models (Contextualização no mundo de missões: mapeando e avaliando modelos evangélicos)* (Grand Rapids: Kregel Publications, 2012), p. 17.

Visão do islã

O islã é um tema polêmico. É difícil ser neutro sobre um sistema religioso abrangente que faz afirmações absolutas sobre todos, e que tem crescido de forma constante por quase 1.400 anos. Alguns leitores deste livro vão categoricamente considerar o islã como falso e demoníaco. Outros podem ser mais simpáticos, vendo-o como simplesmente um primo monoteísta incompreendido do cristianismo e do judaísmo. Outros ainda podem assumir uma posição mais secular e considerá-lo como apenas mais uma superstição religiosa.

Este livro não foi escrito como um relato triunfalista da vitória da cristandade sobre o mundo muçulmano. Quando muito, ele deveria fornecer um chamado sóbrio de despertamento de quão decepcionante tem sido o crescimento do cristianismo em face do crescimento do islã nos últimos 14 séculos. Afinal, dos 82 movimentos para Cristo que ocorreram em nossa história comum, o primeiro não apareceu durante quase 13 séculos. O número combinado de batismos em todos os 82 movimentos totaliza não mais de dois a sete milhões, ou menos do que metade de um por cento da população muçulmana do mundo, dificilmente um motivo para se regozijar.

Este livro também não é sobre provar ou não as reivindicações do islã; outros livros deram ampla atenção a esse assunto.[39] Em vez disso, nosso objetivo é dar voz àqueles que se afastaram do islamismo para abraçar Jesus Cristo como seu único Salvador e Senhor divino, cuja vida, morte e ressurreição expiaram pessoalmente a eles, bem como a uma humanidade perdida e pecaminosa.

Ao fazê-lo, porém, esses seguidores de Jesus Cristo de origem muçulmana se colocaram diretamente na fronteira em que as reivindicações de Cristo batem de frente com os ensinamentos do islã. Como eles têm respondido a essas demandas contraditórias à sua lealdade é o foco principal deste estudo. E sua resposta, acima de tudo, tem sido uniforme.

Manter quatro estruturas interpretativas em mente enquanto ouvimos as histórias desses movimentos ajuda a lançar luz sobre o que ouvimos e ajuda em nossa compreensão.

---

[39] Dois livros que estenderam as perspectivas para aqueles que desejam explorar o assunto mais completamente são *Is the Father of Jesus the God of Muhammad? (O Pai de Jesus é o Deus de Maomé?)*, de Timothy George (Grand Rapids: Zondervan, 2002) e *Allah, A Christian Response* (Allah, uma resposta cristã), de Miroslav Volf (Nova Iorque: HarperCollins, 2011).

Primeiro é a relação entre a religião e a fé salvadora. Particularmente no caso do cristianismo, os cristãos devem reconhecer que a religião e a identidade religiosa não são o mesmo que uma relação pessoal e salvífica com Jesus Cristo. A história cristã está repleta de seguidores de Jesus Cristo devotos que estavam em desacordo com a expressão predominante da religião cristã em seus dias. Da mesma forma, muitos seguidores de Cristo sinceros, de origem muçulmana, podem não se encaixar nas expressões predominantes da religião cristã hoje. Isso não quer dizer que o seguidor de Cristo de origem muçulmana pode, religiosamente, praticar ambos os sistemas de fé, mas que esses movimentos podem estar formando novas expressões da fé cristã que são distintas das dos outros vários ramos do cristianismo à sua volta.

Em segundo lugar, como já observamos, o mundo muçulmano não é, de forma alguma, uniforme. Além das divisões principais de sunitas, xiitas e sufis, e as tradições marginais, tais como ibaditas, ismaelitas e alauítas, existem variedades de expressão pessoal dentro da Casa do Islã. Enquanto alguns muçulmanos entendem e aderem a uma fé islâmica ortodoxa, há aqueles para quem o islã é simplesmente uma estrutura cultural em que nasceram e um dia vão morrer, e, enquanto isso, vivem nessa estrutura, sem nunca manterem qualquer compromisso espiritual ou teológico com ela. Pode-se chamá-los de "muçulmanos culturais".[40] Outros muçulmanos têm uma espiritualidade vibrante, mesmo que, para eles, o credo islâmico e a doutrina signifiquem muito pouco. Alguns deles são muçulmanos sufis, para quem um encontro místico com Deus é mais importante do que a ortodoxia doutrinária. Outros ainda são muçulmanos populares sincretistas, que incorporam crenças e práticas religiosas de uma variedade de fontes.[41]

No Ocidente, podemos considerar discrepâncias entre a autoidentidade de alguém nestas esferas diferentes como sendo enganadoras, hipócritas ou dúbias. Permanecem, no entanto, como uma realidade que devemos ter em mente, particularmente em contextos de alta perseguição. Em vez de emitir uma censura moral ou condenação dessas identidades conflitantes, fazemos bem quando simplesmente notamos sua possibilidade à medida que ouvimos as histórias que estão surgindo a partir do mundo muçulmano.

---

40 Estes também não são monolíticos, mas abrangem desde comunistas a ateus práticos, e até nacionalistas seculares.
41 Estes muçulmanos espirituais, entretanto, avessos à doutrina, têm alguma semelhança fenomenológica com os praticantes da Nova Era no Ocidente.

O terceiro e mais comum esquema interpretativo para classificar manifestações de fé em Cristo feitas por pessoas de origem muçulmana foi desenvolvido pela primeira vez em 1994 por um missionário servindo na Indonésia, que usava o pseudônimo John Travis. Enquanto Travis ouvia relatos de missionários descrevendo as variedades de respostas dos muçulmanos ao Evangelho que estavam encontrando, rabiscou em um pedaço de papel uma escala de contextualização (ou "Escala-C") de cinco (e mais tarde seis) formas pelas quais os COMs estavam relacionando sua nova fé com sua cultura local.[42]

A Escala-C de Travis pode nos guiar na compreensão de diferentes maneiras pelas quais os COMs têm navegado através das dificuldades de seguir Cristo dentro de uma comunidade que tem pouca ou nenhuma tolerância com convertidos ou apóstatas. Aqui está a escala abreviada de como pode ser aplicada aos COMs:

C1: Seguidores de Cristo adorando em um estilo estrangeiro de igreja (geralmente ocidental), geralmente usando o idioma estrangeiro do missionário ou da comunidade estrangeira.

C2: O mesmo que o C1, mas adorando no idioma local.

C3: Seguidores de Cristo adorando nas igrejas culturalmente nacionais, mas ainda evitando formas culturais intimamente associadas ao seu passado islâmico.

C4: Seguidores de Cristo em congregações culturalmente nacionais que conservam formas islâmicas biblicamente admissíveis (por exemplo, prostrar-se em oração, jejum, etc.), mas reinterpretando essas formas com o significado bíblico. Eles podem se chamar de outra coisa que não cristãos (por exemplo, "seguidores de Jesus"), mas não se veem como mantenedores de sua religião islâmica anterior.

C5: Seguidores de Cristo como Senhor e Salvador que se reúnem em comunidades de crentes que pensam de igual forma, que permanecem dentro da comunidade muçulmana e continuam a identificar-se cultural e oficialmente como muçulmanos.

C6: Seguidores de Cristo secretos/clandestinos/anônimos.

---

[42] A Escala C de Travis foi publicada pela primeira vez em um artigo da *Evangelical Missions Quarterly*, em outubro de 1998, por Phil Parshall sob o título "Danger! New Directions in Contextualization" (Perigo! Novas direções na contextualização). Disponível em https://www.emqonline.com. (Acesso mediante cadastro. Site em inglês. Acesso em 04/04/2016.)

Enquanto a Escala-C é útil para fornecer um vislumbre rápido sobre variedades de expressões de fé e de culto de origem muçulmana, sua fraqueza é que ela é estática, como uma fotografia, e as pessoas não são estáticas. Consequentemente, ela causa mal-entendidos.

Assim como missionários vêm e vão entre o idioma e a cultura do mundo cristão do qual são oriundos para o idioma e a cultura do mundo muçulmano que estão procurando alcançar, assim também fazem os COMs ao longo de uma sequência contínua. Isso é particularmente verdadeiro quando esses seguidores de Cristo de origem muçulmana continuam a viver no contexto de alta perseguição de sua família muçulmana e de seus amigos, e procuram comunicar a eles sua fé em Jesus Cristo. No decurso desta pesquisa, você vai conhecer seguidores de Cristo de origem muçulmana que, reconhecidamente, transitam para cima e para baixo na escala ao longo do tempo por várias razões. Antes de fazer um julgamento quanto à validade dessas mudanças, o leitor é convidado, primeiramente, a ouvir as histórias e depois fazer avaliações. Isso leva à quarta lente interpretativa para entender o islã e os COMs que compartilharam suas histórias conosco.

A quarta lente interpretativa através da qual se veem os muçulmanos foi apresentada na coleção de artigos de David Greenlee, em *Longing for Community: Church, Ummah, or Somewhere in Between* (Anseio por comunidade: igreja, *ummah*, ou algum lugar entre elas).[43] Os colaboradores Jens Barnett e Tim Green ressaltaram que pessoas que se deslocam entre culturas e religiões, tais como os muçulmanos que abraçam a fé em Cristo, frequentemente passam a vida tentando equilibrar identidades e cosmovisões díspares, não diferente de "crianças de terceira cultura", um termo primeiramente dado a filhos de missionários criados no exterior que nunca se encaixaram completamente nem na cultura de seus pais nem na cultura internacional na qual foram criados.[44]

Da mesma forma, alguns seguidores de Cristo de origem muçulmana falam de uma *identidade horizontal*, com a qual se relacionam e compartilham os valores culturais em que foram criados, contrabalançado com uma *identidade vertical*, com base em sua fé na pessoa e obra de Jesus Cristo.[45]

---

43 David Greenlee, ed., *Longing for Community: Church, Ummah, or Somewhere in Between* (Anseio por comunidade: igreja, ummah ou algum lugar entre elas) (Pasadena: William Carey Library, 2013), pp. 1-66.

44 Apesar de toda criança criada em uma cultura estrangeira ser uma "criança de terceira cultura", o termo se aplica diretamente aos filhos de missionários, crianças que crescem em uma cultura estrangeira e, por isso, nunca se encaixam plenamente em uma única visão cultural de mundo.

45 Greenlee, p. 22.

Sem endossar qualquer uma destas estruturas interpretativas, foi necessário mantê-las em mente enquanto ouvíamos as histórias que surgiram a partir desses movimentos.

Definição de conversão

Quando souberam desses movimentos, os colegas cristãos muitas vezes perguntaram: "Eles são cristãos genuínos?" A pergunta atinge o âmago deste projeto. O que queremos dizer quando falamos de muçulmanos se convertendo à fé em Cristo?

Em última análise, somente Deus conhece o coração de uma pessoa, e devemos resistir à tentação de usurpar essa prerrogativa divina. Devemos nos limitar ao que os entrevistados afirmam para si mesmos e à evidência demonstrada através de suas vidas.

Mudar de religião, pelo menos na fé cristã, nunca foi a questão da verdadeira conversão, embora muitas vezes aconteça após a verdadeira conversão e historicamente tem sido associada a ela. De fato, mudar de religião, muitas vezes, pode ser o resultado de outras intenções, como vimos na revisão histórica dos movimentos muçulmanos para Cristo no capítulo um. A questão central, ao examinarmos as conversões de muçulmanos, é a de uma vida transformada através de um novo relacionamento com Deus através da pessoa de Jesus Cristo, como revelado no Novo Testamento.

Tanto a palavra hebraica do Antigo Testamento *shub* quanto sua equivalente do Novo Testamento *metanoia* falam de uma mudança de direção ou de uma mudança de mente que leva ao "processo de transformação que ocorre quando um indivíduo (ou grupo) se volta para Cristo em humilde rendição, encontrando-o através do poder de Deus".[46]

Portanto, a verdadeira conversão resulta em uma transformação de vida que ocorre através do poder de Deus quando uma pessoa sai do islamismo ou qualquer outra orientação de vida e vem para Cristo. Esta nova vida é a própria imagem retratada na experiência batismal de sermos *sepultados com ele por termos morrido junto com ele. E isso para que, assim como Cristo foi ressuscitado pelo poder glorioso do Pai, assim também nós vivamos uma vida nova* (Rm 6.4).

---
[46] Ant Greenham, *Muslim Conversions to Christ* (Conversões de muçulmanos a Cristo) (Pasadena: WCIU Press, 2004), p. 27.

O batismo, tanto para os cristãos quanto para os muçulmanos, é um poderoso símbolo da verdadeira conversão. Os muçulmanos não vão apressadamente às águas batismais. Eles sabem o que elas representam: a morte a uma antiga vida e ressurreição para uma nova vida. É por isso que nossas entrevistas foram limitadas àqueles que foram batizados como expressão visível de sua fé, um ato destinado a separar os muitos "fãs de Jesus" do islã dos seguidores de Jesus.

É importante esclarecer que, quando falamos de conversão a Cristo como Salvador e Senhor, estamos falando do Cristo revelado no Novo Testamento, não das alusões esboçadas de Cristo oferecidas no Alcorão e Hadith. Embora a maioria dos COMs tenha uma visão exaltada de Jesus decorrente do Alcorão, e alguns até mesmo considerem a representação corânica de Cristo como sendo tão cativante a ponto de levá-los à própria saída do islamismo, a apresentação do Alcorão não é nem normativa nem suficiente para definir um seguidor de Jesus Cristo.

Definição de movimento

Este é um estudo de movimentos. Não é meramente uma coleção de histórias de conversão de pessoas. Cada entrevista foi escolhida para oferecer insights sobre por que e como os muçulmanos estavam abraçando a fé em Cristo, mas também, e mais importante, por que e como uma crescente comunidade de cristãos estava saindo do islã e voltando-se para a fé em Cristo. Assim, quando um testemunho pungente de conversão de um muçulmano era ouvido, não era incorporado a este estudo, a menos que fizesse parte de um movimento maior.

Embora existam muitas definições e dimensões ao termo *movimento*, o mais importante para o nosso propósito é que sejamos consistentes em nosso uso do termo.

Os movimentos são corporativos por natureza e possuem sua própria dinâmica interna. A expressão corporativa, para este estudo, é limitada ao movimento de pelo menos mil cristãos batizados nos últimos 10 a 20 anos ou o início de 100 novas igrejas em relação ao mesmo período de tempo dentro de um determinado povo ou comunidade étnica muçulmana.[47] Ao aderir a

---

47 Este estudo não é capaz de avaliar plenamente a eclesiologia ou a doutrina da igreja, em cada uma dessas "comunidades adoradoras", nem tenta fazê-lo. Isso pode muito bem ser objeto de uma investigação posterior. A principal questão a se analisar aqui é que estes não são simplesmente indivíduos convertidos, mas comunidades de cristãos cujas práticas variam muito, mas geralmente procuram aderir às prescrições corporativas do Novo Testamento para os discípulos de Cristo. Como discípulos de Cristo, essas comunidades de adoradores são ou estão se tornando igrejas.

este limite quantitativo, estaremos sempre comparando maçãs com maçãs e laranjas com laranjas.

Com respeito à dinâmica interna, embora os movimentos tipicamente comecem com alguma medida de estímulo externo, em algum momento eles são impulsionados pelos nacionais e, assim, tornam-se independentes das forças originais estrangeiras.

Finalmente, devemos ressaltar que os movimentos têm uma natureza inerentemente transitiva, ou seja, eles se movem em direção a algo. Para os nossos propósitos, estamos olhando para os movimentos para Jesus Cristo como revelado no Novo Testamento.

Motivações para a conversão

Uma questão crítica subjacente à onda de novos movimentos de muçulmanos para Cristo é: *Quais são as motivações daqueles que professam estar abraçando a fé em Cristo?* A resposta pode ser tão simples como uma resposta sincera ao apelo do Evangelho. Se este for o caso, então por que agora? Por que tão pouca resposta ao longo de quase 14 séculos e tamanho afluxo durante as últimas décadas?

Como já vimos em nossa visão geral de movimentos muçulmanos ao longo dos séculos, as comunidades podem ser coagidas ou induzidas a uma mudança de filiação religiosa. Inquisições, medo da violência e outras motivações têm tido um papel a desempenhar na complicada história de interação entre muçulmanos e cristãos.

No decurso desta pesquisa, observamos motivos ocultos que podem ter contribuído para a conversão de uma pessoa ou comunidade. Motivos ocultos não significam que a conversão é inválida, já que a maioria das decisões por Cristo é influenciada por uma série de fatores contribuintes. Explorar esses fatores, no entanto, pode nos iluminar para as variáveis complexas que produziram esses movimentos. Ao longo do caminho, aproveitamos os insights de especialistas locais para nos ajudar a entender melhor e interpretar o que vemos e ouvimos.

À medida que examinamos as motivações para a conversão, devemos moderar nossos julgamentos. Motivos mistos não são novidade para a história do cristianismo, nem são limitados a movimentos muçulmanos para Cristo.

Mesmo os primeiros discípulos, Tiago e João, revelaram motivos mistos para seguir Jesus quando eles lhe disseram: *Mestre, queremos lhe pedir um favor*, e então passaram a solicitar lugares proeminentes à sua mão direita e esquerda quando seu Reino fosse revelado (Mc 10.35).

Limitações deste estudo

Enquanto este projeto estava tomando forma, um demógrafo respeitado do crescimento populacional islâmico deu o seguinte conselho: não reivindique além do que você pode saber. Então, deixe-me oferecer algumas retratações.

Embora tenhamos tentado recolher pesquisas tão amplas e representativas quanto possível, as pesquisas não foram distribuídas uniformemente. Alguns movimentos na África Subsaariana nos permitiram entrevistar centenas de COMs, enquanto em algumas partes do sul da Ásia Ocidental e do Mundo Árabe lutamos para reunir uma dúzia de entrevistas.

Da mesma forma, procuramos recolher amostras que eram tão aleatórias ou tão representativas quanto possível, mas seria um exagero descrever os resultados como representações totalmente precisas dos movimentos de onde foram extraídas.

A maioria dos nove cômodos na Casa do Islã está efetivamente fechada e não se presta ao tipo de investigação que eliminaria dúvidas e garantiria um entendimento a toda prova do que está acontecendo. Para obter um retrato tão claro quanto possível, tentamos reunir perspectivas de uma variedade de pontos de vista.

Por exemplo, à medida que examinamos cada um dos nove cômodos, os relatórios dos próprios muçulmanos convertidos forneceram um ponto de vista, avaliações feitas por cristãos locais e missionários deram outra perspectiva, dissertações publicadas ofereceram insights adicionais, relatórios seculares sobre economia, demografia, geografia e história forneceram ainda um novo quadro. Dessa forma, as entrevistas com COMs que compuseram o centro deste estudo foram enquadradas e explicadas pelo contexto mais amplo a fim de fornecer uma máxima compreensão.

Juntas, essas múltiplas visões em cada cômodo devem apresentar uma descrição precisa e uma explicação acreditável do que está acontecendo. Mas essa abordagem também requer que se isolem anomalias e valores extremos que não parecem se encaixar no quadro composto que está surgindo. Essas anomalias podem tanto ser descartadas quanto separadas para uma investigação mais aprofundada em um momento posterior.

Quanto mais pontos de vista e diferentes perspectivas podemos obter, com mais precisão poderemos reconstruir a realidade escondida dentro do cômodo ainda blindado. Os resultados são mistos, mas esperamos que irá proporcionar um ponto de partida e de avanço para estudos posteriores, que podem ir mais fundo e fornecer uma melhor clareza.

Uma das perguntas mais frequentes sobre esses movimentos é: *De que tamanho eles são?* A resposta mais fácil e mais precisa é que nós não sabemos.

Embora tenhamos estabelecido um piso claro de mil cristãos batizados ou 100 igrejas para a definição de cada movimento, números abaixo do qual nenhum movimento será levado em consideração, estamos menos confiantes em adivinhar o teto desses movimentos. O número acumulado de convertidos a Cristo nesses movimentos parece variar entre dois e sete milhões, mas até mesmo esta generosa abrangência requer algum comentário de qualificação.

Muitos desses movimentos estão ocorrendo em alguns dos lugares mais hostis do mundo, em países como Somália e Afeganistão, e ao longo de áreas de conflito entre as populações muçulmanas e cristãs, como na Nigéria e Etiópia. Em cada um desses lugares o acesso é limitado e as pesquisas são perigosas. Por enquanto, as avaliações de tamanho permanecerão apenas estimativas baseadas em tantas perspectivas quanto possível, mas sem nenhuma pretensão de exatidão.

O viés do autor

Como um cristão evangélico, venho a este estudo com tendências. Submeto minha própria fé e prática à autoridade da Bíblia e às reivindicações de salvação únicas e exclusivas de Jesus Cristo como revelado na Bíblia. Mas como fenomenólogo, tentei manter minhas convicções pessoais à distância até que descrevi com precisão o fenômeno em questão.

Sou também um estudioso do islã de longa data, mas não declaro ser um especialista. Quanto mais eu aprendo, mais posso ver o quanto ainda não sei. Vivi entre os muçulmanos na Índia, bem como no Egito e na Tunísia, e estudei árabe por três anos.

Sou tanto amigo quanto inimigo do islã. Reconheço seus elementos destrutivos, mas encontro-os em cada empreendimento humano. Também reconheço o bem no islã e admiro muitas das contribuições que a civilização islâmica deu ao mundo. Acima de tudo, porém, tenho um profundo amor pelos muçulmanos. Os amigos muçulmanos que fiz ao longo dos anos estão entre as pessoas mais hospitaleiras, generosas e amáveis que já conheci. Desejo sinceramente as melhores bênçãos de Deus para eles. E é por isso que este estudo é tão importante para mim, pois ele aborda o que eu acredito ser o melhor de Deus para os muçulmanos.

Com as minhas tendências pessoais divulgadas, espero que o leitor julgue esta obra como uma testemunha precisa do que vi e ouvi. Estou bem ciente e profundamente agradecido pelo acesso que me foi dado às vidas e histórias que poucas pessoas de fora experimentarão. Não tomo esse acesso levianamente e tenho me esforçado para colocar de lado tendências, minhas próprias e dos outros, para, de forma precisa e honesta, relatar como Deus está operando no mundo muçulmano.

Resultados desejados

Adotar uma abordagem fenomenológica não significa que não haja objetivos para este estudo. Ninguém empreende um projeto tão longo sem ter alguns resultados em mente. Aqui estão os meus objetivos para este projeto e para este livro:

1. Descrever de forma precisa estes movimentos.
2. Aprender as maneiras pelas quais Deus está operando em todo o mundo muçulmano, para que possamos participar melhor desses movimentos.
3. Encorajar esses muçulmanos que estão abraçando a fé em Cristo, ajudando-os a ver como Deus os está atraindo para Cristo em todo o mundo muçulmano.
4. Desafiar os cristãos em todos os lugares a não terem medo ou odiarem os muçulmanos, mas a envolvê-los com o Evangelho de Jesus Cristo.

Agora, com essas questões essenciais em mente, vamos entrar na Casa do Islã.

DISCUSSÃO EM GRUPOS PEQUENOS
DESCUBRA POR SI MESMO

1. Por que é importante estabelecer questões essenciais antecipadamente?

2. Qual é o viés do autor? Como isso se relaciona com sua "abordagem fenomenológica"?

3. Como o autor define "movimento"?

4. Quais são alguns dos motivos ocultos nos movimentos que devem ser observados?

5. Como o autor define conversão? Você concorda ou discorda?

PARTE 2
A Casa do Islã

Capítulo 4
O Cômodo Indo-Malaio

[...] e pelos povos de todas as nações distantes! [...]
Que o Senhor seja louvado, e que a sua glória seja anunciada
no mundo inteiro! Isaías 42.10,12

Em 1870, pela graça de Deus, o evangelista indonésio Sadrach Surapranata (1835-1924) testemunhou o que nenhum cristão havia visto nos 1.238 anos desde a morte do Profeta Maomé, quando milhares de muçulmanos devotos javaneses deixaram o islã e buscaram o batismo como seguidores de Jesus Cristo. Antes de 1873, Sadrach já tinha levado mais de 2.500 muçulmanos javaneses à fé, mais do que tinha sido alcançado em todos os 268 anos de história da *Indische Kerk* (igreja indonésia) e as centenas de missionários holandeses que tinham trabalhado com eles.[48]

O movimento de Sadrach não foi apenas o primeiro movimento muçulmano para Cristo no Cômodo Indo-Malaio, foi o primeiro movimento voluntário de muçulmanos para Cristo na história. A centenária disputa entre o cristianismo e o islamismo não tinha visto um único movimento voluntário para Cristo, apesar de dezenas de milhões de cristãos terem se convertido ao islamismo desde a morte do profeta Maomé, em 632.

O que havia de diferente em Sadrach? Como este convertido da primeira geração saiu do islã e virou o jogo durante uma seca de 12 séculos de evangelismo cristão aos muçulmanos?

Embora o ministério de Sadrach tenha se encerrado há quase 100 anos, ele contém muitíssimas lições para ser ignorado. Nele estavam muitos dos temas-chave que caracterizariam as dezenas de movimentos muçulmanos para Cristo que se seguiriam.

---

[48] Sutarman Partonadi, *Sadrach's Community and Its Contextual Roots, A Nineteenth Century Javanese Expression of Christianity* (A comunidade de Sadraque e suas raízes contextuais, uma manifestação do cristianismo javanês do século 19). (Amsterdã: Rodopi, 1990), p. 70. *Indische Kerk* era o nome da Igreja Nacional Indonésia estabelecida pelos esforços da missão calvinista holandesa na Indonésia.

Único como era, o ministério de Sadrach não surgiu a partir de um vácuo. Criado como um menino camponês muçulmano sob a administração vigilante das autoridades coloniais das Índias Orientais Holandesas, Sadrach era como os inúmeros outros meninos que cresciam na populosa ilha de Java. Depois de se formar nas escolas corânicas primária e secundária, Sadrach descobriu que seu ex-guru ou professor espiritual, Pak Kurmen, havia se convertido ao cristianismo, depois de perder um debate com um evangelista cristão indonésio chamado Tunggul Wulung. Nos anos seguintes, Sadrach seguiu Pak Kurmen, tornou-se aprendiz de Tunggul Wulung e aprendeu sobre sua nova fé. Em 1867, com 32 anos, Sadrach foi batizado na Indische Kerk calvinista holandesa. Apesar de seu afeto e lealdade à igreja indonésia, Sadrach aprendeu com seus mentores Wulung e Kerman que ele não precisava rejeitar sua cultura javanesa local. Nisso ele discordava tanto da cultura da igreja colonial holandesa quanto da cultura muçulmana árabe.[49]

Sadrach de Java

No entanto, quando Wulung assimilou a cultura local a ponto de ter uma segunda esposa, e Kerman a ponto de usar ópio, Sadrach rompeu com estes homens e procurou outro professor. Encontrou seu mentor em uma mulher euro-indonésia chamada Christina Petronella (C.P.) Stevens, que vinha liderando estudos bíblicos para os indonésios em sua casa.[50] Três anos mais tarde, Sadrach lançou-se por conta própria, usando o estilo de evangelismo de debate público que ele tinha aprendido com Tunggul Wulung. A abordagem não era isenta de riscos. Às vezes, os debates duravam dias, e o perdedor era forçado, por causa da integridade, a converter-se à posição do seu oponente, juntamente com seu séquito de discípulos. Sadrach provou ser particularmente talentoso em explanar Cristo e logo ganhou muitos gurus e seus discípulos para a causa de Cristo.

Embora o movimento de Sadrach tenha crescido independentemente da Indische Kerk holandesa, Sadrach ainda dependia do clero ordenado da igreja para batizar seus convertidos – pelo menos pelos primeiros dez anos de seu ministério. Cada vez mais, porém, a abordagem evangelística de Sadrach

---

49 Partonadi, *Sadrach's Community*, p. 58
50 Ibid., p. 60-62.

e seu método de formação da igreja o distanciou da comunidade missionária holandesa, o que lhe causou bastante atrito por parte deles.

A principal diferença foi a determinação de Sadrach em reter, porém, transformar para fins cristãos, tantos costumes javaneses quanto possível. Sadrach chamava seus discípulos de *Kristen Jawa* (cristãos javaneses) e suas igrejas *mesjids*, o mesmo termo (que significa "reunião") usado pelos muçulmanos para suas mesquitas. Os santuários dos Kristen Jawa, que sua comunidade construiu sem ajuda estrangeira, mais parecia a mesquita da aldeia que a *kerk* holandesa, exceto pelo fato de que as *mesjids* de Sadrach tinham um telhado de três camadas para simbolizar a Santíssima Trindade. Diferentemente dos edifícios da Indische Kerk, os edifícios dos Kristen Jawa não tinham a cruz na parte superior, optando por um símbolo javanês pré-islâmico que a comunidade de Sadrach usava para comunicar "o poder do Evangelho de Deus para penetrar até mesmo o mais obstinado dos corações humanos".[51]

Mesjid Trindade de Sadrach

Os líderes da igreja Kristen Jawa usavam roupas javanesas tradicionais, diferentes das vestes negras usadas pelos clérigos reformados holandeses, e eram chamados por seus paroquianos de *imãs* (outro termo muçulmano que significa literalmente "o que está à frente"). Homens e mulheres se sentavam separadamente nas reuniões, e as mulheres geralmente cobriam suas cabeças.

Sadrach também adaptou o credo muçulmano, o *shahada* ("Não há outro Deus senão Allah, e Maomé é seu Profeta"), para a fé cristã. Ele substituiu a expressão "... e Maomé é seu profeta" por "... e *Jesus Kristus* (Jesus Cristo) é o *Roh Allah* (Espírito de Deus)".[52] A escolha de Sadrach das palavras em seu novo credo foi reveladora. Ele empregou o nome em comum em javanês e árabe para Deus, *Allah*, mas em vez de usar o nome corânico *Isa al-Masih* para Jesus Cristo, Sadrach escolheu o termo que encontrou na Bíblia javanesa recentemente traduzida: Jesus Kristus. Ele definiu Jesus em seu credo como o Espírito de Deus, usando palavras derivadas do árabe (*Roh Allah*),

---

51 Ibid., p. 210.
52 A *shahada* completamente adaptada é: "Creio que Deus é Um. Não há nenhum Deus além de Deus, e Jesus Cristo é o Espírito de Deus, cujo poder está sobre todas as coisas". Partonadi, p. 135.

que ele acreditava serem agradáveis tanto para os cristãos quanto para os muçulmanos que ele estava tentando alcançar.[53]

Em suma, o formato de Igreja e a expressão do Evangelho de Sadrach se harmonizavam o suficiente com a cultura muçulmana popular javanesa para serem aceitáveis àqueles que ele buscava ganhar, mas eram diferentes o suficiente para despertar a ira da comunidade calvinista holandesa em torno dele. E despertou mesmo.

Quase desde o início, Sadrach e seu ministério ficaram sob fogo tanto da parte dos missionários quanto das comunidades tradicionais Indische Kerk. Muitas das acusações tiveram origem na falta de entendimento correto do idioma e da cultura javanesa por parte dos holandeses, enquanto outras críticas surgiram de invenções que os indonésios, que estavam com ciúmes de seu ministério, espalharam para os missionários holandeses a fim de prejudicá-lo. Ainda outros conflitos resultaram da decisão consciente de Sadrach de usar uma abordagem diferente daquela usada pelas tradições reformadas e missionárias que o precederam.

Até 1883, o ministério de Sadrach tinha atraído milhares de muçulmanos indonésios ao seu Kristen Jawa, provocando ainda mais alarme na liderança da igreja tradicional. Em uma tentativa de dificultar o trabalho de Sadrach, o ministro da Indische Kerk, Petrus Heyting, apelou às autoridades coloniais. Heyting relatou algumas das acusações mais ferozes que havia ouvido dos rivais invejosos de Sadrach, acusando-o de

> "mostrar as chagas (marcas da crucificação em suas mãos e pés), tornar-se invisível e reaparecer quatro dias depois, permitir ser chamado de senhor espiritual, fingir ter sabedoria divina, permitir que seus discípulos beijassem suas mãos e pés, guardar armas em sua casa e encorajar seus seguidores a fazerem o mesmo".[54]

Essa última acusação foi destinada a retratar Sadrach e sua comunidade como uma ameaça para a ordem colonial. No entanto, depois de inicialmente prender Sadrach, a investigação do governo colonial não pôde encontrar base alguma nas acusações e negou-as.

Um bolo com muitas camadas

Quando o circum-navegador mundial, Fernão de Magalhães, atravessou o Pacífico em 1521, ele encontrou um anel exuberante de 24.000 ilhas

---

53 Ibid., pp. 134-136.
54 Ibid., pp. 174-175.

Capítulo 4 - O Cômodo Indo-Malaio

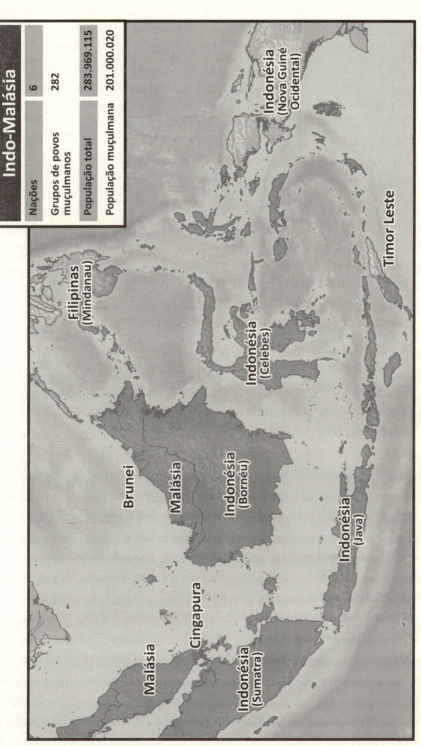

Indo-Malásia	
Nações	6
Grupos de povos muçulmanos	282
População total	283.969.115
População muçulmana	201.000.020

Indo-Malásia

vulcânicas guardando o grande continente da Ásia. Os conquistadores e monges que seguiam Magalhães nomearam as ilhas do Norte em homenagem ao rei Filipe II da Espanha e começaram a cristianização do que se tornaria o terceiro maior país católico no mundo. Ofuscando rapidamente o posto avançado português de Timor, as Filipinas serviriam como baluarte do comércio da Espanha no Pacífico pelos 300 anos seguintes.

O islã tinha uma vantagem de 250 anos na região, que iniciou-se com a criação de um sultanato muçulmano no lado de Sumatra do estreito de Malaca em 1267. Antes do momento da chegada dos espanhóis e portugueses, o chamado do *muezim* para a oração já estava soando em várias cidades importantes do que se tornaria a Indonésia, Cingapura e Malásia. Ao longo dos séculos seguintes uma disputa ideológica que poderia competir com a Guerra Fria do século 20 se desdobraria entre as duas grandes religiões, à medida que o catolicismo avançava para o sul das Filipinas e o Islã se espalhava rapidamente na península malaia e arquipélago indonésio.

Hoje, mais de 90 por cento dos 97 milhões de cidadãos das Filipinas professam alguma forma de cristianismo. A conquista dos muçulmanos no sul é um lembrete do vasto mar do islã dominando as nações vizinhas da Indonésia e da Malásia. Os 28 milhões de cidadãos da Malásia estão étnica e religiosamente divididos entre malaios muçulmanos, hindus tamils, chineses de religiões populares e cristãos espalhados pelas tribos rurais e chineses urbanos.

Embora a Indonésia seja o maior país muçulmano do mundo, sua identidade religiosa e étnica é muito mais complexa do que os números do censo do governo mostram. Os indonésios descrevem seu país como um bolo com muitas camadas, representando as diferentes religiões, culturas e raças que se instalaram sucessivamente em suas terras. As camadas mais antigas eram animistas, seguidas de hindus e budistas, antes da chegada do islã e, mais tarde ainda, o cristianismo.

A primeira onda do islã era um islamismo popular místico, que se misturava facilmente com o hinduísmo e o budismo animistas que o precederam. Nos calcanhares deste islã místico, entretanto, estavam os professores corânicos e imãs que estabeleceram as madrassas (escolas islâmicas) para firmar a fé dos crentes. Até o século 21, o islã declarou ter mais de 192 milhões de adeptos na Indonésia, 78 por cento da população da nação de 248 milhões.

Mesmo os muçulmanos devotos no país, no entanto, reconhecem a persistência daquelas camadas anteriores – animismo, hinduísmo e budismo – ainda penetrando na camada muçulmana dominante de agora e aromatizando a cosmovisão da Indonésia.

Somente depois da chegada dos portugueses em 1522 é que o cristianismo começou a estabelecer uma presença nas Índias Orientais. Os franciscanos, dominicanos e jesuítas vieram em seguida, incluindo Francisco Xavier, que passou quase um ano lá em 1546. Até o final do século 16 missionários católicos tinham estabelecido 18 postos avançados de missão na Indonésia com 25 mil fiéis batizados. Quase todos esses convertidos, entretanto, eram da população não muçulmana de animistas.[55]

Tratamento holandês

A Companhia das Índias Orientais Holandesas foi formada em março de 1602 prevendo a exploração do lucrativo comércio de especiarias das Índias Orientais. Três anos mais tarde, o almirante holandês Matelieff conquistou posições portuguesas na Indonésia e a Holanda assegurou um monopólio sobre o comércio das Índias Orientais. Naquele mesmo ano, Matelieff ordenou a conversão de católicos romanos da Indonésia ao Cristianismo Reformado Holandês.

A companhia de comércio holandesa estava mergulhada no compromisso religioso. Eles abriam suas reuniões com oração, leitura da Bíblia e um compromisso de "proteger o sagrado ministério, e [...] remover e impedir toda idolatria e falsa adoração".[56] No entanto, quando os esforços evangelísticos dos missionários holandeses

Símbolo das Índias Orientais

provocaram oposição das comunidades muçulmanas locais, as autoridades coloniais enviaram os missionários para povos e ilhas menos instáveis – em geral mais a leste – e assinaram acordos com os sultões locais proibindo os missionários de converter muçulmanos.

---

55 David Barrett, *World Christian Encyclopedia* (Enciclopédia Cristã Mundial), 2ª ed., vol. 1. (Nova Iorque: Oxford Press, 2002), p. 374.
56 Partonadi, *Sadrach's Community*, pp. 25-26.

Por volta de 1771, a Companhia das Índias Orientais Holandesas havia empregado 254 homens holandeses e 800 mulheres como missionários enviados principalmente para os povos não muçulmanos das Índias Orientais. Embora esses missionários tenham visto mais de 80 mil conversões, elas eram quase exclusivamente oriundas de animistas não muçulmanos e religiosos tradicionais chineses.[57]

O islã, por sua vez, aproveitou a presença dos holandeses na Indonésia e as incursões dos ingleses na Malásia para incitar o sentimento anticolonial e antiestrangeiro entre a população, reunindo, assim, convertidos para o reduto islâmico.

Enquanto isso, no Ocidente, à medida que a separação entre igreja e estado ganhava popularidade na Europa e nas Américas, os missionários holandeses com destino à Indonésia ganhavam cada vez mais liberdade de seus governadores coloniais. Até o final do século 18, organizações missionárias holandesas recém-independentes começaram a direcionar sua atenção para as maiorias muçulmanas que tinham evitado anteriormente. Em vez de construir pontes para os muçulmanos locais, no entanto, esses calvinistas rigorosos usaram uma abordagem linha-dura com a cultura local, exigindo que os convertidos rompessem completamente com seu passado islâmico e javanês.

Presidente Sukarno

Natureza da grande virada

Após o movimento pioneiro de Sadrach (1870-1924), o Cômodo Indo-Malaio experimentou mais duas ondas de muçulmanos abraçando a fé em Cristo. Uma ocorreu após um golpe de Estado comunista abortado na Indonésia, em 1965, e expulsões subsequentes em 1966-1967. O outro está acontecendo hoje.

Um combatente da liberdade na luta pela independência da Indonésia, Sukarno Kusno Sosrodihardjo (1901-1970), colaborou com as forças de ocupação japonesas durante a Segunda Guerra Mundial para tomar o controle do país das mãos dos holandeses. Sukarno surgiu após a guerra como o

---
57 Ibid., p. 28.

presidente da nova nação da Indonésia. Durante a década seguinte, Sukarno tentou criar uma "democracia guiada", um eufemismo comum do pós-guerra que procurou equilibrar o estado incipiente nos três pilares conflitantes do nacionalismo apoiado pelos militares, da religião e do comunismo. O edifício de Sukarno se desintegrou, no entanto, quando um golpe comunista abortado em 1965 levou os dois primeiros pilares da Indonésia – na forma do exército e do islamismo político – a destruirem o terceiro pilar, o comunismo.

Em 1965, os comunistas estavam ameaçando não só ganhar a guerra no Vietnã, mas avançar por todo o sudeste Asiático também. A Indonésia tinha um dos maiores partidos comunistas do mundo, com mais de 800 mil membros, e que desfrutava do crescente apoio do Presidente Sukarno. Tudo isso mudou em 30 de setembro de 1965, quando militantes comunistas mataram seis generais do exército em uma tentativa de golpe de Estado. Um dos generais remanescentes, o major-general Suharto, assumiu o comando das forças armadas combalidas e lançou um contra-ataque contra os conspiradores comunistas insurgentes. General Suharto tomou o poder, prendeu o Presidente Sukarno e colocou o país sob lei marcial.

Presidente Suharto

Ao longo dos dois anos seguintes, os militares conspiraram com grupos de jovens muçulmanos justiceiros em uma campanha de porta em porta em todo o país, retirando e executando comunistas conhecidos e aqueles que eram considerados comunistas. Antes das expulsões acabarem, pelo menos 500 mil a um milhão de indonésios tinham sido assassinados. Dezenas de milhares de corpos entupiram os rios e vias navegáveis no centro e leste de Java, seus corpos em decomposição com evidência de gargantas cortadas, buracos de bala em suas cabeças ou cabeças completamente decapitadas. Na ilha de Bali, mais conhecida pelo hinduísmo do que pelo comunismo, 80 mil pessoas foram mortas, cinco por cento da população da ilha, em um massacre que incluiu o acerto de contas antigas e expulsões étnicas contra os chineses que tinham pouco ou nada a ver com o comunismo.[58]

---

58 "Indonesian killings of 1965-1966" (Massacre na Indonésia de 1965-1966), citado em https://en.wikipedia.org/wiki/Indonesian_killings_of_1965%E2%80%9366 (site em inglês). Algumas informações em português em https://pt.wikipedia.org/wiki/Massacre_na_Indon%C3%A9sia_de_1965-66. Acessos em 05/04/2016.

Para garantir a eliminação de qualquer comunismo persistente, o General Suharto, que se tornou presidente interino em 1967, exigiu que todos os indonésios se identificassem com uma das cinco religiões autorizadas do país: o islã, o catolicismo, o protestantismo, o hinduísmo ou o budismo. O que se seguiu ninguém poderia ter previsto. Ao longo dos cinco anos seguintes, mais de dois milhões de indonésios juntaram-se às igrejas cristãs protestantes e católicas reconhecidas. Embora o caos da época tenha tornado difícil reivindicar exatidão sobre estes números, Frank Cooley, um importante historiador do cristianismo na Indonésia, estimou que, durante os anos da grande virada, mais ou menos entre 1965-1971, os protestantes batizaram 1.870.512 novos cristãos e os católicos, 938.786.[59] Este fato pode constituir a maior vinda de muçulmanos ao Cristianismo na história, mas como em tudo na Indonésia, nem tudo é como parece. Quem veio a se converter e por quê? Em uma retrospectiva, havia três grupos que se uniram às igrejas.

1. **Comunistas e simpatizantes.** Muitos dos que sobreviveram às expulsões de comunistas só tinham uma identidade religiosa marginal, se é que tinham uma. Mesmo aqueles que tinham uma origem religiosa foram marcados como comunistas, devido ao seu apoio a essas causas da esquerda, como a reforma agrária e os direitos dos camponeses. Ao observar o horizonte de opções religiosas, eles descobriram que o cristianismo tinha a crença mais agradável disponível para eles.

2. **Etnia chinesa.** É evidente que a religião tradicional chinesa, uma mistura sincrética do taoísmo, confucionismo e animismo que tinha estado no país por séculos, não conseguiu fazer parte da lista de religiões indonésias legítimas. Os indonésios, como muitos outros povos do sudeste asiático, tinham uma relação tênue com as famílias chinesas coesas que tinham enriquecido através de suas prósperas redes empresariais e de comércio internacional. Então, quando o ataque aos suspeitos de serem comunistas surgiu, muitos chineses foram eliminados na matança. Muitos desses chineses procuraram refúgio convertendo-se ao cristianismo.

---

59 Avery Willis, *Indonesian Revival, Why Two Million Came to Christ* (Avivamento na Indonésia, porque dois milhões vieram a Cristo) (Pasadena: William Carey Library, 1977), nota de rodapé 5, pp. 9-10. Em sua correspondência com Willis, Cooley oferece números que remontam a 1964, pré-datando a tentativa de golpe em um ano, deixando-nos com uma estimativa conservadora de dois milhões de conversões após o golpe de Estado, em setembro de 1965.

Em 1967, os povos locais Dayak na ilha indonésia de Kalimantan Ocidental aproveitaram o programa de erradicação comunista de Suharto para limpar etnicamente os chineses que dominavam a economia de sua ilha. No processo, entre 2 e 5 mil chineses foram mortos, enquanto mais de 1.500 crianças chinesas morreram, abandonadas em campos de refugiados.[60]

3. **Conversões de muçulmanos.** O terceiro e maior grupo que fluiu para dentro das igrejas durante o final dos anos de 1960 e início dos 70 eram muçulmanos, mas muitos deles não vieram da comunidade muçulmana ortodoxa. Em seu estudo de 1960, *The Religion of Java* (A religião de Java), o antropólogo Clifford Geertz distinguiu dois tipos de islamismo na Indonésia: *abangan*, que era islamismo popular místico, e *santri*, mais ortodoxo ou corânico. Outra maneira de descrever isso seria chamá-los de muçulmanos culturais e doutrinais.[61]

Em 1965, o Departamento de Religião do governo, dominado por muçulmanos, procurou reforçar o tamanho oficial da população muçulmana quando contaram 89 por cento da população da Indonésia como sendo de muçulmanos, subindo para 91 por cento em 1970. Ao fazer isso, havia reclassificado como muçulmanos 47 por cento da população de Java que realmente praticava a religião tradicional javanesa chamada *Agama Jawa*, uma espécie de animismo místico. Esses Agama Jawa eram, realmente, muçulmanos? Ou talvez fosse mais correto perguntar: *Quão muçulmanos eram estes muçulmanos recém-reclassificados?* Em um referendo em 1955, que teria estabelecido a lei *sharia*, tornando a Indonésia um estado islâmico, os cinco partidos islâmicos do país não conseguiram angariar mais do que 43 por cento do voto popular do país para apoiar esta iniciativa. Isso levou os demógrafos independentes a questionarem o quão muçulmana a Indonésia verdadeiramente era.[62]

---

60 Braithwaite (2010). *Anomie and violence: non-truth and reconciliation in Indonesian peacebuilding (Anomia e violência: não verdade e reconciliação na construção da paz na Indonésia)*, p. 294. Citado em "Indonesian killings of 1965-66" (Massacre na Indonésia de 1965-66) em https://en.wikipedia.org/wiki/Indonesian_killings_of_1965%E2%80%9366 (site em inglês), Algumas informações em português em https://pt.wikipedia.org/wiki/Massacre_na_Indon%C3%A9sia_de_1965-66. Acesso em 05/04/2016.

61 Clifford Geertz, *The Religion of Java* (A religião de Java) (Chicago: University of Chicago Press, 1976).

62 Barrett, *World Christian Encyclopedia (Enciclopédia Cristã Mundial)*, refere-se a eles como "muçulmanos estatísticos", p. 373.

Aqueles que eram os mais islâmicos, os muçulmanos ortodoxos ou *santri*, foram os que conspiraram mais de perto com os militares para expulsar os milhares de comunistas verdadeiros e supostos. Para eles foi um trabalho religioso, um ato de *jihad*. O restante dos *abangan,* ou os muçulmanos populares místicos, envolvidos com as tradições javaneses de harmonia e tolerância, ficaram horrorizados com a matança. Estes muçulmanos populares *abangan* reagiram à carnificina através da conversão em massa ao cristianismo. Era como se dissessem: "Se isso é o islã, então eu devo ser cristão".

Quando Avery Willis pesquisou 500 muçulmanos javaneses convertidos ao cristianismo em 1976, eles responderam que, depois da necessidade espiritual (52%), os incentivos duplos do Governo (25,2%) e proteção (23,2%) foram os principais fatores que influenciaram sua conversão ao cristianismo.[63]

Como veremos em muitos Cômodos subsequentes na Casa do Islã, uma das maiores motivações recorrentes para os muçulmanos virem a Cristo é uma rejeição da expressão militante do próprio islã.

Os movimentos de hoje

Dos três países mais populosos do Cômodo Indo-Malaio, a Malásia continua a ser o país onde as restrições draconianas continuam a impedir os malaios de deixar o islamismo para abraçar qualquer outra fé. Mesmo as Filipinas, onde os insurgentes islâmicos têm, há muito, afligido a estabilidade de Mindanao e das ilhas vizinhas, têm visto um número significativo de muçulmanos abraçando a fé em Cristo durante as últimas duas décadas.

Cristianismo comum

Nas décadas que se seguiram à morte de Sadrach, em 1924, muitas igrejas na Indonésia beneficiaram-se de seu modelo de contextualização. Essas igrejas, que foram mais capazes de sintetizar a cultura local com os mandatos bíblicos para evangelismo, foram as que mais bem se posicionaram para receber e assimilar a enorme virada que se seguiu aos expurgos anticomunistas.[64]

---

[63] Willis, *Indonesian Revival*, pp. 8 e 13.

[64] Consulte "How the Churches Grew" (Como as igrejas cresceram) em *Indonesian Revival* (Avivamento na Indonésia) de Willis, pp. 191ss.

Ao longo dos anos tem havido também um fluxo constante de muçulmanos convertidos para dentro das igrejas indonésias através do que o missionário Roger Dixon denomina de "O principal modelo de ministério aos muçulmanos". Dixon afirma que, há décadas, tem acontecido um modo menos chamativo, menos criativo, de evangelismo e de conversão no país, através da vida normal da igreja indonésia.[65] Uma característica marcante deste Principal Modelo era o que Dixon chamou de "evangelismo não intencional", que os muçulmanos indonésios experimentavam em sua interação no dia a dia com os cristãos indonésios, em contraste às estratégias deliberadas de evangelismo para convertê-los. Quando esses muçulmanos indonésios foram sobrecarregados por aspectos desagradáveis de sua religião islâmica, como o legalismo, violência ou arabização, a evangelização de "iniciativa natural e aberta dos leigos (cristãos)" e suas igrejas forneceram aos muçulmanos um santuário alternativo.[66]

Por volta de 2002, Dixon estava atribuindo ao Principal Modelo estimativas não oficiais de mais de 12 milhões muçulmanos javaneses que tinham se convertido ao cristianismo protestante, principalmente através do evangelismo informal promovido por cristãos comuns, sem esforços deliberados para espalhar a fé.[67] o entanto, a segunda edição da *World Christian Encyclopedia* (Enciclopédia Cristã Mundial) – que nunca foi acusada de subestimar o número de cristãos – pôde relatar não mais de 2,82 milhões de cristãos em Java, apenas dois por cento do total da população javanesa, muitos dos quais teriam vindo de origens não muçulmanas e quase a metade, do Catolicismo Romano.[68]

Abordagens intencionais

Igrejas e missionários que estavam impacientes com essas abordagens não intencionais que não tinham conseguido alcançar 98 por cento da população javanesa começaram a testar meios mais agressivos e intencionais. Em 2011,

---

65 Roger L. Dixon, "The Major Model of Muslim Ministry" (O principal modelo de ministério aos muçulmanos), in: *Missiology: An International Review (Missiologia: uma revisão internacional)*, vol. XXX, número 4, outubro de 2002.

66 Tanto Avery Willis em *Indonesian Revival*, p. 17, quanto Roger Dixon em "The Major Model" atestam a existência e efeito deste evangelismo "não intencional".

67 Dixon, *Major Model*, p. 8 de 14.

68 Barrett, *World Christian Encyclopedia*, pp. 374-375.

o pastor Petrus Agung, da Gospel of the Kingdom of God Church (*Gereja JKI Injil Kerajaan Allah*) [Igreja do Evangelho do Reino de Deus] de 12 mil membros em Semarang, Java Central, ofereceu em seu site: "Deixe-nos lhes ensinar como sua cidade pode ter um avivamento muçulmano!" O site informou: "Deus nos dá uma grande dádiva com o povo muçulmano na Indonésia. No domingo passado, 28 de outubro, foram batizadas cerca de 3 mil pessoas e em outubro batizamos mais de 3.800". Embora o pastor Agung não tenha afirmado que todos os batizados eram muçulmanos, a implicação foi ameaçadora o suficiente para os sentimentos muçulmanos locais, a ponto de a postagem no website da igreja ter sido removida logo em seguida.[69]

Outros, embora usando uma abordagem mais cautelosa do que a do pastor Agung, no entanto, têm sido muito intencionais em seus métodos para o evangelismo de muçulmanos, indo de modelos altamente contextualizados (como "os de dentro") a métodos como o *Any-3*, um esforço evangelístico para alcançar muçulmanos que tem visto mais de dez mil muçulmanos abraçarem a fé ao longo dos últimos cinco anos.

"Os de dentro" têm seguido a liderança de Sadrach na tentativa de remover tantas barreiras culturais para o Evangelho quanto possível, apresentando-o de uma forma que não seja ofensiva aos muçulmanos. E como Sadrach antes deles, "os de dentro" têm sentido a ira da comunidade cristã por seus esforços. Não é o propósito deste livro pesar todos os prós e contras desta questão, mas reconhecer sua existência como parte da mistura que está presente no Cômodo Indo-Malaio.

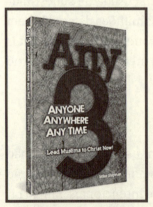
Any-3, de Mike Shipman

O *Any-3*, o instrumento de evangelismo de Mike Shipman que significa "Qualquer Um, em Qualquer Lugar, a Qualquer Hora", é menos contextualizado e, assim, menos controverso com a comunidade cristã, embora ainda bastante intencional e eficaz na tarefa de alcançar muçulmanos.[70] O *Any-3* capacita

---

69 Em novembro de 2011, o site da igreja e as citações acima foram encontrados em: http://www.jkiinjilkerajaan.org/lama/index.php. Esta postagem foi removida desde então, permanecendo o site principal. (Site em inglês. Acesso em 06/04/2016)

70 Prezando pela transparência: esta abordagem foi identificada pelo autor, David Garrison, como "melhor prática" de movimentos muçulmanos para Cristo em 2010, o que levou o autor a encorajar e a editar o livro de Mike Shipman, *Any-3: Anyone, Anywhere, Anytime* (3Q's: Qualquer Um, Em Qualquer Lugar, a Qualquer Hora) (Richmond, VA: WIGTake Resources, 2012). O livro está disponível em www.ChurchPlantingMovements.com/bookstore. (Site em inglês. Acesso em 06/04/2016)

o cristão para conduzir um amigo muçulmano através de um relacionamento intencional a fim de compartilhar o Evangelho. Os evangelistas que utilizam o *Any-3* acompanham depois as pessoas de origem muçulmana que estão interessadas durante um tempo de estudos interativos da Bíblia, utilizando histórias de profetas do Antigo Testamento que têm sido eficazes no aprofundamento da compreensão de um COM da sua necessidade da salvação expiatória de Cristo.

Os cinco passos claros de evangelismo do *Any-3* e as reuniões semanais de acompanhamento não só alimentam e discipulam novos cristãos, mas também os treinam e os desafiam a compartilhar imediatamente sua fé com a família e amigos. Isso tem resultado em mais de 800 igrejas multiplicadoras e início de igrejas entre os alguns povos muçulmanos diferentes no Cômodo Indo-Malaio.

O *Any-3* é apenas uma das muitas maneiras pelas quais os cristãos estão compartilhando sua fé com os muçulmanos no Cômodo Indo-Malaio. Um cristão ocidental que passou 20 anos na região comentou: "Em março de 2011, olhando para as duas décadas de trabalho com os muçulmanos, estávamos um pouco surpresos ao ver que nossas equipes agora têm 353 pequenos grupos de cristãos". Para manter seu progresso, ele e sua rede de testemunhas concentradas nos muçulmanos estabeleceram uma Comunidade de Aprendizagem de Líderes, onde praticam "avaliação implacável" e, assim, aprendem uns com os outros as maneiras através das quais Deus está operando. "Em 2005", ele disse, "tínhamos apenas um povo muçulmano que tinha alcançado uma terceira geração de multiplicação. Por volta de 2010, tínhamos de 12 a 14 equipes que estavam vendo a multiplicação da terceira geração (ou seja, igrejas que tinham se multiplicado três vezes) em oito povos muçulmanos diferentes. Uma equipe de evangelismo de muçulmanos chegou a ter 25 grupos de novos convertidos, enquanto outra alcançou 137 grupos".

Outra testemunha cristã servindo a Deus em uma parte diferente do Cômodo Indo-Malaio relatou: "Passamos as últimas semanas fazendo uma nova avaliação, especialmente do estado dos grupos e dos cristãos batizados engajados em reuniões semanais". Até o final de setembro de 2011, esta rede estava relatando 80 novas igrejas, 87 igrejas de segunda geração (isto é, igrejas plantadas por outras igrejas), 84 igrejas de terceira geração, 45 igrejas de quarta geração e nove igrejas de quinta geração, para um total de 305 igrejas, e mais 255 grupos de COMs tomando seus primeiros passos. O número total de COMs que tinham sido batizados nesta onda tinha subido para mais de 3 mil.

Além das igrejas tradicionais

Dos COMs que foram entrevistados, cada um deles apontou o testemunho intencional de alguém para atraí-los à fé em Cristo. Um homem de 40 anos de idade, de forte origem muçulmana, relatou que um evangelista de origem muçulmana o visitou oito vezes em um mês, mostrando-lhe 97 versos no Alcorão que apoiavam a singularidade de *Isa al-Masih* até que ele estava finalmente convencido e abraçou a fé. Perguntado sobre o que havia convencido a seguir Cristo, o homem citou as Suras 3:47, 19:7-19 e 21:91. Todas elas o convenceram de que *Isa al-Masih* (Jesus Cristo) era o Espírito de Deus e o único que já viveu que foi perfeito e santo desde o nascimento. Ele concluiu: "Como *Isa* é o único que é santo, esta é a razão para eu, finalmente, crer nele". Uma vez que ele se convenceu da identidade de Cristo, submeteu-se à revelação total e completa de Cristo na Bíblia.

Um líder de uma rede de igrejas nos lares de 53 anos veio a Cristo saindo de um *abangan*, um muçulmano nominal de origem cultural. Antes de se tornar cristão, ele sempre acreditou que os cristãos eram *kafir* (pagãos) e que o islã era a única religião verdadeira. Quando perguntado o que o levou a mudar seus pontos de vista e abraçar *Isa* como seu Salvador e Senhor, ele respondeu: "Pela primeira vez, alguém me falou sobre *Isa*. Bastou apenas eu comparar *Isa* com o que eu acreditava anteriormente".

Para muitos, foi a percepção de que apenas Cristo era o caminho da salvação de Deus. Uma mulher de 39 anos de forte origem islâmica disse: "Percebi que, com minhas próprias obras e esforços, não poderia alcançar o céu. Há apenas um caminho, que é acreditar em *Isa* como o único caminho para o céu".

Como parte de seu treinamento, esses COMs eram desafiados e treinados a compartilhar sua nova fé com outras pessoas. Perguntado sobre como eles compartilhavam sua fé com os muçulmanos em sua comunidade, um líder de uma igreja nos lares de 50 anos deu o que era uma resposta típica: "Eu os conheço primeiro, para ver se são ou não fanáticos". Depois de perguntar sobre como eles praticam sua fé religiosa, "eu lhes pergunto: 'Por que você faz isso?' Normalmente, eles não sabem". O informante continuou a explicar: "No início da conversa, eu não falo sobre a divindade de *Isa*. [...] Eu lhes digo como os profetas disseram, que o Messias viria e nos salvaria. Eu explico que todos nós somos pecadores. Também digo que *Isa* pode nos dar uma nova vida". Esta abordagem, seguindo os cinco passos do *Any-3*, tem visto muitos muçulmanos aceitarem o convite para orar pela salvação e recebê-la com convicção e agradecimento.

Embora alguns desses convertidos de origem muçulmana possam não ter começado sua peregrinação a Cristo com uma plena compreensão da divindade de Cristo, eles logo chegavam lá. Um muçulmano de 42 anos, que havia estudado o islã por 11 anos antes de se tornar seguidor de Cristo há quatro anos, anteriormente acreditava que "os cristãos adoravam três deuses" e "eram *kafir*". Hoje, ele diz sem equívoco: "*Isa* é o que mais importa neste mundo e no próximo. Apenas *Isa* conhece o dia do Juízo Final. Ele ressuscitou dentre os mortos, portanto pode nos ressuscitar quando morrermos. Ele é o Deus vivo e quem perdoa os meus pecados". Perguntado sobre o que mudou sua visão a respeito de *Isa*, ele falou do envolvimento direto de Jesus em sua vida: "O médico me disse que eu ia morrer, mas *Isa* fez um milagre para mim, de modo que essa energia foi dada a mim para trazer outros à fé".

Cada uma das pessoas entrevistadas experimentou perseguição por causa de sua nova fé, do ostracismo a ameaças, e até violência física. "Como seguidor de Cristo", um ex-professor islâmico disse, "tenho sido rejeitado. Meus filhos têm sido rejeitados também. Sofro abuso emocional, mas não físico". Uma mãe de 42 anos de uma comunidade muçulmana devota recebeu ameaças tanto de sua família quanto de sua comunidade. "Minha energia elétrica foi cortada", disse ela. "Não recebíamos mais ajuda financeira de nossa família".

Sabendo que muitos desses cristãos tinham vindo de origens islâmicas fortes, queríamos ver o quanto seus entendimentos teológicos tinham mudado de islâmicos para cristãos. Uma resposta inesperada ocorreu repetidamente, à medida que esses seguidores de origem muçulmana redirecionavam uma questão que envolvia doutrina e voltaram a falar sobre a santidade e a transformação de vida.

Quando perguntado: "Como sua fé está mudando? Você se afastou de crenças e práticas islâmicas? Você cresceu em sua fidelidade a Cristo?", um homem de 61 anos, de origem muçulmana nominal, disse: "Antigamente eu me zangava facilmente, frequentemente mentia e bebia bebida alcoólica. Agora sou paciente, honesto e não bebo mais". Uma mulher de origem muçulmana forte respondeu: "Agora eu sou mais paciente e humilde. Eu costumava ser uma pessoa zangada, mas agora não mais". Outra mulher de origem muçulmana forte respondeu: "Minha fé continua a se aprofundar, e eu estou me aproximando mais de *Isa*. [...] Sempre tento obedecer à Palavra". A terceira mulher disse: "Sou mais paciente em meio às dificuldades que enfrento e sou melhor na resolução de conflitos, em vez de ficar com raiva. Antigamente eu nunca orava, mas agora oro frequentemente a *Isa*".

Preocupações sobre quaisquer doutrinas islâmicas remanescentes foram dissipadas em resposta à pergunta: "Qual é a sua visão do Alcorão e de Maomé hoje?" Um líder de uma igreja nos lares de 50 anos disse: "Maomé levou muitas pessoas ao erro". Um homem de 53 anos respondeu: "O Alcorão é confuso e tem muitas referências da Bíblia. Maomé é apenas uma pessoa normal. Mas eu, às vezes, uso os versos exatos no Alcorão para testemunhar ou ensinar aos outros".

No Cômodo Indo-Malaio, Deus está operando tanto através das igrejas tradicionais quanto nas próprias comunidades muçulmanas. Milhares de muçulmanos estão abraçando a fé e permanecendo imersos dentro de suas aldeias e comunidades muçulmanas, onde continuam a, intencionalmente, espalhar as Boas Novas a familiares e amigos de que Jesus, e apenas Jesus, pode lhes oferecer a certeza da salvação.

Exceto um grão de trigo

Em uma época e lugar onde a expectativa de vida raramente passava de 60 anos, Sadrach Radin Surapranata pode ter vivido mais de 90. Biógrafos estimam que o número de convertidos além do âmbito imediato de sua área de cuidado pode muito bem ter chegado de dez a vinte mil.[71] As 86 igrejas Kristen Jawa com 7.552 COMs batizados consideravam Sadrach não apenas como líder de seu rebanho, mas também como o escolhido "Apóstolo de Java" de Deus.

Antes de sua morte em 1924, Sadrach designou seu filho adotivo, Yotham Martareja, para herdar o manto da liderança da rede de igrejas. Oito anos mais tarde, Yotham fez o que Sadrach não faria: negociou com a Indische Kerk calvinista holandesa para integrar seus seguidores em sua denominação.[72] Assim encerrou-se um capítulo em um experimento ousado e único em

---

[71] Jacqueline C. Rutgers, *Islam en Christendom* (Islã e cristianismo) (Haia, 1912), p. 239 citado em *Sadrach's Community (A Comunidade de Sadrach)* de Partonadi, p. 129.

[72] Partonadi, *Sadrach's Community*, pp. 96ss.

missões nacionais que levou ao primeiro movimento voluntário de muçulmanos a Cristo da história. Mas o surgimento de novos movimentos muçulmanos a Cristo ao redor do mundo estava apenas começando.

DISCUSSÃO EM GRUPOS PEQUENOS
DESCUBRA POR SI MESMO

1. Quais as impressões que você obteve deste capítulo?

2. Como Deus está trabalhando no Cômodo Indo-Malaio?

3. Por que você acha que Sadrach foi capaz de obter sucesso quando mais de 200 anos de missionários católicos protestantes antes dele não foram?

4. O que Deus está usando para multiplicar os COMs no Cômodo Indo-Malaio?

Capítulo 5
O Cômodo da África Oriental

*[...] e os etíopes, com as mãos levantadas,
orarão a ti, ó Deus.*
Salmos 68.31b

O xeque Hakim era um homem fino na casa dos trinta anos com uma barba bem feita, olhos vivos intensos, vestindo uma camisa púrpura debaixo de um terno de segunda mão bem conhecido. Hakim era um dos nove xeques que tinham caminhado vários quilômetros, saindo de sua aldeia em direção ao Chifre da África a fim de me encontrar para o café da manhã em um café de estrada e me contar suas histórias.

"Como você se tornou seguidor de Jesus?", eu perguntei.

Hakim respondeu: "Meu pai veio dos muçulmanos das Montanhas de Boro, que são conhecidos por sua fé zelosa. O islã em (este país da África Oriental) começou nas Montanhas de Boro.

"Quando nasci, meu pai fez um voto: 'Meu filho vai estudar apenas o Alcorão e nunca trabalhará para mim'. Assim, a partir dos 2 até os 18 anos, somente estudei o Alcorão". Hakim é um *hafez*, significando que ele memorizou o Alcorão.

Como muçulmanos, Hakim e seus companheiros acreditavam que Jesus era apenas um profeta para Israel. "Se alguém nos dissesse que Jesus era o Filho de Deus", disse Hakim, "seria muito difícil darmos ouvidos. O Alcorão diz: 'Se disser que Jesus é Deus, você se torna *kafir* (pagão)'. Portanto, se alguém dissesse que Jesus era Deus, nós o mataríamos. Quando eu era muçulmano, incendiei igrejas pelo islã.

"Aceitei o Evangelho porque ele veio a mim de uma forma que eu pudesse entendê-lo. Na época, eu era o superintendente de quatro mesquitas e estava treinando 300 professores islâmicos. Um dia, um evangelista local africano deu-me um *Injil* (um Novo Testamento) em árabe. Antes disso, eu pensava que todos os *Injils* eram corrompidos e perdidos, mas este era em árabe. Eu acreditava que o árabe era a língua de Deus, por isso não poderia ser corrompido.

"Em primeiro lugar, este evangelista compartilhou comigo um ensinamento que tanto muçulmanos quanto cristãos têm em comum: que Jesus voltará novamente, e aqueles que não acreditam nele, ele vai destruí-los com seu sopro. Isso era o mesmo que o Alcorão ensina, então fiquei confuso. Orei a Allah: *"Tu conheces o meu coração. Se há algo que eu preciso fazer, mostra-me".*

"Naquela noite, *Isa* veio a mim em um sonho. No meu sonho vi alguém tentando consertar o alto-falante na parte superior do minarete da mesquita. E então olhei para a base do minarete e vi ali um homem cortando-a com um machado. Então, quando eu olhei mais perto, vi que o homem era eu!

"Quatro vezes eu tive este sonho."

"Na manhã seguinte, procurei e encontrei o evangelista que tinha me dado o *Injil* e perguntei-lhe o que isso significava. Ele sorriu e me explicou: 'Você vai ganhar muitos xeques para o Senhor'. Então, eu imediatamente me tornei um seguidor de Jesus. E imediatamente deparei-me com grande perseguição".

Embora Hakim não tenha dito isso, alguns dos outros xeques me disseram que, como resultado de sua conversão a Cristo, o xeque Hakim perdeu seu emprego, sua fazenda e quase sua vida. Seu próprio pai arremessou uma lança em seu filho apóstata, perfurando suas costas e quase o matando. Hoje, Hakim se muda de cidade em cidade porque há sempre aqueles que estão tentando matá-lo.

Hakim sorriu e apontou para três dos outros xeques sentados ao redor da mesa do café da manhã. "Estes foram os meus primeiros convertidos: xeque Abu Salam, xeque Hafez e xeque Mehmed".

Ele continuou: "Fui capaz de aceitar o Evangelho porque ele me foi dado em árabe. Mesmo que o árabe não fosse meu idioma do coração, como xeque eu o conhecia bem e o considerava santo. Durante os sete meses seguintes, vimos 74 xeques do nosso povo abraçarem a fé em Jesus. Neste momento, existem mais de 400 xeques que vieram para o Senhor".

Incrédulo, perguntei: "Quantos desses xeques foram batizados?"

Hakim respondeu imediatamente: "Mais de 300 até agora". Mais tarde, mostraram-me uma fotografia de 75 xeques vestidos de branco, em uma fila diante de um dos belos lagos da região, aguardando o batismo.

Uma região de fendas

O Cômodo da África Oriental na Casa do Islã inclui todas ou partes de 19 nações, do Sudão, ao norte até a África do Sul, ao sul. Neste Cômodo estão 298 povos muçulmanos com uma população combinada de mais de 357 milhões de pessoas.

O Grande Vale do Rift[73] corta a África Oriental e serve como uma metáfora para as separações ancestrais entre tribos e povos que começaram na pré-história da região. Na grande "Partilha da África" dos séculos 19 e 20, os colonizadores europeus exploraram essas fendas étnicas para ganhar o controle da região de norte a sul.[74] Os portugueses, que primeiro chegaram à região, mantiveram o controle de Moçambique. Os britânicos venceram a maior parte, governando o Sudão, Uganda, o Quênia, a Somalilândia Britânica[75] e a África do Sul, que eles tiraram dos holandeses em 1814. Os alemães tomaram posse da Tanzânia, Burundi e Ruanda. A França garantiu um protetorado sobre Djibuti. A Itália se esforçou para dominar a Etiópia, mais tarde constituindo a Eritreia Italiana no norte e a Somalilândia Italiana[76] no litoral. Até o fim da era colonial, o território estratégico costeiro do Chifre da África foi dividido entre as esferas de influência italianas, britânicas e francesas antes de chegar a uma guerra civil caótica no final do século 20, que ainda precisa ser solucionada.

Muito antes que os europeus fizessem sua marca colonial no continente africano, os africanos nativos estavam ocupados com sua própria colonização. Povos nilotas[77] do vale do Rio Nilo no Sudão competiam com tribos migratórias

---

73 Complexo de falhas tectônicas criado há cerca de 35 milhões de anos com a separação das placas tectônicas Africana e arábica, um rifte. Esta estrutura estende-se no sentido norte-sul por cerca de 5000 km, desde o norte da Síria até ao centro de Moçambique, com uma largura que varia entre 30 e 100 km e, em profundidade de algumas centenas a milhares de metros. (N. de Revisão)

74 Thomas Pakenham, *The Scramble for Africa* (A disputa pela África) (Nova Iorque: Avon Books, 1992), pp. 470-486.

75 A Somalilândia Britânica foi um protetorado britânico localizado no norte do chifre da África, mais tarde parte da Somália e atualmente constitui a República da Somalilândia, que não é reconhecida internacionalmente e pertence oficialmente à Somália, mas declarou unilateralmente sua independência em 1991 e passou a ser um estado *de facto*. (N. de Revisão)

76 Outra parte da atual República da Somália. (N. de Revisão)

77 Grupo de povos africanos que falam línguas nilóticas e, como o nome indica, habitam a região sul do vale do rio Nilo, desde a Etiópia à Tanzânia, mas tendo-se espalhado também para o interior, incluindo a República Democrática do Congo. (N. de Revisão)

fortes de povos Bantu, que se acredita terem se originado em Camarões, na África Ocidental, antes de se espalhar por todo o continente. Ocasionalmente, as duas raças africanas em expansão entraram em confronto, como ocorreu em 1994 no genocídio de Ruanda, ocasião em que os Hutus[78] Bantu, temendo sua escravização, mataram 800 mil tutsis[79] nilotas em 100 dias.

Muitas vezes, porém, os dois povos viveram em uma simbiose comercial, cada um se beneficiando dos pontos fortes do outro. As verdadeiras vítimas da colonização nativa africana foram os povos aborígenes Pigmeus, Khoisan e San, por vezes chamados de as tribos dos bosquímanos que precederam tanto os povos nilotas quanto os Bantu. Esses habitantes originais viviam espalhados por todos os cantos da África antes que as colonizações Bantu e Nilota os tornassem uma espécie marginalizada vivendo em vias de extinção nas florestas e desertos muito inóspitos para outras raças.

Homem da tribo Khoisan

Outra raça pré-europeia foram os povos semitas de língua amárica que ocuparam as terras altas da Etiópia, um santuário a partir do qual eles competiram durante séculos com vizinhos cuchitas, como os muçulmanos Afar, Oromo e Somali que dominaram as planícies do Chifre da África.

Os povos Afar, Oromo e Somali compõem uma quarta família etno-linguística dos povos na África Oriental. Estes cuchitas, cujo nome é derivado do neto de Noé, Cuche (Gn 10.6), ocupam grande parte do Chifre da África: Somália, Etiópia oriental e as Colinas do Mar Vermelho localizadas no Sudão.

O swahili é a linguagem do comércio da metade do sudeste da África Oriental e muito falado no Quênia, Tanzânia, Uganda, Burundi, Ruanda e Moçambique. Um idioma Bantu, o vocabulário do swahili é repleto de palavras semitas emprestadas dos árabes, com quem negociavam e de quem seu idioma recebeu o nome, swahili, da palavra árabe *saheli* (costeiro).

---

78   O mais numeroso dos três grupos étnicos presentes em Ruanda e no Burundi. É um povo Bantu e, tanto do ponto de vista da linguística quanto culturalmente, não se distinguem do segundo grupo étnico mais numeroso daqueles países, os tutsis. (N. de Revisão)

79   Segundo grupo étnico mais numeroso em Ruanda e no Burundi, presente também nas regiões vizinhas do Congo, Uganda e Tanzânia. (N. de Revisão)

África Oriental

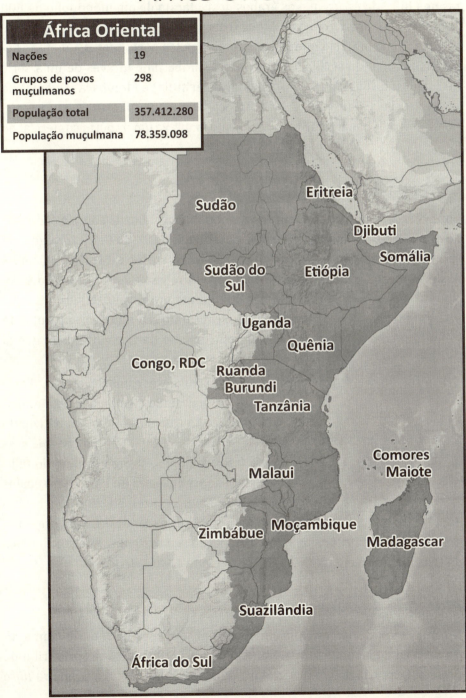

Foi com estes povos costeiros Bantu de língua swahili e os somalis cuchitas no Chifre da África que os árabes desfrutaram de um monopólio de 800 anos sobre o comércio rico da África Oriental em especiarias, marfim, ouro e escravos, um comércio que seria assumido pelos portugueses, quando chegaram, no final do século 15. O comércio árabe fluiu através de uma série de cidades: de Suakin (Sudão), Massawa (Eritreia) e Mombaça (Quênia) no norte até Kilwa (Tanzânia) e Sofala (Moçambique) no sul. O mais importante, porém, foi o Sultanato de Mogadíscio, que manteve um império comercial no Chifre da África, do século 10 ao século 16.

Chegada do Ocidente

Em 1497, determinado a quebrar o monopólio muçulmano sobre o comércio de especiarias das Índias Orientais, o português Vasco da Gama navegou em torno do Cabo da Boa Esperança, alcançando a costa leste da África em 1498. Assim começou uma longa história de aventureirismo europeu e futura colonização do continente africano. Os europeus que o seguiram alcançaram seu objetivo, suplantando o controle muçulmano do Oceano Índico, que já existia há oito séculos.

Comerciantes de marfim

Quando os portugueses estabeleceram o "Forte Jesus" em 1593 na cidade muçulmana de Mombaça, no que é hoje o Quênia, eles estavam fazendo uma declaração simbólica: a Europa chegou, chegou para fazer comércio, chegou com apoio militar e veio em nome de Jesus. Ao longo dos séculos que se seguiram, uma sucessão de potências europeias – portugueses, holandeses, franceses, alemães, italianos e britânicos – cada um pegou sua parte das rotas comerciais do Oceano Índico enquanto colonizavam toda a África Oriental.

A grande disputa

Os muçulmanos marcam oficialmente o início de seu calendário com a *hijra* ou fuga de Maomé para Medina no ano 622, quando a própria tribo do Profeta, Qurayshi, levou-o para fora de Meca. No entanto, a primeira *hijra* muçulmana realmente ocorreu oito anos antes, e foi para a África, não para Medina, que esses muçulmanos fugiram. Em 614, Maomé enviou um grupo de seus seguidores como refugiados para a Etiópia, onde o rei cristão Aksumite Ella-Sahama (*Ashama,* em árabe) deu-lhes um santuário. Se Sahama soubesse que este grupo de muçulmanos fugitivos lideraria uma disputa que duraria quatorze séculos, ele os teria entregado para a delegação Qurayshi que os perseguia, buscando sua extradição.

Hoje, a maior parte desse antigo império Aksumite que incluía o sul da Arábia, o Iêmen ocidental, Somália, Djibuti, Etiópia oriental e o litoral da Eritreia é muçulmana. O islã é também uma religião majoritária no Sudão e as nações insulares do Mayotte e Comores.

Durante oito séculos, comerciantes árabes realizaram com a África Oriental um comércio vigoroso de marfim e escravos até a chegada dos portugueses. Pelos quatro séculos seguintes, os europeus – portugueses, franceses, alemães, italianos e britânicos – governaram o Oceano Índico e dominaram a região da África Oriental.

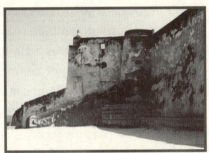

Forte Jesus

Durante essa época de hegemonia europeia, o cristianismo floresceu. No alvorecer do século 20, os cristãos eram cerca de seis milhões. Um século mais tarde havia cerca de 177 milhões de cristãos bem estabelecidos em toda a região.[80] Quase todo o crescimento cristão, porém, foi a partir dos religiosos tribais não muçulmanos na região. Os cristãos geralmente trataram os muçulmanos tanto como parceiros comerciais quanto como inimigos, mas não como perspectivas promissoras para a conversão.

O islã também cresceu na região no século 20 de 6,8 milhões em 1900 para quase 78 milhões no ano 2000.[81] Embora grande parte desse crescimento fosse o resultado de menores taxas de mortalidade infantil, o *dawa* muçulmano (atividade missionária) também foi muito ativo na região.

---

80 Comparações de país a país de David B. Barrett, ed. *World Christian Encyclopedia (Enciclopédia Cristã Mundial),* 2ª ed., vol. 1, (Nova Iorque: Oxford University Press, 2001).

81 Ibid.

A disputa atual

Um muçulmano convertido ao cristianismo, que agora trabalha com as igrejas no Chifre da África para espalhar o Evangelho entre os muçulmanos, referia-se a sua vida anterior como um *da'i* – missionário muçulmano aos cristãos.

"Meu nome muçulmano era xeque Mahmud. Servi na Frente Islâmica e Organização de Libertação. Por três anos fui um *mujahid* (guerreiro muçulmano). Treinei durante nove meses em um campo de treinamento militar em uma cidade do outro lado da fronteira.[82]

"*Mujahedeen* tinham vindo a esta cidade de todo o mundo, especialmente do Paquistão. Al-Qaeda também tem uma base na cidade. Fui ensinado a mobilizar os jovens a se tornarem *da'i* (missionários muçulmanos, cumpridores do *dawa*), e aprendi também como obter os planos estratégicos dos cristãos para o islã. Concentramos a atenção no maior grupo étnico neste país, porque eles compõem 75 por cento da população. Após o treinamento para se tornar *mujahid*, nos tornamos mais *Salafi* (muçulmanos fundamentalistas).

"O treinamento que recebi no acampamento *mujahid* nos ensinou três estratégias *dawa* para alcançar os cristãos:

1. Ganhá-los com dinheiro e tentações materiais.
2. Encorajar garotas muçulmanas a se casarem com cristãos. Ela pode dizer: 'Se você se casar comigo, eu me tornarei cristã'. Mas depois do casamento, ela simplesmente o informa que vai permanecer muçulmana. Depois de dois dias, ela tem direitos legais à metade de todas as suas posses. Se isso não funcionar, ela pode jogar uma maldição nele (o que geralmente significa envenená-lo).
3. Ou, podemos dizer ao cristão que 'se você se converter ao islã, lhe daremos um trabalho na Arábia Saudita ou nos Emirados Árabes, mas primeiramente você tem que se converter'."

"Recebíamos treinamento tático também. Praticávamos o testemunho de casa em casa. Aprendemos como pesquisar e traçar o perfil do comportamento dos cristãos em nossa comunidade: seus hábitos e estilo de vida, pontos fortes e fracos. Se não podíamos convertê-los, comprávamos sua casa e os tirávamos dela. Desta forma, tomávamos este país, bairro por bairro, cidade por cidade."

---

82 O autor visitou a cidade com o *dawa* muçulmano e os campos de treinamento da al-Qaeda. Sua identidade está mantida em segredo propositadamente.

Entrevistas de itinerantes em toda a África Oriental revelou que o próprio islã estava em efervescência na região. Os muçulmanos em aldeias rurais queixavam-se da feitiçaria, das maldições e da magia que atormentavam sua religião muçulmana sincretista.

Um COM chamado Issa de um povo muçulmano forte nos contou de uma controvérsia crescendo em sua aldeia natal à medida que reformadores fundamentalistas muçulmanos Salafi desafiavam o Islã popular mais nominal praticado pela maioria. Os reformadores Salafis protestaram contra a comunidade pela celebração do aniversário do profeta Maomé. "Isso não tem base no Alcorão", protestaram os Salafis. "Em seguida, os Salafis disseram algo que me surpreendeu", disse Issa. "Eles insistiram que o Alcorão colocava Isa al--Masih (Jesus) acima de Maomé!" Embora estes Salafis não estivessem, de modo algum, professando fé em Jesus ou atestando sua divindade, nós, os entrevistadores, achamos interessante que sua rigorosa adesão ao Alcorão tivesse elevado a posição de Jesus em sua compreensão.

Mais tarde soubemos que, em outras aldeias muçulmanas, a questão foi além de uma disputa interna. Comparações feitas por muçulmanos de Jesus com Maomé no Alcorão levaram-nos a investigar o que Jesus diz sobre si mesmo no Novo Testamento.

Percepções dos movimentos

Existem hoje muitos movimentos de muçulmanos a Cristo na África Oriental com números na casa de dezenas de milhares. Cada movimento e, de fato, cada história individual é única, mas alguns padrões são evidentes.

Entre os muçulmanos rurais, o islã é grosseiramente introduzido com a religião tribal africana: práticas de feitiçaria, medo de espíritos malignos, maldições e doenças amarram a população ao controle de imãs locais (líderes de mesquitas), cujas funções na comunidade não são muito diferentes das dos feiticeiros que os precederam. Em Jesus Cristo, esses muçulmanos sincretistas estão encontrando um poder que pode libertá-los da escravidão anterior e da dependência do imã.

Um imã chamado Salah era amado em sua comunidade muçulmana antes de anunciar que já não estava interessado em praticar "magia negra", uma prática que tinha estado em sua família por gerações. Apesar de sua comunidade muçulmana local implorar que ficasse, ele renunciou ao seu passado e começou a liderar um pequeno grupo de crentes cristãos.

O Evangelho também está fazendo incursões poderosas dentro das comunidades muçulmanas mais ortodoxas. Um dos grandes povos predominantemente muçulmanos viu dezenas de milhares de muçulmanos voltando-se para a fé em Cristo. Os líderes desses convertidos são imãs e xeques, como Hakim, que conhecemos no início deste capítulo. Estes imãs e xeques seguidores de Cristo estão agora orientando comunidades inteiras a seguir Isa al-Masih no batismo.

No dia de Natal de 2011, saí cedo de meu hotel em uma cidade da África Oriental para uma viagem de duas horas às montanhas, a fim de chegar em uma pousada rústica, localizada em um belo lago alpino. Esperando por mim estavam 20 líderes de um povo muçulmano influente, que tinham vindo para receber formação mais detalhada sobre sua nova fé cristã. Yusuf, um empresário africano autônomo de origem evangélica ortodoxa, havia adotado os muçulmanos naquela região como seu campo missionário e levou muitos de seus líderes à fé em Cristo. A chave para sua eficácia, segundo ele, foi "aprender a se comunicar de uma forma que não fosse culturalmente ofensiva para os muçulmanos".

"Eu costumava tentar torná-los cristãos", disse Yusuf. "Agora eu tento ajudá-los a vir ao Senhor sem o manto religioso que o termo cristão denota."

Sentado no chão com esses seguidores de Cristo de origem muçulmana, aprendi que eles nunca antes tinham falado com um cristão ocidental. Um por um, eles compartilharam a história de como tinham concluído que Isa al-Masih era a única maneira de se ter um relacionamento correto com Allah.

"Quantos de vocês foram batizados?", perguntei. Dezenove de vinte mãos se levantaram".

"Como vocês são capazes de fazer isso sem perseguição?", perguntei.

"Há perseguição", responderam eles apontando para o xeque Abu Salam, um homem na casa dos 30 anos, munido de um Novo Testamento em árabe. "Desde que comecei a ensinar sobre Isa", Abu Salam disse, "fui perseguido pela mesquita. Agora estou lutando no tribunal. Estou me defendendo como um muçulmano seguidor de Isa al-Masih. Disse ao tribunal: 'Esta é a minha mesquita! Porque eu deveria deixá-la? Tenho o direito de adorar aqui'."

Compreendi a coragem de Abu Salam. Os tribunais neste país tinham recentemente determinado que os muçulmanos estivessem livres para implementar a *sharia* (lei islâmica) em suas próprias comunidades. Isso significava que, ao optar por permanecer na mesquita, o xeque Abu Salam arriscou-se a uma sentença de morte pelo crime de apostasia.

Outro xeque chamado Hussein, um homem calvo na casa de seus 40 anos, disse: "Continuamos indo à mesquita, mas nossa comunidade não sabe que participamos de treinamentos como este. Se eles soubessem disso, haveria problemas".

"Por que vocês simplesmente não abandonam a mesquita e se tornam cristãos?", perguntei. "Qual é o benefício de estar na mesquita?"

Várias vozes responderam rapidamente: "Alcançar outros! Se criarmos outra comunidade de fé fora da mesquita, haverá uma separação entre nós e os perdidos. Em vez disso, inserimos Jesus em todas as nossas práticas muçulmanas".

Uma muçulmana de meia-idade, uma das três mulheres do grupo, falou: "Jesus veio como um ser humano para salvar os seres humanos, mesmo sendo Deus. Se Deus quisesse salvar hienas, ele teria se tornado uma hiena. Queremos salvar os muçulmanos, portanto isso nos obriga a entrar na mesquita. E, assim, nossos irmãos e irmãs arriscam-se a entrar na mesquita para ganhar outros".

Um xeque chamado Hussein falou: "Nós não nos preocupamos muito com Maomé. Nossa responsabilidade é com aqueles que ainda não estão no Reino de Deus. Com a ajuda do Espírito Santo, nós nascemos de novo".

Outro xeque disse: "Maomé não disse, 'eu sou um profeta'. Ele disse: 'A menos que algo venha sobre mim, não posso dizer nada'. O povo – não o Alcorão – disse que Maomé é um profeta. Hoje, podemos ler o Alcorão e entender melhor quem o profeta Maomé é e quem não é".

O xeque Bashir acrescentou: "A tradução do Alcorão está mudando tudo. Antes, era apenas em árabe, que ninguém entendia. Não importava se eu abençoasse meu povo ou o amaldiçoasse em árabe, eles simplesmente diriam: 'Amém!'" Isso levou várias pessoas ao riso.

"Hoje", continuou Bashir, "o conhecimento está crescendo. Eu já formei mais de 200 alunos em minha *madrasa* (escola islâmica). Quando comparamos Maomé e Isa, vemos uma grande lacuna. Não há comparação possível. Estamos preocupados com a forma como outros xeques muçulmanos estão mantendo nosso povo na escuridão. Agora que sabemos a verdade, queremos levá-la ao nosso povo. Digo-lhes honestamente, sinto-me envergonhado pelo que fiz no passado, por isso não quero nem ser mais chamado de xeque".

Outro homem disse: "No Alcorão diz: 'Se você está confuso, pergunte às pessoas dos livros anteriores'. Ele também diz: 'Se você não aceitar os livros anteriores, então o fogo do inferno está esperando por você'. E Maomé disse: 'Eu aceitei todos os livros sem separação'".

Depois, perguntei a Yusuf, o empresário cristão, para me ajudar a entender como ele tinha levado esses líderes muçulmanos a conhecer Jesus.

"Usamos uma abordagem de descoberta", disse Yusuf. "A partir daí eles podem ver que o Alcorão diz claramente que, se você seguir Maomé, nunca vai chegar ao céu".

Yusuf explicou sua abordagem de descoberta. "No primeiro dia, convidamos esses xeques e imãs muçulmanos para formar pequenos grupos de quatro e lhes fazemos esta pergunta: 'Quem é Maomé?' Eles passam a maior parte do dia usando o Alcorão para discutir e debater quem é Maomé. No final do dia, os grupos retornam e relatam 'Maomé não está apto para ser um profeta de Deus'."

Fiquei perplexo. "Como isso é possível?"

Yusuf abriu imediatamente um caderno de aproximadamente 20 por 13 centímetros repleto de referências do Alcorão e do Hadith que os xeques e imãs usaram para apontar os pecados e falhas de Maomé:

Sura 46.9	Dize-lhes (mais): Não sou um inovador entre os mensageiros, nem sei o que será de mim ou de vós. Não sigo mais do que aquilo que me tem sido revelado, e não sou mais do que um elucidativo admoestador.
Sura 41.43	Tudo quanto te dizem já foi dito aos mensageiros que te precederam. Saibam eles que o teu Senhor é Indulgente, mas também possui um doloroso castigo.
Sura 47.19	Conscientiza-te, portanto, que não há mais divindade, além de Allah, e implora o perdão das tuas faltas...
Sura 6.50	Dize: Eu não vos digo que possuo os tesouros de Allah ou que estou ciente do desconhecido [...] não faço mais do que seguir o que me é revelado. Dize mais: Poderão, acaso, equiparar-se o cego e o vidente? Não meditais?

Um dos xeques, ouvindo minha conversa, com Yusuf acrescentou: "Maomé é o mais cego de todos".

Sura 34.24   Portanto, certamente, ou nós estamos guiados ou vós estais orientados, ou em erro evidente.

Sura 57.27   [...] enviamos Jesus, filho de Maria, a quem concedemos o Evangelho [...][83]

Yusuf continuou: "Os xeques também apontaram para falhas na vida pessoal de Maomé. Embora o islã permita até quatro mulheres para um homem (Sura 4.3), quando Maomé ficou impressionado com a beleza de Zaynab, a esposa de seu filho adotivo Zayd, o profeta recebeu uma nova revelação permitindo que se casasse não apenas com a quinta esposa, mas com a esposa de seu próprio filho adotivo, algo considerado tabu no Alcorão (Sura 4.23).

Alcorão aberto

Yusuf concluiu: "No Alcorão, Maomé afirma apenas ser admoestador. O Alcorão diz que aqueles que leem o Alcorão ficam cheios de orgulho, mas aqueles que leem o Injil são humildes".

Pedi para Yusuf parar a fim de deixar suas palavras penetrarem na minha cabeça, mas ele poderia ter continuado com páginas de citações adicionais do Alcorão.

"O que mais você está ensinando para eles?", perguntei.

Ele disse: "A segunda pergunta deles é: 'Quem é Jesus?'" Yusuf seguiu a mesma prática, colocando os xeques em grupos de quatro e deixando-os descobrir por si próprios quem é Jesus. "Eles começam com o Alcorão", disse, "mas então voltam-se para o Novo Testamento".

"E a conclusão deles?", perguntei.

"Jesus é o Filho de Deus, o único caminho para a salvação".

---

83   Estas passagens do Alcorão são encontradas como citadas, mas deve ser observado que o evangelista compartilhou comigo apenas aquelas porções que os próprios xeques destacaram como relevantes para ressaltar a questão de que Maomé não era qualificado para ser profeta de Deus.

Como Deus os está trazendo à fé

Como as histórias acima ilustram, Deus está usando a insatisfação dentro da própria comunidade muçulmana para conduzir os muçulmanos à fé em Cristo. Embora seja verdade que muitas dessas histórias de conversão começam com o Alcorão antes de passar para o Injil, este não é o único modo pelo qual muçulmanos estão abraçando a fé.

Um dos maiores movimentos, com números superiores a 30 mil cristãos batizados, começou com o evangelismo intencional de muçulmanos por uma igreja nacional, *Gospel for All Nations Church* (Igreja Para Todas as Nações), na capital.

Deus começou a mexer nos corações de um casal que fazia parte da equipe pastoral na Igreja Para Todas as Nações sobre a necessidade de evangelizar os muçulmanos. Eles não sabiam como começar, então perguntaram ao chefe de uma aldeia muçulmana como poderiam ser uma bênção para o seu povo. A resposta do chefe foi pragmática. Ele lhes pediu para iniciar projetos de água potável, escolas e clínicas na aldeia. A igreja fez o que ele pediu, mas trouxe juntamente com estes ministérios, reuniões evangelísticas ao ar livre.

O xeque Rumi participou de algumas dessas primeiras reuniões ao ar livre há sete anos. Ele lembrou:

"Eu tinha estudado o Alcorão na escola desde criança. Mas, na minha experiência escolar, eles não nos ensinavam; apenas batiam em nós. O ensino era feito através da força, não com amor. Eu queria uma educação secular, mas o meu pai, que era xeque, disse que não."

"Quando minha irmã mais velha ficou muito doente, fui com ela a três hospitais diferentes. O Senhor usou este tempo difícil para me ensinar. Vi cristãos no hospital orando pelos enfermos. Observei-os com cuidado, como se fosse uma pesquisa."

"Embora os cristãos orassem uns pelos outros, ninguém (nenhum xeque) veio para orar pelos doentes muçulmanos. Percebi que um espírito maligno estava oprimindo minha irmã e eu não tinha nenhum deus perto de mim para quem eu pudesse orar."

"Quando minha irmã morreu, decidi estudar bem o Alcorão. Eu queria lê-lo no idioma local para que pudesse entender o significado."

"Enquanto isso, um cristão veio testemunhar para mim. Ele disse que me daria uma Bíblia, mas eu disse: 'Não fale comigo'."

"Percebi que havia contradições no Alcorão, e eu tinha muitas perguntas. Então fui a uma *Dawa*, uma conferência missionária muçulmana, na cidade. Um dos *da'i* (missionários muçulmanos) estava pregando sobre contradições na Bíblia, então lhe dei a minha lista de 21 perguntas sobre o Alcorão. Ele se recusou a responder. Em vez disso, disse que eu estava corrompido e me expulsou da conferência. Isso me encheu de desespero."

"Eu ainda tinha anotações sobre as 'contradições bíblicas' que tinha recebido na conferência, então, fiz minhas anotações, baseadas na Bíblia, e subi ao monte para meditar."

"Quando desci do monte, estava cheio de alegria. Procurei uma reunião que estava sendo conduzida pela *Gospel for All Nations Church* (Igreja Evangelho para Todas as Nações). Naquela tarde, enquanto o pregador estava pregando, um grande vento soprou, derrubando a tenda. Em seguida, a chuva começou a enxarcar o público."

"A pregadora, que, com seu marido, era cofundadora da igreja, levantou-se e orou em voz alta: 'Senhor, queremos adorar, deixe a chuva voltar à noite'."

"Na minha mente eu disse: 'Deus, se ouvires a oração dela, eu vou acreditar em ti, mesmo que não conheça Jesus. Caso contrário, vou saber que o que ela está ensinando é falso'."

"O vento parou imediatamente e a chuva parou em um círculo de 100 metros ao redor da tenda."

A natureza dos movimentos

Há muitas maneiras pelas quais os muçulmanos estão abraçando a fé em Cristo na África Oriental: sonhos, orações respondidas, insatisfação com o islã, vidas transformadas. Muitas das igrejas da região são vibrantes e agora estão perdendo o medo de evangelizar muçulmanos. Em especial a guerra e a fome castigaram as comunidades muçulmanas. Os cristãos têm estado lá para oferecer uma alternativa ao islã. Aldeões muçulmanos que, há gerações, abraçaram o islã como outro meio para manipular a constante ameaça dos espíritos e demônios, estão encontrando em Cristo um poder maior do que os temores que os cercavam.

Africanos do Oriente têm uma longa história de seguir seus líderes, não importando se são chefes tribais, curandeiros da aldeia ou imãs muçulmanos. As decisões importantes raramente são tomadas individualmente, mas como comunidade. Portanto, não é de surpreender que os movimentos que estão ocorrendo na região muitas vezes comecem com xeques e imãs. Estes são os líderes a quem as pessoas recorrem buscando orientação, e são eles que estão conduzindo seus seguidores a Cristo.

O islã deu aos africanos do Oriente uma ferramenta poderosa para mobilizar resistência contra potências coloniais ocidentais. A ausência de colonizadores ocidentais deu ao Evangelho uma nova voz, especialmente quando se trata de testemunhas locais. No século 21 é muito mais difícil para jihadistas muçulmanos incitarem uma multidão anticristã quando a voz da testemunha é a do próprio xeque.

Como eles estão vivenciando sua fé

Um muçulmano de 28 anos que abraçou a fé em Cristo um ano e meio atrás refletiu um sentimento amplamente difundido: "Eu amo orar. Gosto que minhas orações a Deus como seguidor de Cristo não sejam guiadas, como as orações muçulmanas são, mas, em vez disso, são expressas como uma verdadeira conversa com Deus. Posso contar-lhe o que está em meu coração".

As histórias de muçulmanos da África Oriental que abraçam a fé em Cristo revelam que eles estão em uma jornada. Uma tese de doutorado recente, que analisou um grande povo muçulmano com mais de 10 mil seguidores de Cristo batizados, ilustra essa jornada.[84] Embora eles tenham começado como muçulmanos, sua descoberta de Cristo, lenta e inexoravelmente, os levou a colocar de lado o papel de Maomé e do Alcorão. Ao longo do tempo, eles imergiram mais e mais profundamente no Novo Testamento, enquanto deixavam seu Alcorão na prateleira.

---

84 Enquanto este livro estava sendo escrito, a dissertação estava em processo através do Seminário Teológico Fuller. Por motivos de segurança, não divulgarei o nome do autor aqui, pois ele pode escolher um pseudônimo para a publicação.

Nós precisamos do Evangelho

Elias era um missionário da África Oriental vivendo no aglomerado de refugiados somalis de uma grande cidade no Chifre da África. Enquanto preparava seu jantar sozinho, depois de um longo dia de ministração aos refugiados, ele foi surpreendido ao ouvir um xeque somali de 65 anos chamado Abdul-Ahad bater em sua porta. O xeque tinha vindo da cidade de Mogadíscio, na Somália, devastada pela guerra. Elias estava tenso, querendo saber se esta seria a noite que os *Al-Shabaab* (militantes somalis) tinham escolhido para se vingar de mais um cristão.

Quando Elias abriu a porta, o xeque exigiu abruptamente: "Sim ou não. O sangue de Jesus pagou pelos pecados de todos no mundo?"

Elias respondeu: "Sim".

O xeque respondeu com firmeza: "Você está mentindo!" Em seguida, ele hesitou antes de dizer: "O sangue de Jesus não pode perdoar os meus pecados".

Ele contou a Elias sobre a violência que havia cometido em Mogadíscio. O xeque idoso começou a tremer e a chorar. "Eu preciso de alívio", disse ele.

Elias disse-lhe: "Se você e eu concordarmos esta noite, então Deus vai perdoá-lo".

O xeque orou com Elias e Abdul-Ahad foi salvo naquela noite.

Antes de sair, Abdul-Ahad virou-se para Elias, agarrou-lhe o braço e disse-lhe: "Quando olha para mim na rua, você vê meu chapéu muçulmano e minha barba e fica com medo de mim. E, para lhe dizer a verdade, é por isso que nos vestimos dessa forma, para deixá-lo você com medo de nós. Mas você precisa saber – repito, você precisa saber – que por dentro somos vazios. Não tenha medo de nós. Precisamos do Evangelho".

DISCUSSÃO EM GRUPOS PEQUENOS
DESCUBRA POR SI MESMO

1. Quais impressões você tira deste capítulo?

2. Como Deus está operando no Cômodo da África Oriental?

3. Como Deus está usando "a abordagem da descoberta?"

4. Quais são suas impressões sobre a história de Elias e Abdul-Ahad?

Capítulo 6
O Cômodo do Norte da África

*Como pastor ele cuida de seu rebanho,
com o braço ajunta os cordeiros*
Isaías 40.11

Duas décadas atrás, nas remotas montanhas do norte da África, em um dos mais turbulentos e repressivos cantos de *Dar al-Islam*, um movimento de muçulmanos para Cristo começou a surgir. Hoje o movimento conta com dezenas de milhares e marca a primeira ida de muçulmanos locais para Cristo em 14 séculos de história do islã no norte da África.

Eu já sou dele

Sentei-me com Rafiq em seu estúdio, um apartamento apertado em um arranha-céu de uso comercial, repleto de equipamentos de gravação e mixagem. Rafiq é um berbere espirituoso de 35 anos cujos olhos escuros dançavam enquanto ele contava a história de como sua vida tinha sido transformada.

"Era 2001, e eu estava trabalhando em Paris como músico, compondo para uma empresa internacional de cinema e música".[85]

Rafiq era um dos milhões de norte-africanos que haviam migrado para a França após a independência de seu país nos anos 1960.[86] "Embora tenha nascido no norte da África, cresci como europeu. Minha família era etnicamente berbere, mas eu era francês em todos os sentidos. Como a maioria dos franceses, nunca tinha sido religioso. Eu era muçulmano no nome, mas um ateu na prática.

---

85 A companhia, sediada nos Estados Unidos, é famosa e, por essa razão, não terá seu nome divulgado.

86 Em 2004, a França era o lar de seis milhões de africanos oriundos do norte da África. Consulte "Les oubliés de l'égalité des chances", de Yazid Sabeg e Laurence Méhaignerie, *Institut Montaigne*, janeiro de 2004. Citado em http://www.institutmontaigne.org/fr/publications/lesoublies-de-legalite-des-chances. (Site em francês. Acesso em 07/04/2016)

"Eu tinha uma esposa, Nora, lá no norte da África. Mandava-lhe dinheiro quando podia e voltava para visitá-la mais ou menos todos os anos. Mas, para mim, eu estava muito envolvido com minha vida na França. A música era a minha vida e o meu dom. Embora nunca tivesse tido treinamento formal, eu podia tocar muitos instrumentos e os usava para tocar as músicas que tinha escrito.

"Depois que várias de minhas canções foram publicadas, meus chefes na companhia de entretenimento me incentivaram a fazer mais. 'Você deveria escrever um musical', eles sugeriram. Eu estava pensando sobre isso quando deixei o escritório deles. Enquanto eu caminhava pela rua, a chuva começou a cair. Perdido em pensamento, parei em frente a uma porta e acendi um cigarro. Depois de um tempo, me virei e vi que estava na porta de entrada de uma Igreja Católica.

"Entrei. Era a primeira vez que entrava em uma igreja. Perto da parte da frente havia velas que você poderia comprar e acender como oração. Notei que as velas maiores custavam mais do que as menores, e isso me pareceu engraçado. Brinquei com o padre: 'Você pode me emprestar algum dinheiro para eu comprar uma oração?' O padre sorriu e me entregou uma vela. 'É de graça', disse ele."

O Bom Pastor

"Olhei para cima para a grande imagem de Jesus crucificado suspenso no teto. Na parede ao lado dele, vi outra imagem de Jesus, esta com ele segurando um cordeiro. Abaixo dela, estavam as palavras: *O bom pastor dá a sua vida pelas ovelhas.*"

"Comecei a pensar: 'Que tipo de pessoa era esta que deu sua vida pelos outros?'"

"Então disse a mim mesmo: 'Ah! Isso daria um grande tema para um musical!'"

"Então perguntei ao sacerdote pelas passagens que contavam a história de Jesus. Ele me ofereceu uma grande Bíblia católica. 'Não, não', eu disse, 'Eu só quero a parte sobre Jesus'. Então ele me deu os quatro Evangelhos."

"Levei-os para casa e os li muitas vezes. Comecei a ter sonhos cheios de Jesus e música. A música e as cenas começaram a brotar de minha imaginação. Em um mês escrevi toda a vida de Jesus, um musical de duas horas e meia a partir do anúncio de Gabriel à Virgem Maria até a ressurreição e ascensão de Cristo ao céu."

"Usei um sintetizador, começando com o violino e, em seguida, acrescentei cada instrumento de orquestra. Eu imaginava as cenas uma por uma e escrevia as letras. Chamei meu musical de 'Nazaré'", disse Rafiq. "Quanto mais eu me entregava a essa vida de Jesus, mais ele me mudava. Meus amigos no negócio da música me avisaram: 'Cuidado!', eles disseram. 'Não se perca na pessoa de Jesus'. Eu lhes disse: 'É tarde demais. Eu já sou dele'."

"Levei o musical para meus chefes na empresa de entretenimento. Embora fosse muito incomum, sentaram-se e escutaram por duas horas e meia inteiras enquanto tocava o musical para eles. Depois que terminei eles disseram: 'Bem, Jesus é muito mercadológico. Vamos fazer isso'. Começamos a discutir quem faria o papel dos vários personagens: Jesus, Maria, Judas, Satanás..."

"Mais tarde, naquele mesmo ano, *A Paixão de Cristo* de Mel Gibson foi lançado mundialmente, mas dentro da comunidade de entretenimento judaica, o filme pareceu antissemita. Imediatamente, um vento frio desceu sobre qualquer filme ou música com Jesus como tema. Meu chefe me chamou em seu escritório e me disse que não iria produzir o meu musical. Pouco tempo depois, fui demitido."

"Meu musical não falava nada sobre os judeus", disse Rafiq, balançando a cabeça.

Então ele olhou para mim e sorriu: "Mas isso já não importava para mim. Jesus havia se tornado minha vida. Parei de fumar e beber. Eu já não queria passar o tempo em bares ou festas. Em vez disso, eu queria voltar para o norte da África para dizer a Nora e a minha família sobre aquele que havia entrado em minha vida."

"Quando cheguei em casa, recrutei minha esposa Nora, que é artista, para fazer *storyboards* da vida de Jesus para o musical. Foi durante a criação desses *storyboards* que Nora foi tocada pela beleza de Jesus."

Nora interrompeu: "Mas foi depois que Jesus respondeu às minhas orações, pela cura da irmã de Rafiq, que eu soube que ele era real". Tremendo, com lágrimas nos olhos, Nora continuou: "Eu disse a Deus: 'Revele-se a mim ou me tire daqui'. E Deus se revelou". Enxugando as lágrimas, ela disse: "Sempre que as perguntas surgem, eu digo: 'Como posso duvidar ou questionar o que ele fez na minha vida?'"

Rafiq tocou para mim a música de entrada de seu musical, *le Messie de Dieu* (O Messias de Deus), e desvendou a cena para mim com descrições apaixonadas de Maria sozinha em um palco escuro quando o anjo Gabriel aparece para ela e lhe diz que ela vai dar à luz o Messias. "Como pode ser isso", ela perguntou, "nunca estive com um homem?" A voz da mulher cantando a parte de Maria era angelical. "Essa é minha esposa", disse Rafiq, "é Nora quem está cantando". A música era fascinante. O pensamento de que tal música bonita e seu compositor estavam no exílio aqui neste canto remoto da África me entristeceu, até que Rafiq mudou a minha perspectiva.

Abraçando sua bela e esperançosa esposa, tocando a bochecha de sua filha tão vivaz de três anos, Rafiq disse: "E agora eu estou servindo ao Senhor aqui no norte da África. Componho e produzo música em francês, árabe e berbere, tudo para a glória de Deus".

O Magrebe

Os muçulmanos chamam as seis nações do norte da África – Mauritânia, Saara Ocidental, Marrocos, Argélia, Tunísia e Líbia – de *o Magrebe*, que significa "o Ocidente" ou "o lugar do pôr do sol". O Magrebe tem uma população de pouco menos de 90 milhões, 88,9 milhões dos quais são muçulmanos.

Muçulmanos no Magrebe

Argélia (37 milhões, 99% muçulmanos, 1% judeus & cristãos)

Líbia (5.6 milhões, 99% muçulmanos)

Mauritânia (3.3 milhões, 100% muçulmanos)

Marrocos (32 milhões, 99% muçulmanos)

Tunísia (10.5 milhões, 98% muçulmanos; 1% cristãos; 1% judeus)

Saara Ocidental (meio milhão, 100% muçulmanos)

Os africanos do norte descrevem sua etnicidade como uma miscelânia, uma mistura fascinante de séculos de história humana que inundou suas margens. Hoje muitos governos do norte da África estão revivendo um processo de arabização que começou no século 8, e foi renovado com invasões pelas tribos de beduínos *beni Hillal* e *beni Yamin* no século 12, antes de ser interrompido por três séculos de colonização turca e europeia.

Apesar da predominância do idioma e cultura árabe, análise de DNA revela que a população argelina hoje ainda é predominantemente berbere (50%), seguida por árabes (30%) com dezenas de outras etnicidades.[87] Mesmo antes das invasões árabes, as tribos berberes aborígenes já tinham testemunhado séculos de infusões da parte dos fenícios, gregos, romanos, vândalos germânicos, bantu e nilóticos.

Após a *Reconquista* espanhola da Península Ibérica em 1492 e a expulsão dos últimos *Mouriscos* (convertidos do islã que eram suspeitos de ainda serem muçulmanos) do continente europeu em 1610, refugiados muçulmanos amargurados retornaram ao norte da África e passaram a travar uma guerra fria de séculos de duração contra a Europa cristã. Ainda hoje placas de rua em Tunis e Argel, tais como a *Sharia Andaluzia* e *Tariq Toledo*, ainda testemunham dos domínios perdidos, mas não esquecidos, no outro lado do mar.

Entre 1530 e 1815, corsários otomanos, ou piratas da Costa Berbere como eram conhecidos no Ocidente, capturaram centenas de navios ocidentais e fizeram inúmeros ataques a cidades costeiras europeias desde a Itália até a Islândia, enchendo campos de trabalho forçado e haréns em Trípoli, Tunis, Orã e Argel com mais de um milhão de escravos cristãos.[88] Os americanos têm pouca memória coletiva deste fato hoje, mas essas mesmas ações piratas causaram duas das primeiras guerras estrangeiras dos Estados Unidos, a Primeira e a Segunda Guerra Berbere (1801-05 e 1815), e serviram como os catalisadores principais para a criação tanto da Marinha quanto dos Fuzileiros dos EUA.[89]

Nos limites mais ocidentais de África do Norte, nas ruas de Nouakchott, Mauritânia, ainda se ouve o árabe *hassaniya*, originalmente falado por tribos de beduínos no Iêmen mais de 6.400 km ao leste. No fervilhante porto da

---

[87] Estudo original conduzido pela Biblioteca Nacional de Medicina e Institutos Nacionais de Saúde dos Estados Unidos por Robino C., Crobu F., et al. Citado em: http://www.ncbi.nlm.nih.gov/pubmed?uid=17909833&cmd=showdetailview&indexed=google. (Site em inglês. Acesso em 08/04/2016) Para uma visão geral do assunto veja: "Demografia na Argélia", citado em: https://pt.wikipedia.org/wiki/Demografia_da_Argélia. (Acesso em 08/04/2016)

[88] "O historiador Robert C. Davis estimou que entre 1530 e 1780, de 1 a 1,25 milhão de europeus foram capturados e levados como escravos para o norte da África..." Consulte Robert C. Davis, *Christian Slaves, Muslim Masters: White Slavery in the Mediterranean* (Escravos cristãos, senhores muçulmanos: escravidão branca no Mediterrâneo), (Houndmills, Basingstoke, U.K: Palgrave MacMillan, 2004). Para uma visão geral do artigo, consulte "Piratas da Barbária", disponível em: https://pt.wikipedia.org/wiki/Piratas_da_Barbária. (Acesso em 08/04/2016)

[89] Lembranças rudimentares destas guerras persistem no Hino dos Fuzileiros: "Dos salões de Montezuma, às costas de Trípoli".

cidade de Argel, ainda se encontram argelinos de olhos verdes ou de cabelos loiros, descendentes de europeus piratas do passado. A população árabe de Trípoli é temperada com berberes, judeus e africanos subsaarianos, remanescentes de uma indústria escrava outrora próspera que transportava cativos por mais de 3 mil km de Omdurman, no Sudão, através do Saara, até o mar Mediterrâneo.

Uma rua principal no centro de Tunis orgulhosamente ostenta o nome *Kheir ed-Din bin Pasha Boulevard*, nome do almirante da Marinha Otomana, conhecido no Ocidente como Barbarossa (1474-1518), ou Barba Vermelha, o Pirata. Kheir ed-Din era o filho de uma viúva grega ortodoxa e um turco muçulmano da ilha de Lesbos. Tanto Kheir ed-Din quanto seu irmão, Aruj, tinham o mesmo nome Barbarossa e, juntos, aterrorizavam o comércio europeu no Mediterrâneo por décadas.

Uma pergunta favorita que eu fazia aos norte-africanos enquanto viajava pelo Magrebe era *Ailatik min Balid ay, min al-asl?* "De que país sua família veio no início?" A pergunta suscitava lembranças orgulhosas: "do Iêmen", "da Jordânia", "da Turquia", "da África", "dos berberes", "de Israel". Juntas, essas imagens pintavam um retrato do que um fenômeno verdadeiramente global era e é a Casa do Islã, e quão bem-sucedido o islã foi ao assimilar todos os que cruzaram seu caminho.

Ao longo de sua história islâmica, o norte da África tem sido um campo de batalha cultural e político entre o islã e o Ocidente. Dificilmente uma geração se passou em quase 14 séculos sem alguma escaramuça ou grande guerra entre os governos islâmicos impostos lá no século 8 e as várias potências europeias que têm procurado subjugá-los e, se possível, suplantá-los. Esse impasse interminável entre as nações do norte da África e o Ocidente continua a moldar o intenso *etos* que existe dentro dessas nações do Magrebe hoje.

Dos piratas até o presente

Em 1830, a França pôs fim à era dos piratas otomanos no norte da África, lançando um programa de colonização na Argélia, que acabaria por levar aos "protetorados" franceses também sobre o Marrocos, Tunísia e Mauritânia. A conquista italiana da Líbia em 1911 trouxe o restante do Magrebe sob controle europeu até a libertação e o nacionalismo nos anos de 1950 e 60. O mais sangrento dos movimentos de independência foi a Revolução Argelina, que durou de 1945 a 1962 reivindicando mais de 700 mil vidas argelinas e 26.500 vidas francesas.[90]

Os movimentos de independência em cada estado do Magrebe se uniram em torno de sentimentos nativistas e da *Jihad* Islâmica, uma fórmula potente para expulsar os europeus, mas menos propício para a governança subsequente. Em um esforço para unificar seu país e limpá-lo do resíduo colonial, o governo da Frente de Libertação Nacional da Argélia (FLN) importou professores de árabe e de islamismo para ajudar no processo de arabização. Olhando para trás, hoje muitos argelinos apontam para esta importação de professores de árabe islâmicos como a semente que deu frutos nos conflitos radicais islâmicos que apareceram na década de 1990.

Barbarossa

Depois da turbulência econômica na década de 1980, os argelinos votaram em dezembro de 1991 para substituir a Frente de Libertação Nacional, que tinha governado o país por mais de duas décadas. Em vez de abandonar o poder aos seus adversários, a FLN cancelou as eleições de segundo turno. Os confrontos que se seguiram levaram a um golpe de Estado militar. Negociações fracassadas levaram a uma guerra civil que marcou a década de 1990 como a "década escura", resultando talvez em 100 mil mortes de civis e militares.[91] Atrocidades cometidas pelo exército e pela oposição GIA (Grupo Islâmico Armado) e sua correspondente urbana, o FIS (Frente Islâmica de Salvação), banhou o país em sangue, com ambos os lados invocando o mandato de Allah para justificar suas ações. A cena de argelinos, homens, mulheres e

---

90 Adel Gastel, "France remembers the Algerian War, 50 years on" (A França se lembra da Guerra da Argélia, 50 anos), in: *France 24, International News* 24/7. Citado em: http://www.france24.com/en/20120316-commemorations-mark-end-algerian-war-independence-france-evian-accords. (Site em inglês. Acesso em 08/04/2016) O número real de mortos é impossível de ser calculado com estimativas indo a até 1,25 milhão. Consulte uma visão geral sob o título "Death Toll" (Número de mortes) no artigo "Algerian War" (Guerra argelina) em: https://en.wikipedia.org/wiki/Algerian_War#Death_toll. (Site em inglês. Acesso em 08/04/2016). [Artigo em português "Guerra de independência argelina" não é tão completo quanto em inglês, mas traz algumas informações. Veja em: https://pt.wikipedia.org/wiki/Guerra_de_Independência_Argelina. (Acesso em 08/04/2016) – (N. de Revisão)]

91 O número total de mortes permanence uma questão de disputa com números que vão de 44 mil a 250 mil. Consulte uma variedade de fontes comparadas e confrontadas em "Algerian Civil War" (A guerra civil na Argélia) em: http://en.wikipedia.org/wiki/Algerian_Civil_War#Death_toll. (Site em inglês. Acesso em 08/04/2016). [Artigo em português "Guerra civil da Argélia" não é tão completo quanto em inglês, mas traz algumas informações. Veja em: https://pt.wikipedia.org/wiki/Guerra_Civil_da_Argélia. (Acesso em 08/04/2016) – (N. de Revisão)]

crianças, juntamente com os monges e freiras católicos com gargantas cortadas, os massacres de aldeias inteiras, deixou muitos norte-africanos almejando um caminho diferente.

Um movimento surge

Havia uma janela na história norte-africana entre o final da Guerra de Independência da Argélia em 1962 e o início de sua guerra interna com os islâmicos em 1992, quando a luz do Evangelho do mundo exterior conseguiu entrar. Sentei-me com Mahmoud, de 62 anos, um líder de COMs em seu país. Poucas pessoas haviam contribuído mais para o nascimento do movimento entre o seu povo.

"Era 1968", disse ele. "A Guerra do Vietnã estava no seu auge. Em toda a Europa, bem como nos EUA, os estudantes estavam em revolta. Eu era um conturbado berbere de 17 anos, vivendo em projetos habitacionais de Lyon, França. Um adolescente berbere chamado Yusuf fez amizade comigo, sempre falando de Deus e de Jesus. 'Quero aprender mais sobre a minha própria cultura, mais sobre o islã', eu lhe disse. Yusuf disse: 'Vá e compre um Alcorão em francês e o leia sozinho'."

"Fiz isso, e ao longo das semanas que se seguiram, fiz muitas perguntas a Yusuf. Ele sempre tinha respostas muito bem pensadas, e nunca descartou minhas perguntas. Foi naqueles dias que, pela primeira vez, fiz a pergunta *'O que é este mal que há em mim?'* Yusuf pacientemente respondeu: 'Se você quiser conhecer Deus, peça-lhe que se revele a você'."

"Durante aquela semana, orei: *'Deus, se tu existes, quero conhecer-te.'* Instantaneamente, fui cheio de uma nova alegria que nunca havia sentido antes. No dia seguinte Yusuf me disse: 'Você não precisa dizer nada. Posso ver o que aconteceu'."

Mahmoud recordou, "Yusuf me colocou em contato com Deus, e de lá para cá, Deus começou a me mudar". Perguntei a Mahmoud se o arrependimento tinha sido uma parte inicial de seu processo de conversão. "Não no início", disse ele, "mas o arrependimento é um processo de vida toda, e não uma coisa de uma só vez".

Mais ou menos nessa época, um evangélico suíço de Genebra chamado Eldon Bleu teve uma visão para ministrar aos imigrantes do norte da África na França. A visão de Eldon levou-o a Lyon em 1969, onde começou um centro juvenil em um dos antigos acampamentos militares na cidade.

Capítulo 6 - O Cômodo do Norte da África

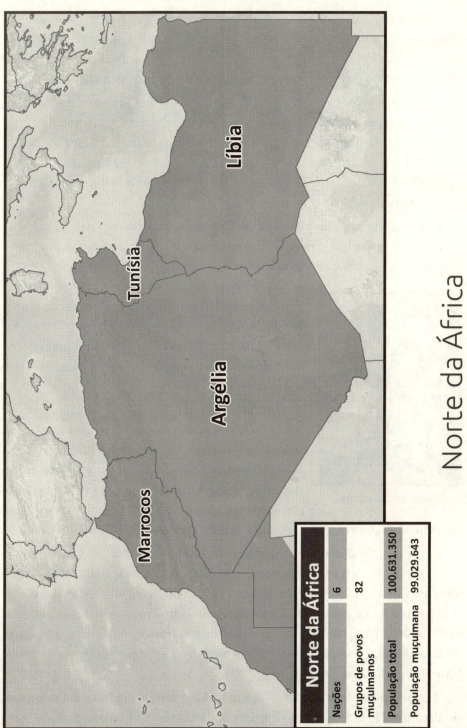

"Estava tão sedento de Deus", disse Mahmoud, "que mergulhei nesse ministério e em uma igreja que nasceu no Centro Juvenil. Fiquei com esta igreja por sete anos antes de me mudar para uma Igreja dos Irmãos, em Lyon. Eu preferia o estilo de liderança compartilhada da Igreja dos Irmãos".

Logo estes jovens cristãos berberes formaram uma organização missionária de origem berebere chamada ACEB, *L'Association Chretienne d'Expression Berbere*, dedicada à tradução da Bíblia no idioma berbere, à produção do *filme JESUS* e programação de rádio. Nos anos que se seguiram, a mídia em idioma berbere desempenhou um papel inestimável na resposta ao Evangelho no norte da África.

A campanha de Ame a Europa da Operação Mobilização nas décadas de 1980 e 1990 espalhou o Evangelho amplamente entre a população imigrante dos norte-africanos na França. Muitos desses imigrantes eram jovens desiludidos, fugindo do caos civil que era endêmico em sua terra natal. Distribuições nos portos de milhares de cópias do filme *Jesus* e de Novos Testamentos em língua berbere alimentaram o movimento e espalharam o Evangelho em cidades costeiras no norte da África.

Miscelânia Berbere

Durante essa mesma janela de abertura no norte da África, um missionário batista americano chamado Bob Cane conseguiu um visto raro e começou a evangelizar estudantes universitários no norte da África. Khalid, agora um médico no interior berbere, era estudante de medicina em 1980, quando ouviu outros colegas falando sobre *Bonne Nouvelle* (Boas Novas).

"Na época", Khalid disse, "eu era apenas um pseudomuçulmano sem práticas religiosas. Perguntei a Ahmed, um colega de classe e meu amigo: 'O que são essas Boas Novas?' Ele me deu uma cópia do Evangelho de João e disse-me para lê-lo. Eu estava tão impressionado com a pessoa de Jesus que fui a uma livraria, comprei uma cópia da Bíblia em francês e a li de capa a capa. Meu amigo percebeu isso e convidou-me para participar da *Bonne Nouvelle* Church (Igreja Boas Novas).

"Logo depois", Khalid disse: "li um folheto do Evangelho e fiz a 'Oração do Pecador'. No dia seguinte, acordei com uma alegria que não podia negar".

A história de Dr. Khalid foi multiplicada muitas vezes na década de 1980, mesmo depois de Bob Cane ser expulso e a Igreja *Bonne Nouvelle* ser temporariamente fechada. Um dos ministérios que surgiu a partir dos jovens cristãos da Igreja *Bonne Nouvelle* foi um campo de futebol para jovens nas montanhas berberes. Foi lá que eles conheceram um atleta de 21 anos chamado Reddah. O pai de Reddah era um *mujahid* (combatente da liberdade), que havia sido morto um mês antes de Reddah nascer. A jovem mãe de Reddah tentou consolar seu filho com as palavras: "Filho, foi Allah quem levou seu pai". Para Reddah, no entanto, as palavras foram tortuosas. Se isso era obra de Allah, então ele se oporia a este Allah de qualquer maneira que pudesse.

"Durante o Ramadã (o mês do jejum), eu comia e bebia", disse Reddah. "Na *madrasa* (escola religiosa) eu provocava meu professor ao perguntar: 'Por que devo orar em árabe? Não posso orar em minha língua berbere?' Naquela época, eu odiava Allah, o árabe e todas as coisas relacionadas ao islã."

"No verão de 1981, um time de futebol composto de árabes e berberes veio à minha aldeia e se juntou ao nosso torneio de futebol. Eles não falavam palavrão ou bebiam como muitos dos outros times. Em vez disso, eles oravam juntos e liam um livro enquanto se sentavam juntos em seu acampamento à noite."

"Certa manhã, quando nossa equipe se preparava para uma partida semifinal, acordei com uma febre alta e não podia me mover. O jogo estava marcado para aquela tarde, mas eu não pude jogar. Era 6 de julho e muito quente. Mas eu me enrolei em um cobertor e fui assistir ao jogo. Um dos cristãos se aproximou de mim e me perguntou o que estava errado. Eu lhe disse que estava com febre e não podia jogar. Ele disse: 'Venha para o nosso acampamento, nós temos algum medicamento'. Quando cheguei lá, um deles perguntou: 'Você quer o remédio ou você gostaria que eu orasse por você?' Pensei comigo mesmo que eu poderia pedir o remédio mais tarde, mas esta seria mais uma chance para provar que Deus não existe. Então eu disse: 'Ore por mim'."

"Eles oraram em francês. Um deles abriu a Bíblia e leu uma passagem sobre a ocasião em que Jesus tinha curado a sogra de Simão Pedro. Ele ordenou que a febre deixasse meu corpo."

"Eu imediatamente senti algo sair de mim. Normalmente, mesmo quando a febre diminui, ainda ficamos cansados. Mas era como se eu nem tivesse ficado doente. Eu nem sequer disse obrigado. Eu corri direto para o treinador e disse que estava pronto para jogar. Joguei o restante do jogo."

"Depois do jogo, pensei sobre o que tinha acontecido. Meus amigos já estavam me chamando de hipócrita e me acusando de fingir estar doente. Tentei explicar, mas eles não quiseram ouvir. Insisti e expliquei o que tinha acontecido: 'Eu acho que o Deus deles é real; não é como o nosso'. A partir daquele momento, comecei a me fazer perguntas sérias."

"Todas as noites ficávamos junto com os cristãos e aprendíamos com eles. Eles nos ensinaram a ler a Bíblia e a orar. Nos dias que se seguiram, Deus nos permitiu ver muitos milagres e respostas às orações. Durante a semana seguinte, 40 de nós demos as nossas vidas a Cristo. Três anos depois fui batizado na Igreja *Bonne Nouvelle*. Desde 2000, estou trabalhando em tempo integral com o desenvolvimento de igrejas aqui nas montanhas berberes."

Em janeiro de 2013, um ano depois de meu encontro com Reddah, sentei-me com um grupo de 12 homens que eram líderes nas igrejas berberes de sua comunidade. Esses cristãos exibiram um destemor que desmentia as condições hostis ao seu redor. Comecei assegurando-lhes que eu não publicaria as fotos que eu tinha tirado deles ou usaria seus nomes reais em meus escritos.

Eles riram: "Por que não? Nós não nos importamos se você disser a todos que somos seguidores de Jesus! Você pode usar as nossas fotos e colocá-las em *al-Hayat* ("The Life", o canal de televisão por satélite em língua árabe)!"

Perguntei se todos eles se sentiam assim, e todos disseram: "Sim!"

Os homens exalavam uma alegria característica de praticamente todos os berberes que entrevistei. Em vez de me relatarem suas dificuldades, aqueles homens enfatizavam o papel que o Cristo vivo tinha desempenhado entre seu povo. Em todos os piores anos de guerra civil, segundo eles, nem um único cristão – berbere ou árabe – foi morto. Uma reivindicação notável que ninguém contestou, embora a região berbere tivesse visto algumas das piores atrocidades.

O que Deus está usando para trazer muçulmanos à fé?

Estes líderes berberes da igreja, todos convertidos oriundos do islã, lembraram um legado que tinha produzido alguns dos mais famosos Pais da Igreja da cristandade: Cipriano, Tertuliano e Agostinho. Perguntei aos líderes da igreja *O que Deus está usando hoje para trazer os muçulmanos a Cristo?* Eles me disseram:

Éramos cristãos; estamos apenas retornando para casa. Há muitas hipóteses. Pessoas pregaram o Evangelho. Estávamos cansados de terroristas. Talvez agora as pessoas tenham uma mente mais aberta e estejam buscando a verdade. O homem que carregou a cruz de Cristo era um líbio berbere e agora a escolha é nossa de segui-lo. Os berberes sempre foram marginalizados. Eles não têm medo de tabus e de tentar algo diferente. Nós, berberes das montanhas, somos mais abertos do que as pessoas em outras partes do país, até mesmo mais abertos do que outros berberes.

As entrevistas que se seguiram trouxeram insights adicionais a esta questão central. A maioria dos cristãos berberes oriundos do islã tinha abraçado a fé durante os anos 1990, a década cheia de violência de muçulmanos contra outros muçulmanos. Eles viram no caminho de Jesus um contraste gritante com o de Maomé. As transmissões de rádio, a primeira programação de televisão por satélite e o filme *JESUS* (A Vida de Jesus) no idioma berbere desempenharam um papel poderoso ao penetrar nas casas de muçulmanos que, durante séculos, tinham sido privados de alternativas. O ressentimento do programa de arabização do governo e a supressão forçada de sua própria cultura fizeram com que muitos se abrissem para um Salvador que falava a própria língua deles. Embora as Escrituras em seu idioma berbere ainda sejam um pouco estranhas para eles, já que há pouca literatura em sua própria língua, eles as leram com grande prazer e as ensinam para seus filhos.

Agostinho

Enquanto a apresentação do Evangelho no idioma local através da mídia foi benéfica, dois outros elementos pesaram mais neste movimento que produziu vários milhares de cristãos. O primeiro foi o testemunho pessoal. Repetidamente, os convertidos falaram de alguém, um membro da família, um amigo casual, uma testemunha intencional, que separou tempo para compartilhar um testemunho e o Evangelho de Jesus Cristo. A coragem exibida nesse evangelismo pessoal foi ainda mais notável em uma época em que os missionários católicos franceses e milhares de cidadãos comuns estavam tendo suas gargantas cortadas por extremistas islâmicos.

O segundo elemento crítico que Deus usou na promoção de uma virada tão generalizada a Cristo foram orações respondidas. Os primeiros passos deste movimento não foram persuasão doutrinária ou arrependimento dos pecados conhecidos, embora ambos tenham vindo mais tarde. O lançamento do movimento veio depois de ouvir um testemunho de Cristo seguido de um encontro pessoal com Jesus Cristo. Alguns desses encontros começaram com sonhos, outros através de orações respondidas e curas, mas todos eles envolveram um encontro vital com o poder vivo e transformador de Jesus Cristo.

Oração e jejum

Reddah foi amplamente reconhecido como alguém que tinha estado com o movimento desde o início. Depois de sua conversão nos campos de futebol de 1981 e batismo em 1984, ele passou algum tempo na escola bíblica na França em meados dos anos 1980.

"Nossa igreja incipiente começou a tomar forma em 1989-90", disse ele. "Em 1990 nós organizamos outro acampamento e convidamos cristãos de todas as outras aldeias. Tivemos oração, estudo bíblico e adoração programados para uma semana."

"Quando terminamos, o Senhor disse: 'Agora que a sua semana terminou, minha semana pode começar'. Não tínhamos mais provisões, no entanto, o Senhor disse: 'Agora você vai começar um jejum'. Fizemos um jejum de sete dias, bebendo apenas água. Foi um milagre para nós, porque nunca tínhamos feito nada parecido antes. Durante aquele tempo, Deus nos disse pelo que orar. Foi como se nós realmente experimentássemos o Pentecostes. Houve libertação, cura e revelação de Deus."

"Fizemos uma corrente de jejum e oração, assim alguém estaria orando e jejuando em todos os momentos. Em 1991, organizamos outro acampamento. Foi pouco antes do início do terrorismo. Convidamos outros cristãos de diferentes aldeias para o ensino, a oração, etc."

"Foi então e ali que Deus nos disse que nosso país iria passar por momentos difíceis com muito derramamento de sangue. Ele disse: 'Não tenham medo, pois eu os protegerei'. Nosso país entrou em anos de terror e derramamento de sangue que custaram a vida de 100 mil cidadãos. Foi durante esses anos que houve uma grande explosão de crescimento nas igrejas. Tínhamos liberdade, porque o governo estava ocupado com os terroristas. Durante todo esse tempo, nenhum cristão local, berbere das montanhas ou árabes, foi morto.

"Há muitas histórias de cristãos, até mesmo nas forças armadas, que foram milagrosamente poupados da morte, quando milhares de pessoas morreram ao redor deles. Um companheiro leu a passagem: *Ainda que mil pessoas sejam mortas ao seu lado, e dez mil, ao seu redor, você não sofrerá nada* (Sl 91.7). Naquele dia, em uma emboscada, todo o seu batalhão foi morto exceto ele. Seus superiores o interrogaram com grande suspeita e depois o expulsaram do exército."

A história de Reddah era contada onde quer que eu fosse. Viajando pelas aldeias das montanhas berberes, visitando casas e igrejas de cristãos, muitas vezes eu observei os quadros emoldurados de Jesus descrito como o Bom Pastor. Escrito embaixo dessas imagens estavam as mesmas palavras que Rafiq tinha visto no santuário católico em Paris: *O bom pastor dá a vida pelas ovelhas.* Só que desta vez elas estavam escritas em berbere. Uma mulher berbere chamada Zeinab me explicou: "O pastor significa tanto para nós porque somos um povo que tem ovelhas. Sabemos como o pastor precisa amar as ovelhas e mantê-las perto de seu coração".

Aqueles berberes já não eram ovelhas sem pastor. Eles tinham encontrado o seu Pastor e estavam sintonizados à sua voz.

Se você construir, eles virão

À medida que o movimento ganhou raízes na década de 1990, os líderes cristãos emergentes no norte da África organizaram congregações grandes demais para se reunirem em casas e salas de estar. Sempre que possível, eles conseguiam um apartamento ou um prédio de uso exclusivo e começavam a ter cultos de adoração como os que eles tinham testemunhado entre os evangélicos na França. Isso tornou-se um dos poucos movimentos dentro de *Dar al-Islam*, que é realizado em edifícios e com pastores profissionais. Um estudo de 2002 identificou 80 igrejas no movimento, muitas delas ainda escondidas da sanção oficial.[92] Em 2013, os números não haviam aumentado muito. Lotes de terra eram caros e edifícios, embora atraentes para os cristãos, provocavam ataques de militantes.

Vários dos líderes da igreja testemunharam a um ministério de acompanhamento de entrevistados para televisão por satélite e rádio. Havia menos

---

92 Relatório não publicado. James Slack e Robert Shehane, editores. "Public Edition of the Church Planting Movement Assessment of an Indigenous People Group on the Mediterranean Rim" (Edição pública da avaliação do movimento de plantação de igreja de um povo local na orla do Mediterrâneo), (Richmond, VA: Global Research Department of the International Mission Board, SBC, 2003), p. 7.

do evangelismo ousado por acampamentos de futebol da década de 1980 e menos evidência de leigos treinados e prontos *para responder a qualquer pessoa que pedir que expliquem a esperança que vocês têm* (1Pe 3.15).

O *etos* estava mudando de um movimento sem controle para um trabalho mais institucional. Se alguém pudesse conseguir um prédio, comprar um terreno e construir uma estrutura, poderia ter a certeza de atrair uma comunidade de cristãos. Essas igrejas, centralmente localizadas em cruzamentos nas cidades, serviam como faróis que atraíam cristãos isolados das montanhas como mariposas a uma tocha. Era como se os cristãos estivessem dispersos pelas aldeias da montanha por toda a região berbere, esperando apenas por um local para se reunir. "Se você construir, eles virão".

O estudo de 2002 revelou um padrão que continua até o presente: "... à medida que vários indivíduos e famílias dentro deste grupo de pessoas em particular ouviam falar sobre o culto cristão cheio de vida acontecendo em uma igreja em algum lugar central, foram atraídos para ele. Quando os COMs chegaram à cidade vindos do interior em busca de suprimentos, ouviram e, em seguida, observaram esta igreja vibrante em adoração e foram atraídos para ela".[93] Este modelo de avanço do Evangelho baseado em atração a edifícios de igreja era o padrão predominante entre os cristãos berberes em 2002, e continua a ser até hoje, em um movimento cujo auge pode ter passado.

Edifícios são difíceis de encontrar nas remotas montanhas do norte da África, por isso os estrangeiros são convidados a fornecer os recursos necessários para erguer instalações. No entanto, mesmo com estes edifícios, o estudo realizado em 2002 revelou ainda que a "frequência total em um determinado dia de culto não aumentou em centenas de pessoas, como sua membresia deveria se contassem todos os batismos".[94] O mesmo era verdade uma década depois. Se alguém contar a frequência nas corajosas reuniões das congregações da igreja a cada semana, os números ficam muito aquém daqueles que haviam respondido à mensagem do Evangelho através dos meios de comunicação, dos sonhos e do testemunho pessoal de Cristo.

Enquanto isso, o processo de arabização do governo continua. Latifa, uma jovem mãe, explicou: "É difícil criar filhos cristãos em uma sociedade muçulmana. Eu, como a maioria, estudei árabe na escola desde os seis até os

---

93   Ibid.
94   Ibid.

dezoito anos. Meus filhos estão sendo doutrinados no sistema escolar. Não apenas a arabização, mas também a islamização. Para passar o bacharelado, eles devem memorizar longas passagens do Alcorão". As preocupações de Latifa ecoam nos lares em todo o movimento berbere, levantando questões quanto ao seu futuro.

Eles pertencem a mim

À medida que eu terminava meu tempo com o prodígio musical, Rafiq, e sua esposa, Nora, eu me perguntava como alguém tão talentoso poderia permanecer escondido em uma província berbere no norte da África. Certamente Paris ou Nova York poderiam oferecer-lhe uma perspectiva muito maior de futuro.

Perguntei a Rafiq sobre isso.

"No ano passado", disse Rafiq, "fiquei triste. Eu me perguntei se deveria continuar fazendo o que estava fazendo. Então orei a Deus para que ele me ensinasse."

"Logo depois, comecei a ter sonhos com um homem velho que falava comigo e me ensinava."

"Em um sonho, vi um belo prado com carneiros e um córrego. Ouvi a voz do velho homem a me dizer: 'O que você vê?'"

"'Vejo um prado e um córrego', disse eu, 'e ovelhas pastando no prado.'"

"Em seguida, vi um menino pastor sentado na encosta tocando flauta."

"O velho homem no meu sonho, disse: 'O que mais você vê?'"

"'Vejo um menino pastor.'"

"'E o que ele está fazendo?', perguntou o homem."

"'Ele está tocando uma flauta', eu disse."

"'E por que ele está tocando uma flauta?'"

" 'Ele a está tocando', eu disse, 'para que as ovelhas saibam que elas pertencem a ele.'"

"O homem disse suavemente: '*Você* é aquele menino pastor. E é por isso que deve continuar sua música, para que as ovelhas saibam que pertencem a ele.'"

"'Acordei chorando', disse Rafiq, 'e eu sabia que eu tinha recebido minha resposta.'"

Discussão em grupos pequenos
Descubra por si mesmo

1. Quais impressões você obteve deste capítulo?

2. Como Deus está operando no Cômodo do Norte da África?

3. Que papel a violência do muçulmano contra o muçulmano desempenha neste Cômodo?

4. Quantas maneiras diferentes você pode identificar com que Deus está atraindo os africanos do norte para Cristo?

Capítulo 7
O Cômodo da parte Oriental do Sul da Ásia

Que aqueles que semeiam chorando, façam a colheita com alegria.
Salmo 126.5

Pode bem haver dúzias de movimentos de muçulmanos para Cristo na parte Oriental do sul da Ásia nos dias de hoje. No período de um mês, trabalhando com colegas no campo, conseguimos realizar mais de 300 entrevistas de sete movimentos, e poderíamos ter dobrado este número.

Os movimentos estão longe de ser uniformes. Alguns tendem para igrejas nos lares multiplicadoras, muitas vezes chamadas de *Isa Jamaats* ou Grupos de Jesus, enquanto outros têm base nas comunidades muçulmanas, onde somem de vista, sendo conhecidos como Movimentos dos "de Dentro" ou C5.[95] Eles não atribuem a si mesmos essa designação ocidental, mas confirmam seu desejo de permanecer dentro de sua comunidade muçulmana enquanto reorientam suas vidas em torno de um relacionamento pessoal com Jesus Cristo como Salvador e Senhor. Seus líderes dizem que estes "de Dentro" alcançam um número de dezenas ou talvez centenas de milhares de pessoas. No momento é impossível saber.

Levantamentos realizados no início de 2002 indicaram também a presença de dezenas de milhares de cristãos C4, menos profundamente contextualizados. Esses seguidores de Cristo normalmente se chamam *muçulmanos Isai* (muçulmanos que pertencem a Jesus), mas em contraste com os C5 "de Dentro", os cristãos C4 têm uma identidade cristã mais aberta, enquanto mantêm laços com suas comunidades muçulmanas.

---

[95] Consulte a discussão sobre a Escala C e os Movimentos dos "de Dentro" em Questão Essencial Nº 4, no capítulo 3.

O que realmente sabemos agora é que algumas das primeiras ondulações desses movimentos começaram quando um missionário norueguês idoso investiu tempo na vida de um jovem de 17 anos, o filho de um imã bengalês.

"Era 1969", começou Thomas Mori, "e eu tinha 17 anos. Meu pai era um imã, e nós éramos descendentes diretos dos asiáticos centrais que vieram do Afeganistão, trazendo o islã para Bengala. Então, eu sou em parte mongol!", ele disse com orgulho.

"Eu costumava fazer perguntas aos meus professores na *madrasa*, perguntas que eles não podiam responder, e isso os deixava muito zangados. Apenas para me ridicularizar, um deles começou a me chamar de "cristão". Jovem rebelde que eu era, pensei comigo mesmo: *Talvez ele esteja certo. Talvez eu seja um cristão.* No entanto, eu não tinha ideia do que isso significava. Mas eu sabia que havia um missionário em minha cidade. Ele era um idoso norueguês com uma longa barba branca que o fazia parecer um pouco com o Papai Noel."

"Este missionário tinha trabalhado durante 30 anos na Índia sem um único convertido, antes de se mudar para a minha cidade no leste do Paquistão em 1962. Quando o conheci, sete anos depois, ele ainda não tinha visto nenhum convertido a Cristo."

"O norueguês, pacientemente, respondeu a todas as minhas perguntas, ensinando-me a partir da Bíblia quem Jesus é, o que ele fez por nós e como eu poderia me tornar um seguidor dele. Logo depois, entreguei minha vida a Cristo.

"Quando voltei para casa e disse ao meu pai, ele não deixou sequer que pegasse qualquer roupa. Deserdou-me imediatamente e me expulsou de casa e da família.

"Fui para Dhaka (a capital). Mas não tinha nada. Por um tempo eu me alimentei puxando um riquixá pelas ruas. Então, em 1971, estourou a Guerra da Libertação, virando tudo em nosso país de cabeça para baixo.

"Depois da Guerra da Libertação, consegui um emprego fazendo trabalho de assistência com a Missão de Socorro, uma instituição dinamarquesa secular. Por causa do meu trabalho com a equipe de assistência, por muitos meses, enquanto eu estava com eles, não bebi água. Bebíamos apenas cerveja, vinho e uísque."

Capítulo 7 - O Cômodo da parte Oriental do Sul da Ásia 125

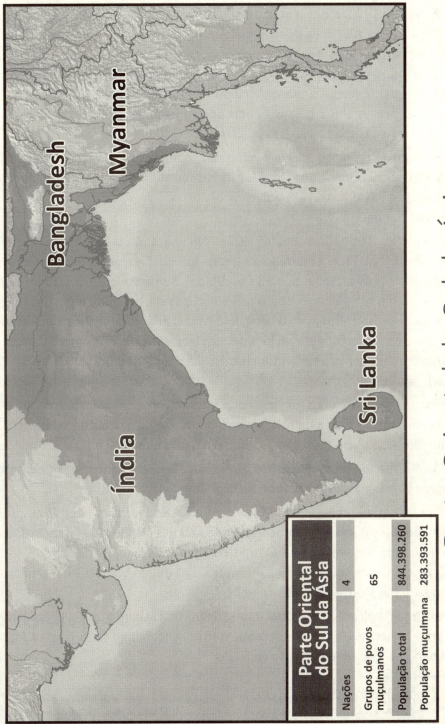

"Então em 1972, conheci um missionário batista chamado B.T. Rucker. Ele mudou a minha vida mais do que qualquer outra pessoa. B.T. encontrou-me vivendo nas ruas após a Libertação. Em vez de me julgar pelo meu estilo de vida, convidou-me para um estudo bíblico. Ele me discipulou durante nove meses enquanto fizemos, juntos, o curso de Educação Teológica por Extensão, curso pelo qual B.T. pagou. Depois que concluímos o curso, ele pressionou uma igreja batista local para me batizar."

"Mais tarde, B.T. me desafiou a voltar para o meu povo e evangelizá-lo. Então voltei para a região norte do país e juntei-me aos presbiterianos. Comecei um estudo bíblico todas as manhãs às 6h. Eu só lhes ensinei o que Rucker tinha me ensinado."

"Naqueles dias, a maioria dos cristãos em nossa igreja Presbiteriana era de origem tribal. Eu era diferente deles. Eu era um bengalês de origem muçulmana. Os povos tribais tinham um ditado: 'Se você estiver andando por um caminho e se deparar com um bengalês (ou seja, muçulmano) e uma cobra venenosa, primeiro mate o bengalês'. Fomos nós, os bengaleses, que empurramos os povos tribais para fora de suas terras e tomamos seu país, então pude compreender seu ressentimento em relação a nós, apesar de sermos irmãos agora."

"Em 1976, um dos missionários presbiterianos norte-americanos veio a mim com um problema. 'Há seis jovens que estão aqui, vindos da aldeia', disse ele. 'Eles são todos muçulmanos e querem saber como ser salvos'."

"'Você entende os muçulmanos', disse ele. 'Venha e converse com esses jovens e veja se eles estão falando sério ou não'."

"Então, passei duas ou três horas com eles. Estava claro para mim que eles tinham Jesus em seus corações. Eles tinham recebido alguma literatura cristã de uma das equipes itinerantes da Operação Mobilização.[96] Estes jovens muçulmanos tinham lido a literatura, acreditado em Jesus e o tinham convidado para entrar em seus corações."

"Até aquela altura, como COM, minha experiência com a igreja tinha sido bastante negativa. Os cristãos queriam que os muçulmanos abraçassem a fé, mas não queriam ter comunhão com eles."

---

[96] Alguns desses MOMs (Missionários da Operação Mobilização) eram cristãos de origem muçulmana que foram direto para o trabalho após abraçarem a fé em Jesus. Entre a literatura sendo distribuída estava o Novo Testamento *Musulmani* (contextualizado para muçulmanos) cuja publicação tinha sido promovida pela ABWE (Association of Baptists for World Evangelization) (Associação Batista para a Evangelização Mundial).

"Então eu disse aos jovens muçulmanos: 'posso ver que Jesus está em seu coração. Voltem para casa, mas não se tornem cristãos.[97] Seus pais vão saber muito em breve, porque a vida de vocês será transformada. Quando eles lhe perguntarem, vocês podem contar-lhes sobre Jesus'."

"Depois que os rapazes saíram, relatei ao missionário o que tinha acontecido. Ele estava muito chateado, porque pensou que eu tivesse perdido a oportunidade. Mas um mês depois, um dos seis muçulmanos voltou com 15 anciãos de sua comunidade. Ele disse: 'Todos estes homens querem ser seguidores de Jesus também'."

"No mês seguinte, eles voltaram com 16 ou 17 pessoas a mais. Este padrão continuou pelos oito anos seguintes. Centenas vieram apenas para fazer estudo bíblico comigo."

Terra de rios

A neve no Himalaia desce 6 mil metros através de mais de 800 canais de rios da região Oriental do sul da Ásia antes de desaguar nos manguezais de Sundarbans, e esvaziar sua carga sedimentosa na Baía de Bengala. Na grande Bengala, os Sundarbans são como os Everglades da Flórida, só que cinco vezes maior.[98] Bangladesh e Bengala Ocidental compõem o coração da parte Oriental do Sul da Ásia, mas a região também engloba a maior parte do subcontinente indiano e se estende até o estado de Rakhine, que fica na região oeste de Mianmar (veja o mapa).

O solo rico depositado por esses rios sustenta uma das regiões mais densamente povoadas da Terra. Imagine quase metade da população dos Estados Unidos, 150 milhões de pessoas, concentradas em um país um pouco menor do que o estado de Iowa[99], e você tem Bangladesh. Embora esta terra delta tenha abençoado seus habitantes, ela também produz seus efeitos negativos, à medida que milhões de agricultores de subsistência vivem e morrem sob a ameaça constante de ciclones marítimos que conspiram com rios inundados para exterminá-los do planeta.

---

[97] Para entender isso, é necessário ver através dos olhos de Thomas. Unir-se à religião cristã significava expulsão imediata da família. Escolher seguir a Jesus, sem mudar a afiliação religiosa e cultural permitia permanecer com a família e influenciá-la a seguir a Cristo também.

[98] Com 10 mil km², os Sundarbans são a maior floresta de mangue do mundo. Em contraste, os Everglades da Flórida têm 1.900 km².

[99] Mais ou menos como o estado do Amapá, no Brasil (N. de Revisão)

Em novembro de 1970, o ciclone mais mortal na história da humanidade atingiu a região, matando mais de 500 mil bengaleses. Mais uma vez em abril de 1991, um ciclone que foi equivalente a um furacão de categoria 5 atingiu a cidade oriental de Chittagong provocando a morte de mais de 150 mil pessoas, deixando 10 milhões de pessoas desabrigadas.

Um Cômodo lotado

Os bengaleses compõem o núcleo cultural e demográfico dos povos da região Oriental do Sul da Ásia. A língua bengalesa é a extensão mais oriental da vasta família linguística Indo-Europeia, cujos falantes também incluem os idiomas latinos da Europa e das Américas. Com 230 milhões de falantes, o bengalês (ou bangla) é o sexto idioma mais falado no mundo.

Irradiando-se a partir deste centro bengalês estão os indivíduos falantes dos idiomas indo-arianos assamês e oriya (odia), na vizinha Índia, seguidos por uma miríade de línguas tribais antes de alcançar as grandes línguas dravídicas[100] do sul da Índia em Andhra Pradesh e Tamil Nadu[101]. Para o leste de Bangladesh, a região inclui os povos muçulmanos Rohingya e Arakanese, do Estado de Rakhine, em Mianmar Ocidental.

As megacidades de Calcutá (Kolkata), na Índia (14,1 milhões), e Daca, em Bangladesh (12,8 milhões), atuam como buracos negros, atraindo para suas órbitas um fluxo interminável de trabalhadores das 122.000 aldeias de Bengala Ocidental e de Bangladesh.[102]

O legado do sapateiro

Quando o sapateiro inglês William Carey desembarcou em Calcutá em 1793, ele não tinha ideia de que estava lançando o movimento missionário protestante moderno. Seis anos após o primeiro assentamento em Calcutá, o pequeno grupo de Carey subiu o rio Hooghly para a cidade portuária de Serampore, que fazia parte da Índia Dinamarquesa. Antes de sua morte em 1834, Carey havia traduzido toda ou partes da Bíblia para 44 idiomas, mas

---

100 Família linguística que inclui aproximadamente 73 línguas faladas no sul da Índia e nordeste do Sri Lanka, além de certas partes do Paquistão, Nepal, Bangladesh, regiões oriental e central da Índia, Afeganistão e Irã. São faladas por mais de 200 milhões de pessoas, e incluem o tâmil, o malaiala, o canará e o télugo (todos idiomas oficiais da Índia), entre outros. (N. de Revisão)

101 Andhra Pradesh e Tamil Nadu são dois estados da Índia. (N. de Revisão)

102 Kolkata suplantou o nome inglês, Calcutá, em 2001.

seu ponto de partida foi o bengalês. A *Bíblia Bengalesa* de Carey gerou um renascimento literário bengalês, mais tarde resultando no Prêmio Nobel de literatura para Rabindranath Tagore[103], um século depois.

Embora o movimento missionário protestante moderno tenha começado na Região Oriental do Sul da Ásia, os primeiros missionários evitaram os muçulmanos, dirigindo seu esforço evangelístico para tribos animistas mais responsivas, hindus de casta baixa e budistas. A resistência imediata e, muitas vezes, violenta dos muçulmanos com relação às missões cristãs foi um impedimento eficaz que fez com que os missionários não os incluíssem durante décadas.

William Carey

Como resultado, a igreja que surgiu na região era de origem, em grande parte, hindu e animista, e bastante diferente da maioria muçulmana em sua volta. Os cristãos usavam um nome diferente para Deus, mantinham diferentes práticas alimentares e, de modo geral, conservavam uma cosmovisão diferente daquela de seus vizinhos muçulmanos bengaleses.

A Guerra de Libertação de 1971 dividiu o Paquistão em oriental e ocidental com a grande maioria das mortes ocorrida no Oriente, no que é hoje Bangladesh. Embora a guerra tenha durado apenas nove meses, custou milhares, e talvez centenas de milhares, de vidas de militares e de civis de Bangladesh. Nos meses finais da guerra, o exército paquistanês reuniu intelectuais, médicos, professores, escritores e engenheiros bengaleses e ordenou sua execução. Antes de saírem do país, soldados paquistaneses também haviam estuprado milhares de mulheres bengalesas.[104]

É significativo que foram muçulmanos que cometeram essas atrocidades contra os seus irmãos muçulmanos. Embora as superpotências dos EUA e dos soviéticos tivessem participado nos bastidores daquilo que eles

---

103 Primeiro não europeu a conquistar o Nobel de Literatura, em 1913. (N. de Revisão)

104 O número de mortos na guerra que circula de forma mais comum é três milhões de civis com 200 mil mulheres de Bangladesh estupradas. Só recentemente é que este número foi contestado. É quase certamente um exagero, mas as cicatrizes emocionais de violência de muçulmanos contra muçulmanos permanecem reais e uma parte da consciência coletiva de Bangladesh. Consulte Sarmila Bose, *Dead Reckoning, Memories of the 1971 Bangladesh War* (Cálculo das mortes, memórias da guerra de Bangladesh de 1971) (Nova Iorque: Columbia University Press, 2011).

denominaram como uma guerra por procuração, este foi, fundamentalmente, um conflito de muçulmanos contra muçulmanos.[105]

Ciclones, guerra civil, explosão populacional e fermentação religiosa criaram o pano de fundo para os movimentos muçulmanos para Cristo que surgiram nas décadas que se seguiam.

O islã da parte Oriental do sul da Ásia

Em 1900 a terra de Bengala que Carey encontrou mais ou menos igualmente dividida entre hindus e muçulmanos tinha crescido para 65 por cento de muçulmanos. A divisão de agosto de 1947 do Sul da Ásia Britânica em Índia e Paquistão acelerou o processo de islamização, à medida que milhões de muçulmanos bengaleses fugiram do Estado de Bengala Ocidental da Índia para encontrar refúgio no recém-criado país do Paquistão Oriental (hoje Bangladesh). Até 2010, Bangladesh afirmava que mais de 90 por cento de sua população era muçulmana.[106]

Paquistão Ocidental e Oriental, 1947-1971

O que tem contribuído para a islamização pós-divisão de Bangladesh é o *Tablighi Jamaat*, um movimento popular não político de devotos islâmicos que começaram a se reunir anualmente, em 1966, para três dias de oração e estudo do Alcorão. Depois disso, milhares de *tablighis* saíram pelo interior exortando os moradores das aldeias a rededicarem-se à fé. Hoje, a congregação afirma competir com a peregrinação anual a Meca como um dos maiores encontros muçulmanos no mundo.[107]

---

105 A marinha soviética enviou dois grupos de navios com armas nucleares para a Baía de Bengala, no início de dezembro de 1971. A administração Nixon respondeu por meio do emprego do porta-aviões USS Enterprise em apoio ao Paquistão Ocidental na semana seguinte.

106 Consulte David B. Barrett, ed., *World Christian Encyclopedia* (Enciclopédia Cristã Mundial), 2ª ed., vol. 1, p. 98. Barrett estima que a população muçulmana seja consideravelmente mais baixa, apenas 85 por cento.

107 Em 2012, a peregrinação a Meca contou com 3.166.573 peregrinos. Embora não seja tão grande, a quantidade de pessoas do *Tablighi Jamaat* ainda é bem impressionante. Consulte o Centro de Informação de Hajj em http://www.islamicity.com/mosque/hajj/?AspxAutoDetectCookieSupport=1. (Site em inglês. Acesso em 12/04/2016). Consulte também "Hajj," na *Wikipedia* em https://pt.wikipedia.org/wiki/Hajj (Acesso em 12/04/2016).

Apesar do predomínio da corrente principal do islã sunita, uma cosmovisão pré-islâmica e hindu-animista persiste, mesmo dentro do islã. O sufismo, um islã místico enfatizando a experiência pessoal e unidade com Allah, fornece uma ponte natural entre a espiritualidade hindu-animista e ortodoxia sunita. Embora popular entre as pessoas, os sufis são, muitas vezes, perseguidos por *mawlanas* (professores do islã) como hereges sincretistas.

Tablighi Jamaat

Natureza do movimento

Alguns têm especulado que a natureza viral dos movimentos profundamente contextualizados, os C5 "de Dentro", fez com que eles crescessem muito mais rapidamente na região do que os movimentos C4 mais triviais. Ao mesmo tempo, a virtual invisibilidade desses grupos C5 – para observadores de fora – levou outros a duvidarem de sua existência. Verificou-se que, embora nem o tamanho dos movimentos nem sua taxa de crescimento possam ser confirmados, sua existência é inegável. Além disso, encontramos os movimentos C4, menos profundamente contextualizados, em muitos cantos da região. Como resultado, fomos capazes de tocar em uma gama desses movimentos, reunindo centenas de entrevistas, para aprender como Deus está operando neles.

Em 2001, uma pesquisa com 204 COMs, que seriam mais bem descritos como C4, revelou que, antes de vir para Cristo, a maioria desses cristãos veio de uma origem muçulmana forte, e tinham uma visão muito negativa do cristianismo.[108] Na verdade, apenas um dos 204 pesquisados manifestou uma opinião positiva sobre os cristãos antes de se tornar um seguidor de Cristo. Estes muçulmanos *Isai* revelaram que o maior obstáculo que enfrentaram para vir a Cristo foi sua própria família muçulmana e a comunidade.

Quando perguntados sobre o que Deus havia usado para mudar sua visão sobre Jesus, 168 dos 204 mencionaram a salvação que tinham encontrado em Jesus Cristo. A maioria deles citou passagens bíblicas específicas, tais como Romanos 8.1 (*Agora já não existe nenhuma condenação para as pessoas que estão unidas com Cristo Jesus*), Atos 4.12 (*A salvação só pode ser conseguida por meio*

---

108   Esta pesquisa foi conduzida por um de meus colegas colaboradores.

dele. Pois não há no mundo inteiro nenhum outro que Deus tenha dado aos seres humanos, por meio do qual possamos ser salvos) e João 14.6 *(Jesus respondeu: "Eu sou o caminho, a verdade e a vida; ninguém pode chegar até o Pai a não ser por mim")*.

Um Cômodo Cheio

Em vários testemunhos, estes COMs se referiram a três temas recorrentes que influenciaram sua conversão: (1) a Palavra de Deus, (2) o Espírito Santo e (3) testemunhas fiéis. No entanto, quando perguntados sobre como estão vendo Deus atrair outros muçulmanos à fé em Cristo, eles, muitas vezes, apontam para passagens do Alcorão, que usam para criar uma ponte para a Bíblia ou para uma conversa sobre Jesus.[109] Vários se referiram ao filme *JESUS*. Muitos outros testemunharam de sonhos e respostas milagrosas de oração.

Como seus colegas do Movimento dos "de Dentro", as igrejas do movimento C4 têm, em geral, mantido distância das igrejas tradicionais de origem não muçulmana. Apesar de suas crenças fundamentais compartilhadas com cristãos de origem não muçulmana, continuam a existir grandes diferenças culturais entre as duas.[110] Essa separação cultural tem levado alguns cristãos, tanto estrangeiros quanto locais, que não fazem parte dessas redes e, sendo assim, nunca viram suas comunidades *Isa jamaat*, a se perguntarem se os movimentos C4 e C5 realmente existem ou são uma invenção.

A Bíblia *Musulmani*

Fundamental para o surgimento de ambos os movimentos C4 e C5 de muçulmanos para Cristo foi a publicação da *Bíblia Musulmani na Língua Comum Bengalesa*, traduzida no idioma coloquial dos muçulmanos bengaleses. Para compreender sua importância, devemos voltar para o trabalho pioneiro de tradução de William Carey.

---

109 Esta ponte do Alcorão para o Evangelho foi captada em *The Camel, How Muslims Are Coming to Faith in Christ!* (O camelo, como muçulmanos estão abraçando a fé em Cristo), de Kevin Greeson (Richmond: WIGTake Resources, 2007).

110 Por exemplo, muitos cristãos de origem tribal comem carne de porco e de cachorro, alimentos detestáveis tanto para muçulmanos quanto para COMs. Por outro lado, muitos cristãos de origem hindu não comem nenhum tipo de carne, enquanto muçulmanos e COMs apreciam carne bovina e de carneiro.

Quando William Carey publicou sua Bíblia Bengalesa em 1809, a maioria dos bengaleses era hindu ou muçulmana. Carey deparou-se com uma bifurcação na estrada: ele sabia que sua escolha de vocabulário religioso aproximaria sua tradução para a população muçulmana ou para a hindu. Carey inclinou-se em direção à população hindu, escolhendo *Ishwar* em sânscrito para traduzir a palavra *Deus*, em vez de *Allah* ou *Khoda*, nomes que eram utilizados pelos muçulmanos.[111]

Nos 170 anos seguintes, a escolha da tradução de Carey ajudou a convencer os muçulmanos de que os cristãos adoravam algum outro deus, provavelmente um de origem hindu. Quando tradutores produziram as primeiras porções do Evangelho na tradução contextualizada *Musulmani*, na década de 1970, empregaram a palavra *Khoda* para Deus. *Khoda* foi uma palavra emprestada da língua Urdu que era comumente usada tanto por muçulmanos quanto por cristãos no antigo Paquistão Oriental e Ocidental.

Após a brutal Guerra da Libertação com o Paquistão Ocidental, bengaleses se distanciaram do Urdu e usaram o nome Allah para Deus. Consequentemente, quando a completa *Bíblia Musulmani na Língua Comum Bengalesa* foi publicada em 2000, o termo que os tradutores escolheram para Deus foi Allah.

Embora os cristãos do Ocidente geralmente associem o nome de Allah com o islã, era, na verdade, de origem cristã. Árabes muçulmanos tomaram emprestado o nome de cristãos árabes que oravam a Allah durante séculos antes de Maomé nascer. Hoje, milhões de cristãos árabes, hausa, malaios e bengaleses continuam a orar a Deus usando o nome "Allah". O que distingue os cristãos de muçulmanos não é o nome que eles usam para Deus, mas sua compreensão teológica de Deus. Os cristãos obtêm seu entendimento a partir da Bíblia, enquanto os muçulmanos obtêm o deles a partir do Alcorão.

Uma questão mais controversa surgiu quando outros tradutores da Bíblia foram além de questões de vocabulário para abordar os termos referentes à família divina empregados na Bíblia. Embora os muçulmanos fiquem ofendidos com referências a Deus como Pai ou a Jesus como Filho, a maioria dos cristãos os vê como aspectos não negociáveis da revelação bíblica de Deus. A *Bíblia Musulmani Bengalesa*, como a maioria das traduções muçulmanas, adota a linguagem dos muçulmanos, mas não se esquiva dos nomes familiares que atribuem a Deus como Pai e a Jesus como Filho.

---

[111] Kenneth J. Thompson, "Allah in Bible Translations" (Allah nas traduções da Bíblia), in: *International Journal of Frontier Missions*, inverno de 2006, p. 173.

Mais insights do movimento

Hoje, parece haver três tipos de cristianismo protestante na parte Oriental do Sul da Ásia. A corrente mais antiga, remontando às decisões de tradução da Bíblia de Carey, é composta principalmente de cristãos de origem tribal não muçulmana, hindus de casta baixa e animistas. Essa corrente favoreceu muito os pobres e os desprovidos da sociedade do Sul da Ásia, dos quais há muitos, mas mostrou pouca eficácia em alcançar os muçulmanos.

Na outra extremidade do espectro cristão, e bastante afastada das igrejas de origem tradicional hindu e tribal, estão as correntes de muçulmanos do Movimento dos "de Dentro" que estão abraçando a fé em Cristo. Os "de Dentro" rejeitam a identidade cristã enquanto mantêm um relacionamento íntimo com Jesus Cristo, de acordo com o que entendem sobre ele a partir do Novo Testamento. Os movimentos dos "de Dentro" permanecem encobertos para avaliação externa, em parte, porque muitos dos seus adeptos são indistinguíveis dos muçulmanos ao redor deles, para a maioria dos observadores de fora. Estes "de Dentro" vão de evangelistas e professores do Evangelho, que trabalham em tempo integral, a participantes invisíveis dentro da mesquita muçulmana. No entanto, o testemunho deles parece indicar uma experiência genuína de conversão resultante de um encontro pessoal com Cristo, o Cristo como revelado na Bíblia. Eles consideram Cristo como seu Salvador indispensável e, em seus testemunhos, pelo menos, como seu Senhor. Quanto à divindade de Cristo, porém, muitos dos "de Dentro" parecem dispostos a proteger sua posição, dependendo de quem lhes está perguntando. Em nossas entrevistas, ouvimos respostas que variam de confissões claras de que "*Isa* é Allah" até "Eu não estou muito certo".

No meio dessas polaridades estão os movimentos multiplicadores de comunidades que os missiólogos descreveriam como cristãos C4, ou seja, seguidores de Cristo que mantêm as formas culturais e religiosas biblicamente admissíveis, claramente não se considerando parte da fé muçulmana, embora procurem manter-se dentro da comunidade muçulmana. Esses cristãos C4 não são assimilados pelas igrejas de origem hindu e tribal, mas também não retornaram sutilmente para a mesquita. Embora permaneçam dentro das comunidades muçulmanas, frequentemente enfrentam perseguição por causa de sua firme afirmação de que são *muçulmanos Isai*, o que significa que são seguidores de Jesus (literalmente, muçulmanos que pertencem a Jesus).

Tanto os muçulmanos *Isai* C4 quanto os cristãos "de Dentro", menos visíveis, evitam o uso do nome cristão para descrever a si mesmos, e também não têm muita interação com as igrejas cujos membros vêm de origens tribais e hindus. Vamos agora descascar as camadas e ver se podemos entender melhor como Deus está em ação nessas duas correntes de origem muçulmana.

Como Deus está operando

Em uma favela muçulmana do centro da cidade, uma comunidade transborda da modesta casa e escritório de um sábio sufi de 68 anos que lhes proporciona sua bênção e direção espiritual. Jafar é reverenciado não só entre os moradores da favela que o cerca, mas entre seus pares em todo o Sul da Ásia também. Ele é um erudito, autor de 22 livros publicados sobre o islã. Cinco anos atrás, Jafar teve uma experiência profunda com Jesus Cristo e foi batizado. Sua decisão de seguir Cristo veio após vários meses de estudo do Novo Testamento com missionários batistas e da JOCUM (Jovens Com Uma Missão). O livro número 23 de Jafar foi um comentário do Alcorão, com base nos ensinamentos do *Kitab al-Moqadis*, a Bíblia.[112]

O testemunho de Jafar foi que em *Isa Ruhullah* (Jesus, o Espírito de Deus) ele tinha encontrado o que seu coração sempre desejara. Em vez de deixar sua comunidade, porém, e juntar-se aos cristãos, Jafar decidiu permanecer com seu rebanho muçulmano e infundir *Isa* em tudo o que ele fazia, mostrando a todos quantos ouviram o objeto dos anseios do seu coração.

Jafar disse: "Agora tenho 100 mil irmãos *Isai* neste estado. Eles trabalham em segredo. Porém eu já os vi e estive com eles". Quando perguntei a Jafar quantos destes 100 mil haviam sido batizados, ele respondeu: "Apenas cerca de 1.000".

Perguntei a Jafar: "Por que os muçulmanos estão se voltando para *Isa*?" Ele respondeu: "Dentro do homem existe um vazio. Todos estão dizendo agora que *Isa* é meu *Pir* (guru espiritual). *Isa* se encaixa em sua fome de espiritualidade".

Decidi aprofundar a pergunta ainda mais com Jafar: "Alguns dizem que Jesus é Deus. O que você diz?" Ele fez uma longa pausa e, então, disse: "Se você não aceitar *Isa*, você está no caminho errado na vida. Se não for pelo

---

112 *Kitab al-Moqadis* é o nome árabe e a designação muçulmana para a Bíblia; literalmente significa "O Livro Sagrado".

caminho de Jesus, é o caminho errado. Se alguém não disser que Jesus é o caminho, eu o corrijo".

Notei que Jafar evitou dar uma resposta direta, mas eu sabia também que ele tinha vivido sob uma *fatwa*, uma sentença de morte, de islâmicos linha-dura que interpretaram corretamente seus ensinamentos como sendo hereticamente cristãos.

Alguns críticos descreveram os movimentos dos "de Dentro" como criação e imposição de missionários ocidentais sobre cristãos ingênuos de origem muçulmana. Os testemunhos de vários pioneiros dos "de Dentro" indianos e bengaleses no sul da Ásia argumentam o contrário. É verdade que um punhado de missionários ocidentais encorajou alguns dos líderes dos "de Dentro", fornecendo-lhes conselhos e apoio, tanto missiológica quanto materialmente, mas isso só ocorreu depois que os movimentos já tinham criado raízes e começado a crescer. Em sua oposição fundamental contra o que eles consideram ser a cristandade e o Ocidente, esses movimentos dos "de Dentro" têm pouca tolerância com o controle estrangeiro ou mesmo com a influência vinda do Ocidente.

Denominações mais antigas cujos postos de liderança já foram ocupados por clérigos de origem tribal e hindu mostraram pouca atração para a maioria dos despertamentos populares de muçulmanos que estavam ocorrendo fora dos limites de suas igrejas. Ao mesmo tempo, uma série de missões ocidentais estava aprendendo a adequar seus esforços evangelísticos às maiorias muçulmanas ao seu redor. Em meados da década de 1970, tanto batistas australianos quanto missionários da *International Christian Fellowship* (agora SIM – *Serving in Mission* [Servindo em missões]) estavam começando a ver respostas às novas iniciativas destinadas a muçulmanos. Sem o testemunho fiel do velho missionário norueguês ou do missionário batista, B.T. Rucker, um jovem Thomas Mori poderia nunca ter encontrado sua fé. Da mesma maneira muitos dos "de Dentro" entrevistados atestaram receber literatura cristã de equipes itinerantes da OM, ou um ato de bondade cristã de um obreiro para o desenvolvimento da Visão Mundial. Outros descreveram encontros com batistas americanos, neozelandeses e britânicos, que foram instrumentos na transmissão do Evangelho para eles.

Dentro e fora

Um tema recorrente nos depoimentos tanto de cristãos C4 quanto de C5, mais profundamente contextualizados, foi a descoberta de que, separado de *Isa* não havia salvação, contudo, em submissão a *Isa* havia uma profunda e inabalável certeza de salvação. Canções de louvor nacionais, tais como *Aos Pés de Jesus*, refletiam essa relação pessoal com Cristo:

> Ao final de uma noite escura prostrei-me aos pés de *Isa*.
>
> Encontrei perdão de meus pecados ao lado da cruz.
>
> *Isa* veio e amavelmente enxugou as lágrimas que saíam de meus olhos,
>
> Na morte encontrei esperança, eu, que estava totalmente sem esperança.
>
> Para pecadores como você e eu, ele deu sua vida na cruz.
>
> Para que notícias alegres proclamemos em nossa terra de Bangladesh.

Estes seguidores de Cristo de origem muçulmana sabiam muito bem que sua nova fé os havia colocado em conflito com a comunidade islâmica e sua própria identidade muçulmana, mas não estavam ansiosos para se envolver com qualquer uma destas ameaças até que fosse absolutamente necessário. Deixar suas famílias e aldeias para irem e participarem de uma igreja cristã de origem tribal não era uma perspectiva atraente.

Quanto à identidade de Jesus, ele foi universalmente visto como Salvador e Senhor. No entanto, quando perguntado sobre a divindade de Cristo, alguns dos mais comprometidos cristãos do Movimento "de Dentro" deram uma resposta diferenciada. Fiz a pergunta a Bhutto, um agricultor de 37 anos que havia hipotecado suas próprias terras para sustentar seu ministério de evangelismo e plantação de igrejas. "Você crê que Jesus é Deus?" Sua resposta inicial foi reveladora: "Não tenho uma decisão concreta sobre isso. Ainda estou estudando. A igreja está dizendo: 'Jesus é Deus'. Mas eu tenho o ensino do Evangelho de Marcos e de outros livros que Jesus não está dizendo 'Eu mesmo sou Deus'".

Quando ele viu a minha reação de surpresa, Bhutto se inclinou para frente para me explicar: "Eu acredito 100 por cento que Jesus é Deus, mas não posso dizer isso aos muçulmanos. Se eu disser isso, então os muçulmanos começarão a nos torturar. Estou seguindo o exemplo de Jesus. Quando os demônios viram seus milagres, eles disseram: 'Tu és o Filho de Deus'. Jesus disse-lhes: 'Fiquem quietos". Este é um grande ensinamento para nós, isto é, quando Jesus disse: 'Fiquem quietos. Não é hora para ensinar que eu sou o Filho de Deus'".[113]

Também do Movimento dos "de Dentro", Mehmet Khaleed, expressou uma resposta semelhante quando perguntado: "Quem é Jesus?" Ele respondeu: "Ele é o meu Senhor, meu Salvador. Mesmo quando estou na escuridão, ele é a minha luz. Ele me deu a resposta certa quando eu estava confuso. Muitas vezes, quando falho, ele é meu único Redentor. Ajuda-me a aprender mais e mais e me dá uma paixão pelos muçulmanos".

Pressionei um pouco mais: "Jesus é Deus?"

Mehmet respondeu: "Ele tem tudo o que vemos em Deus, o mesmo poder em Deus. Acredito nisso, porém não quero dizer isso para as pessoas de fora (ou seja, muçulmanos), porque vai causar-lhes confusão. Mas isso é o que ele é em meu coração. Não digo isso às pessoas porque prefiro que elas vejam Jesus e entendam quem ele é por conta própria".

Algumas semanas mais tarde, no entanto, sentei-me com uma dúzia de imãs e *mawlanas* (o termo no Sul da Ásia para um líder islâmico ou mestre religioso) do Movimento dos "de Dentro" que também eram evangelistas e plantadores de *Isa jamaats* em suas comunidades. À minha frente, um *mawlana* de barba grande chamado Salwar sentou-se vestido de branco com uma touca de oração bordada acima de sua testa calejada (que ganhou depois de anos de oração prostrado, esfregando a cabeça no tapete diante dele) e olhos negros penetrantes. Tive a nítida impressão de que ele nunca tinha sentado tão perto de um estrangeiro em sua vida. Perguntei-lhe: "Quem é Jesus?" Ele olhou para mim como se eu fosse idiota e respondeu com uma única palavra: "Allah". Nenhuma outra explicação foi dada ou solicitada.

Utilizei um ângulo diferente: "Fale sobre o Alcorão e a Bíblia".

Mehmet, pensativo, fez uma pausa e disse: "Há tantas diferenças. A coisa mais importante é a ressurreição de Cristo".

Continuei: "Quando o Alcorão e a Bíblia discordam, o que você mantém como autoridade?"

---

113 A paráfrase de Bhutto, que alguns chamam de "o segredo messiânico", chegou por intermédio de um tradutor de um idioma do sul da Ásia. Em português, o versículo realmente diz: *Então chegou ali um homem que estava dominado por um espírito mau. O homem gritou: "O que quer de nós, Jesus de Nazaré? Você veio nos destruir? Sei muito bem quem é você: é o Santo que Deus enviou!" Então Jesus ordenou ao espírito mau: "Cale a boca e saia desse homem!" Aí o espírito sacudiu o homem com violência e, dando um grito, saiu dele.* (Mc 1.23-25)

Mehmet respondeu: "Uma vez que Jesus é o Amado de Allah, em caso de divergência, recorro a Jesus".

Os ocidentais suspeitam equivocadamente que os COMs lutam com as exigências de lealdade de Cristo e Maomé, mas isso é muito raro. Para os que entrevistei, Maomé não era um rival de Cristo. Eles sabiam que Maomé nunca reivindicou divindade ou posição como salvador. Ele desaparecia na irrelevância, uma vez que um muçulmano aceitava que Jesus era, de fato, a provisão de Allah para a salvação.

Isso pode, em parte, explicar por que os seguidores muçulmanos de Cristo, particularmente aqueles que seriam vistos como os "de Dentro", encontraram pouca necessidade de atacar Maomé. Raramente ouvi uma palavra depreciativa proferida contra Maomé. Em vez disso, ele era frequentemente descrito como "um discípulo de Allah", "um profeta de Allah", "um dos filhos de Deus", e assim por diante. O pior que ouvi foi uma simples admissão de que "ele é um pecador que precisa de salvação". Atacar Maomé não tinha valor para estes "de Dentro" oriundos do islã, que estavam mais interessados em ganhar seus amigos e família do que em criar um pomo de discórdia a respeito da pessoa insignificante de Maomé.

Como você compartilha sua fé?

A maioria dos entrevistados começou seu testemunho através do desenvolvimento de amizade. Depois usavam passagens do Alcorão para criar ponte a fim de trazer seu amigo para uma conversa que, em última análise, revelava a necessidade de Jesus para a salvação. Usando o Alcorão, eles destacavam o nascimento virginal de Jesus, sua santidade, seu poder milagroso, sua morte divinamente ordenada e sua ascensão ao céu. Essas etapas progressivas, às vezes, aconteciam em uma reunião, mas geralmente eram ampliadas para um longo período de tempo. Uma vez que ficava claro que a pessoa estava realmente interessada em *Isa*, o obreiro "de Dentro" oferecia um *Injil*, um Novo Testamento.

Os cristãos ocidentais, particularmente aqueles que enfatizaram a dissonância radical entre o islã e o cristianismo, ficariam surpresos, como eu fiquei, ao saber que muitos muçulmanos do Sul da Ásia, que passaram a ser seguidores de Jesus Cristo de todo o coração, chegaram à fé *inicial* em Jesus Cristo, através do Alcorão. Obviamente, seu entendimento inicial de Jesus era limitado e, sem dúvida, não seriam aprovados em um teste teológico, mas foi suficiente para levá-los para o Cristo vivo que os salvou e os guiou à Bíblia, a partir da qual sua fé ganhou clareza e compreensão.

Um exemplo veio de um pioneiro do Movimento dos "de Dentro" chamado Amid Hasan. Amid disse: "Creio que a pessoa mais influente em minha vinda à fé em Cristo foi um capitão de navio espanhol, o capitão Fernandez". Amid Hasan tem 55 anos, quatro filhos e uma neta. Ele tem o aperto de mão firme de um homem que serve como líder político no partido nacionalista poderoso do Estado. Vem de uma família sunita devota e seu pai serviu como membro eleito do governo nacional. No entanto, nos últimos 11 anos, Amid tem sido um seguidor de Jesus Cristo, tudo por causa da pergunta que lhe foi feita pelo capitão Fernandez.

> Era 1987 e eu estava servindo na Marinha Mercante, mas, ao contrário dos outros marinheiros, eu nunca fazia hora extra. Um dia, o capitão Fernandez me perguntou: 'Por que você só trabalha oito horas por dia e gasta as outras 16 horas lendo esse livro? O que é que o livro tem que você está sempre lendo?'
>
> Expliquei-lhe que era o meu Alcorão. Ele disse: 'Venha e leia um pouco para mim'. Li para ele e ele disse: 'Isso é bom. O que significa?'
>
> Olhei para ele e disse: 'Eu não sei'. Embora eu soubesse ler árabe, realmente não entendia.
>
> Fernandez riu: 'O quê? Você está lendo durante todo o dia e não sabe o que isso significa? Essa é a coisa mais estúpida que eu já ouvi'.
>
> Eu fiquei com raiva, mas, com o tempo, perguntei-me se ele estava certo.
>
> Quando voltei para casa, mais tarde naquele ano, comprei uma cópia do Alcorão traduzido no idioma bengalês[114]. A primeira coisa que notei foi que havia muitas histórias que estavam em desacordo com o que eu tinha ouvido pelos *mawlanas*, os professores islâmicos na mesquita. Pesquisei o Alcorão para entender mais sobre Maomé, mas, em vez disso, encontrei *Isa*, e isso me perturbou.

Pedi a Amid para explicar.

> "No Alcorão", ele disse, "Eu não encontrei títulos de honra para Maomé, mas 23 títulos de honra que Allah deu a *Isa*. Vi que Maomé não está com Allah agora, mas *Isa* está no céu com ele. Maomé não vai voltar, mas *Isa* vai. Maomé não estará no Juízo Final, mas *Isa* estará. Maomé está morto, mas *Isa* está vivo. Apenas quatro vezes o Alcorão fala de Maomé, mas fala 97 vezes sobre *Isa*. Maomé não é um salvador, de acordo com o Alcorão, mas o nome de *Isa* significa "Salvador". Maomé é somente um mensageiro, mas *Isa* é chamado *Ruhullah*, o Espírito de Allah".

---

114 No islã, o Alcorão não existe a não ser em árabe. Em outros idiomas ele é considerado apenas a "tradução do sentido do Alcorão". (N. de Revisão)

Amid continuou com sua lista de comparações durante vários minutos explicando como, em todos os sentidos, o próprio Alcorão elevou *Isa* acima de Maomé.

"A questão é", disse Amid, "ou o Alcorão está certo e *Isa* é o Salvador de Allah, ou os *mawlanas* estão certos e devemos seguir Maomé". Então Amid debateu com os *mawlanas*, desafiando-os a obedecer ao Alcorão e a seguir *Isa*.

"Alguns deles disseram: 'Você está louco'. Mas outros disseram: 'Você está certo'. Um daqueles *mawlanas*, um xeque de 80 anos de idade, aconselhou Amid: 'Você precisa procurar a comunidade cristã para descobrir o que é a vida de *Isa al-Masih*'".

Isso levou Amid a adquirir uma Bíblia, a partir da qual ele aprendeu mais sobre a vida e os ensinamentos de Jesus. Em 2002, Amid foi batizado, mas não tinha vontade de assumir uma nova religião. "Eu não vou ser um cristão", Amid disse. "Eu só quero seguir Jesus".

Amid usa a mesma abordagem através da qual ele chegou à fé para espalhar o Evangelho aos outros. Ele disse: "Primeiramente, mostramos, a partir do Alcorão, que só *Isa al-Masih* é o Salvador, e então os batizamos. Em seguida, lhes damos a Bíblia e os discipulamos. Com o tempo, eles se afastam do Alcorão e vão para a Bíblia, embora continuem a usar o Alcorão para trazer outros muçulmanos à fé em *Isa*".

Amid estava firmemente convencido de que os *mawlanas* tinham escondido a verdade das pessoas. Oculta atrás do véu do árabe, a verdade de que apenas *Isa* é o caminho de Allah para a salvação era um segredo muito importante para ser mantido para si próprio. Como organizador comunitário experiente, Amid desenvolveu uma estratégia para alcançar todos os muçulmanos de seu estado. Logo ele tinha 63 pessoas prontas para o batismo. Todas elas estavam convencidas de que, de acordo com o Alcorão, *Isa* é o único caminho de Deus para a salvação. "Nós desenvolvemos uma estratégia", Amid disse, "para ganhar *mawlanas* e passar dois anos treinando-os no que o Alcorão diz sobre *Isa al-Masih*, e enviá-los de volta à comunidade para ensinar sobre ele".

Ele continuou: "Nosso objetivo é que vamos seguir *Isa al-Masih*, ensinar-lhes que ele é o Salvador e batizá-los. Então, vamos dar-lhes a *Kitab al-Moqadis* (a Bíblia) e discipulá-los. No dia em que eles convidam *Isa* para entrar em suas vidas, nós lhes apresentamos Mateus 28.18-20 e lhes dizemos: 'Se você quer ter *Isa* com você todos os seus dias até os confins da terra, então precisa ser batizado'".

De volta a Bangladesh, Thomas Mori apresentou ainda as maneiras pelas quais os "de Dentro" em seu movimento estavam comunicando a fé. "Temos quatro regras negativas", disse ele: "(1) Nunca fale contra o Alcorão, (2) nunca fale contra Allah, (3) nunca fale contra o Profeta Maomé e (4) nunca fale contra a *ummah* (a comunidade muçulmana)".

Thomas continuou:

> Embora nunca tenhamos lhes pedido para parar de ir à mesquita, depois de um ou dois anos, 70 a 90 por cento param de ir. Alguns continuam na mesquita, mas apenas às sextas-feiras. A maioria deles para de fazer o jejum do Ramadã, ou o fazem por apenas alguns dias. A maioria dos cristãos ainda participa das festas de *eid*, mas não sacrificam mais as ovelhas durante o festival *korbani*. Da mesma forma, não sentem necessidade de fazer o *Hajj* à Meca. Não conheço quaisquer seguidores de *Isa* neste país que vão ao Hajj.

Ele continuou:

> Aqui estão as coisas que nossos muçulmanos *Isai* abandonam: eles não acreditam que Maomé tenha alguma coisa a ver com a salvação; creem que ele é um profeta que trouxe o nosso povo do politeísmo para o monoteísmo; a maioria de nossos *Isai* ainda lê o Alcorão, pelo menos uma página, em sua casa na parte da manhã. Eles querem que seus filhos aprendam a ler em árabe, mesmo que não o entendam. No entanto, após dois a três anos os cristãos param de lê-lo, embora nós não lhes peçamos para fazer isso. Quando eu lhes pergunto: 'Por que vocês não leem mais o Alcorão?' Eles dizem: 'Nós não vemos qualquer valor nele. De qualquer maneira, não o entendemos'.

Mori apontou para seus colegas: "Estes irmãos ensinam: 'Você pode ler o Alcorão, se quiser. Você decide'".

Um plano para alcançá-los todos

Ao longo da última década, Amid, que veio a fé através das palavras provocantes do capitão Fernandez, tem visto sua rede de muçulmanos *Isai* na Índia crescer. Ele organizou esses cristãos em distritos e grupos domésticos. "Um líder de distrito é chamado de Imã", Amid explicou, "e ele pode ter várias centenas de *jamaats* (grupos de adoração) debaixo de sua liderança. O líder de um grupo doméstico chamamos de um *Rabbur*, que significa 'aquele que mostra o caminho'. Temos também professores itinerantes, chamados de *Hiko*".

"Formamos agora uma *madrasa* apenas para treinar *Isai mawlanas*", disse Amid. "Agora temos muitos *Isai mawlanas* que podem usar o Alcorão para trazer outros muçulmanos à fé em *Isa*, e depois usar o *Injil* para discipulá-los".

"Agora temos muitos *Isai mawlanas*. Está ganhando impulso, pois agora existem muitos *Isai mawlanas* e muitos professores da Bíblia e do Alcorão.

"Entre o nosso povo, às vezes, há conflitos entre maridos e esposas. Isso geralmente acontece quando a esposa descobre que seu marido é um seguidor de *Isa*. Sempre que isso acontece, é exigido pela comunidade que elas procurem aconselhamento do *mawlana*. Respondemos enviando-lhes um *Isa mawlana*. Ele sempre ouve suas queixas e, em seguida, aconselha a esposa a tornar-se uma seguidora de *Isa* como seu marido", Amid sorriu.

Perguntei a Amid quantos COMs havia agora em seu estado. "É muito difícil dizer", respondeu ele. "Na minha rede *jamaat* eu sei, mas não sei em relação às outras. Em minhas *jamaats* existem cerca de 33 mil muçulmanos que se tornaram seguidores de *Isa*".

Perguntei a Amid quantos dos 33 mil seguidores de *Isa* já foram batizados. "Dezesseis mil foram batizados", disse ele. "Temos cerca de 3 mil *Isa jamaats*. Batizamos duas vezes por ano na época das cheias, portanto, estamos esperando 3 mil ou mais batismos no próximo mês de janeiro".

DISCUSSÃO EM GRUPOS PEQUENOS
DESCUBRA POR SI MESMO

1. Quais impressões você obteve deste capítulo?

2. Como Deus está operando no Cômodo da parte Oriental do Sul da Ásia?

3. Discuta a história de Thomas. Você concorda ou discorda das escolhas que ele fez?

4. Veja quantas maneiras diferentes você pode identificar de que Deus estava atraindo muçulmanos na parte Oriental do Sul da Ásia para Cristo.

Capítulo 8
O Cômodo Persa

Destruirei os reis e os líderes de Elão e colocarei ali o meu trono.
Jeremias 49.38

Na véspera da Revolução Islâmica de 1979 no Irã, provavelmente não havia mais do que 500 seguidores de Cristo de origem muçulmana em uma nação de 40 milhões de muçulmanos, a maioria xiita. Três décadas mais tarde, centenas de milhares de muçulmanos iranianos haviam entregado suas vidas a Jesus Cristo. O que aconteceu? Como Deus está operando nesta nação islâmica? Para responder a estas perguntas, devemos entrar no Cômodo Persa e ouvir seus seguidores de Cristo de origem muçulmana.

A história de Nadia

Música de louvor encheu o ar da noite de um santuário armênio em uma cidade mediterrânea superpopulosa. Dois andares abaixo, em uma sala de aula de escola dominical no porão, entrevistei Nadia, uma iraniana viúva de 43 anos com três filhos. Nadia é cristã há seis anos e uma refugiada há nove meses.

"O que Deus usou para trazê-la à fé em Cristo?", perguntei. "Conte-me sua história."

"Desde minha infância", Nadia disse, "sempre fui muito curiosa sobre Jesus. Sentia que havia um lugar vazio dentro de mim. Mesmo quando assistia a programas de TV e filmes retratando famílias cristãs orando antes de suas refeições, sentia que havia uma paz dentro deles."

"Nossos mulás sempre nos disseram que os estrangeiros eram pagãos e que nós, muçulmanos, éramos justos, mas quando via os cristãos, eles sempre pareciam estar em paz e, mais importante que isso, eu sabia que nós não estávamos. Em nossa família, orávamos o *namaz* diariamente e estávamos sempre clamando a Allah, mas por dentro não havia nada. Eu não sentia nada."

Teria sido difícil imaginar Nadia encontrando paz na vida que ela havia conhecido. Quando tinha 10 anos, seu pai assinou seu contrato de casamento, e dois anos mais tarde, ela foi morar com seu marido de 20 anos. Crime e drogas devastaram a família de Nadia. Seu marido se tornou um viciado em ópio logo depois do casamento. Dois de seus irmãos morreram de overdose e outro foi preso e depois condenado à morte por matar um homem em uma briga. A reação de Nadia foi afundar-se em uma depressão que só se aprofundava com cada calamidade. Quando o tribunal condenou um dos irmãos de Nadia a participar de um programa de reabilitação de drogas, ele pediu a Nadia que fosse com ele, esperando que o programa a ajudasse a superar sua depressão.

"Em nossa comunidade", disse Nadia, "os mulás nos ensinaram que, se você chorar mais lágrimas na terra, terá mais recompensas no céu. Mas eram suas leis e regras que estavam nos fazendo chorar. Eles diziam a nós mulheres: "Se apenas um fio de cabelo estiver para fora de sua *hijab*, você passará a eternidade pendurada entre o céu e a terra".

"Na reunião dos Narcóticos Anônimos, aprendi de forma diferente. As pessoas lá estavam muito abaladas, mas elas se amavam. Não olharam para as minhas roupas, mas mostraram amor por mim. Não houve conversa sobre imãs e profetas, apenas sobre Deus."

"Foi nessa época que Jesus se apresentou a mim. Lendo, descobri que Narcóticos Anônimos foi iniciado por um americano chamado Bill Wilson e é fundamentado na fé cristã. Li a história de como Wilson tornou-se sóbrio e cristão. O governo iraniano havia tentado remover Jesus do programa, mas não puderam."[115]

"Descobri que um dos meus primos tinha se tornado cristão. Quando a família dele veio nos visitar, pedi a ele um Novo Testamento e o li. Por dentro eu estava em revolução. Então, orei: *Deus, mostre-me o que é realmente*

---

[115] As experiências de Nadia com *Nar-Anon* revelam um dos modos inesperados que Deus está usando para atrair iranianos a ele. Embora o fundador dos *Alcoólicos Anônimos* (parente dos *Narcóticos Anônimos*) Bill Wilson tenha experimentado uma conversão espiritual associada à influência cristã do grupo evangélico Oxford, ele, mais tarde, desviou-se do cristianismo para uma "espiritualidade" mais genérica. Contudo, no caso de Nadia, os Doze Passos a levaram a Jesus. Consulte https://pt.wikipedia.org/wiki/Bill_W. (Acesso em 13/04/2016)

verdade. Quando cheguei em casa naquela noite, peguei meu Alcorão e orei: *Deus, se esta é a sua palavra, mostra-te a mim através deste livro.* Mas, em vez disso, algo me atraiu para o Novo Testamento."

"Enquanto eu o lia, senti meu coração se abrir como uma porta velha, e entendi cada versículo com todo o meu ser. Deixei o Alcorão de lado. Dentro de mim, me sentia muito entusiasmada e sedenta. Era como beber água fria, e eu queria beber tudo."

"A partir daquele momento, a obra de Jesus começou dentro de mim. Foi uma felicidade estranha como nada que eu já tinha conhecido. Eu era como a mulher samaritana falando a todos sobre Jesus. Dentro de uma semana meu marido e os meus três filhos abraçaram a fé em Cristo."

O testemunho de Nadia é um dos milhares que estão borbulhando no Irã de hoje, no que é, certamente, a maior guinada dos muçulmanos para Cristo na história do Irã, e, muito possivelmente, a maior guinada dos muçulmanos para Cristo no mundo hoje. Dentro da história de Nadia estão dez pistas para as maneiras pelas quais Deus está levando muçulmanos iranianos para a salvação em seu Filho: (1) atraídos para Jesus, (2) o islã iraniano, (3) testemunho cristão, (4) ministérios midiáticos, (5) fome por liberdade, (6) desordem social, (7) testemunho na família (8), Novos Testamentos, (9) visitações de Jesus, e (10) igrejas nos lares.

Atraídos para Jesus

O comentário de Nadia: "Desde minha infância, fui curiosa sobre Jesus", foi ecoado em muitos testemunhos de COMs no mundo persa. Um COM chamado Reza lembrou-se de uma história de seus anos na escola primária, quando era jogador de futebol. "Meu herói", disse ele, "era o jogador de futebol brasileiro Pelé. Eu o amava. Então, quando marquei meu primeiro gol quando era um menino de sete anos, deslizei pela grama de joelhos, como Pelé, e fiz o sinal da cruz como eu o tinha visto fazer". O ato de celebração de Reza lhe rendeu uma repreensão severa do diretor muçulmano de sua escola, mas o deixou mais curioso do que nunca sobre o que aquele simples ato significava e por que era tão perigoso.

Sara é uma refugiada de 28 anos do norte do Irã com o cabelo cuidadosamente penteado, maquiagem e roupas ocidentais da moda. Ela disse: "Eu fui criada como uma muçulmana secular e nunca li o Alcorão além do que era exigido na escola. Nunca realmente acreditei no islã. Eu tinha vergonha quando via as pessoas adorando os mortos em túmulos sufistas".

"Como você passou a ter fé?", perguntei.

"Antes de me tornar cristã", disse ela, "tive um problema com um espírito maligno me atacando com medo quando tentava dormir à noite. O medo era tão grande que eu tentei me matar. Clamei a Deus para ele me salvar. Um primo mais jovem que havia se tornado cristão foi quem primeiro me falou sobre Jesus. Quando meu primo disse 'Eu sou cristão', isso me deixou feliz, porque eu sempre amei Jesus. Depois que entreguei minha vida a Jesus, ele me deu uma profunda paz, e os meus terrores noturnos acabaram".

Darius é um muçulmano convertido de 25 anos que disse: "Sempre me senti atraído para o formato da cruz. Mesmo como muçulmano, eu tinha uma camiseta com uma grande cruz nela e as palavras "Só para você". Eu também usava um colar e um anel com cruzes. Não sabia o porquê, mas eu amava Jesus".

Muitos muçulmanos no Irã são atraídos para a pessoa de Jesus, mesmo sabendo pouco sobre ele. Para começar a entender o porquê, precisamos olhar para a natureza única do islã na República Islâmica do Irã.

Islã iraniano

O islã no Irã é diferente do islã em qualquer outro cômodo na Casa do Islã. Enquanto 90 por cento do mundo muçulmano adere ao que eles consideram islamismo ortodoxo ou sunita, o Irã segue um caminho diferente. Sua população é predominantemente xiita, literalmente "partidários de Ali", o genro e primo do profeta Maomé. Os xiitas acreditam que a corrente dominante sunita do islã desconsiderou o desejo do Profeta de que seu genro o sucedesse como líder dos fiéis.

Durante os primeiros 700 anos de sua história, no entanto, o Irã era sunita, como a maioria do restante do mundo muçulmano. Mas, no século 16, Ismail I, fundador da dinastia Safavid do Irã (1501-1736), fez com que a população mudasse para o xiismo como um baluarte persa, tanto contra os inimigos otomanos quanto os árabes que eram muçulmanos sunitas. Desde aquela época os muçulmanos xiitas iranianos têm se definido desta forma em contraste gritante com o resto do mundo muçulmano sunita.

Capítulo 8 - O Cômodo Persa 149

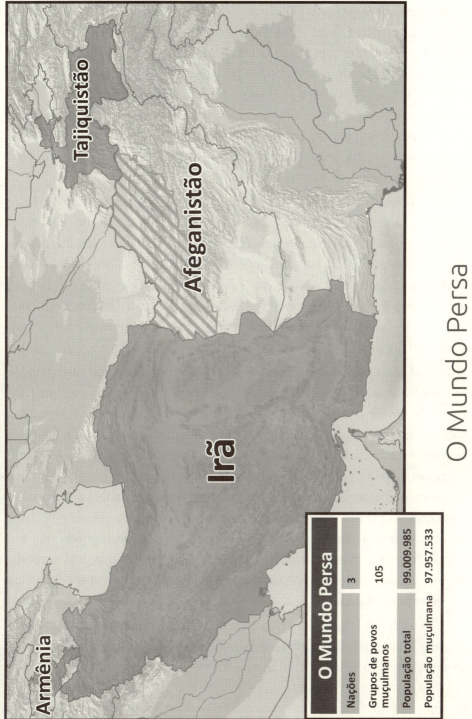

Enquanto os sunitas obtêm sua autoridade mais exclusivamente da tradição textual do Alcorão, os xiitas são diferentes. Embora venerem o Alcorão, eles também contam com autoridades religiosas, *ayatollah* (literalmente "sinais de Allah") para interpretar o islã para os fiéis xiitas. A tradição remonta à crença de que Ali, o genro e primo do profeta Maomé e o filho de Ali, Hussein, foram os herdeiros legítimos do manto de liderança do Profeta. Quando Hussein casou-se com uma mulher persa, cativou ainda mais os iranianos para a tradição xiita, garantindo que todos os seus sucessores seriam, pelo menos biologicamente, persas também.[116]

No ano de 661, renegados guerreiros árabes chamados *Kharijites* (literalmente, "aqueles que saíram"), martirizaram Ali durante as lutas caóticas que se seguiram à morte do Profeta Maomé. No ano 680, os exércitos árabes muçulmanos de Yazid I mataram o filho de Ali, Hussein, perto da cidade de Karbala, localizada no que hoje é o Iraque. Mesmo que a morte de Hussein tenha ocorrido na batalha, os xiitas a veem como um ato de autossacrifício e martírio. Todos os anos eles choram pelo seu martírio durante o mês sagrado de Muharram.

Ambos, Ali e, mais ainda, Hussein, têm sido tratados como celebridades na tradição xiita, considerados justos, mártires sofredores cujas vidas exemplares representam o verdadeiro ideal que todos os muçulmanos devem aspirar. Após a morte de Hussein, seus descendentes continuaram a liderar a pequena comunidade xiita pelos próximos dois séculos através de uma série sucessiva de imãs, culminando no décimo segundo imã, Hujjat ibn al-Hasan al-Mahdi, que nasceu no ano de 869. Este décimo segundo imã desapareceu misteriosamente antes que qualquer outro sucessor pudesse ser nomeado. De acordo com a doutrina xiita, este enigmático décimo segundo imã é o *Mahdi* ("o guiado messiânico") que não está realmente morto, mas escondido. Um dia, eles acreditam, ele vai voltar e inaugurar uma nova era de justiça e retidão para os fiéis.

"O martírio" de Hussein e a doutrina de um retorno iminente de um *Mahdi* messiânico que irá restaurar uma ordem mundial justa entranharam-se na consciência nacional dos xiitas iranianos. Não é preciso olhar muito longe

---

[116] *Iran: Open Hearts in a Closed Land* (Irã: corações abertos em uma terra fechada), de Mark Bradley (Colorado Springs: Authentic, 2007), p. 80.

para ver um paralelo na vida de Jesus que, como um servo sofredor justo, morreu pelos pecados do mundo, está sempre presente e voltará.[117]

Além disso, moldando a natureza única do islã no Irã está uma antiga civilização persa que foi superior em praticamente todos os sentidos aos invasores árabes que os conquistaram no século 7. Essa civilização continua a expressar-se através da literatura, filosofia e poesia que hoje promove uma identidade que, embora islâmica, tem um núcleo que é exclusivamente persa. Mesmo dentro deste islã persa está uma tradição mística do misticismo sufista que tem fornecido aos poetas e aos santos da nação um meio de transcender as restrições legalistas que caracterizam o islã em muitos outros cantos do mundo muçulmano.[118]

Todos esses elementos do islã iraniano, sua história, valores, tradições filosóficas e místicas, foram desafiados quando o ayatollah Ruhollah Khomeini chegou ao poder em 1979. O novo governo de Khomeini impôs uma visão rigorosa para o país, que começou com uma limpeza maciça de todo o remanescente ocidental do regime do xá Reza Pahlavi. Milhares de opositores políticos foram presos, condenados e executados por tribunais revolucionários.[119] Grupos de justiceiros islâmicos chamados *Komiteh* transitaram por toda a sociedade, impondo a justiça islâmica que prescrevia açoites e até apedrejamento para crimes como sexo antes do casamento, adultério, homossexualidade, e até mesmo consumo de álcool pela mesma pessoa por mais de uma vez.[120] A partir dos nove anos, as meninas foram proibidas de aparecer em público sem véu.[121]

Cruz armênia

---

117 Ibid., pp. 83-84. Consulte também *Modern Islamic Political Thought* (Pensamento político islâmico moderno), de Hamid Enayat (Austin: University of Texas Press, 1982), pp. 182-183, citado em *Christian Encounters with Iran, Engaging Muslim Thinkers After the Revolution* (Encontros cristãos com o Irã, envolvendo pensadores muçulmanos depois da revolução), de Sasan Tavassoli (Londres: I.B. Tauris, 2011), p. 21. Enayat afirma que "o martírio de Hussein faz sentido em dois níveis: primeiro, em termos de soteriologia não diferente da invocada no caso da crucificação de Cristo – como Cristo sacrificou a si mesmo no altar da cruz para redimir a humanidade, também Hussein permitiu a si mesmo ser morto nas planícies de Karbala para purificar a comunidade muçulmana dos pecados; e segundo, como um fator ativo justificando a causa xiita, contribuindo para seu trinfo final".

118 Tavassoli, pp. 10-47.

119 Bradley, *Iran: Open Hearts*, p. 9.

120 Ibid., pp. 69-70.

121 Ibid., p. 66.

O novo regime islâmico também estava estendendo sua influência às comunidades cristãs. Em 1983, o Ministério da Educação publicou um novo livro-texto para o catecismo cristão que refletia os ensinamentos do Alcorão sobre Jesus. No ano seguinte, todas as escolas cristãs receberam diretores muçulmanos.[122] Os anglicanos estavam entre os mais atingidos, pois sua associação com a Grã-Bretanha trazia acusações de que eram agentes estrangeiros. Da mesma forma, as igrejas presbiterianas tiveram propriedades confiscadas e alegações de serem agentes do governo americano vieram contra elas. As antigas comunidades assírias e armênias foram, em geral, toleradas, desde que se contivessem e não evangelizassem muçulmanos.

À medida que a Revolução Islâmica reforçou o controle sobre a nação, o ideal xiita do líder justo, que é martirizado por um poder injusto, porém dominante, foi virado de cabeça para baixo. Era agora o estado xiita que estava esmagando seu oponente, deixando os adversários destruídos espalhados por toda a sociedade, onde as vítimas repetiam o papel do mártir justo.

Testemunho cristão

Não foi por acaso que encontrei Nadia em uma igreja armênia. A igreja armênia antiga tem desempenhado um papel crucial no despertamento atual no país. Os cristãos de outras tradições – assírios, católicos, anglicanos, presbiterianos e da Igreja dos Irmãos[123] – apareciam nas histórias de COMs do Irã, mas nenhum tão proeminente como as Assembleias de Deus, que são de origem armênia.

Os armênios são a maior minoria cristã no Irã hoje. O xá persa Abbas, o Grande, realocou milhares de armênios para o Irã no final do século 16 para ajudar a construir sua nova capital Pahlavi em Isfahan. Posteriormente, estes armênios permaneceram e prosperaram. Juntaram-se a milhares de armênios que entraram no país em circunstâncias menos agradáveis, fugindo do genocídio armênio de 1915 na vizinha Turquia. A Turquia, na época, estava envolvida em uma aliança da Primeira Guerra Mundial contra os aliados russos e outros europeus. As preocupações turcas de que os cristãos armênios no seu país poderiam colaborar com os armênios na Rússia desencadeou

---

122 Barrett, *World Christian Encyclopedia*, 2ª ed., vol. 1, p. 381.

123 A Igreja dos Irmãos é uma denominação cristã que foi organizada em 1708 por Alexander Mack em Schwarzenau, Alemanha. O movimento Irmãos começou como uma fusão de ideias de pietistas radicais e anabatistas durante a Reforma Protestante. No Brasil, a igreja teve início em 1982. (N. de Revisão)

uma campanha de extermínio em toda a nação, que deixou 1,5 milhão de armênios, homens, mulheres e crianças, mortos. Como uma minoria respeitada no Irã, os armênios eram tolerados, desde que não fizessem proselitismo com a maioria muçulmana. Tudo isso começou a mudar, no entanto, em meados do século 20, quando um despertamento do Espírito Santo começou a mover os corações dos cristãos armênios.

Um armênio chamado Seth Yeghnazar (1911-1989) abraçou a fé através do ministério da Igreja dos Irmãos em 1930. Na década de 1950, Seth estava desejoso de experimentar Deus de maneira mais profunda. Isso o levou a estudar o Pentecostes do Novo Testamento e o derramamento do Espírito Santo ao longo da história. Depois de orar e jejuar por 42 dias, Seth teve um encontro com Deus que mudou sua vida, que ele descreveu como um batismo de fogo. Em janeiro de 1956, Seth e sua esposa, Vartouhi, começaram uma reunião de oração e estudo bíblico em sua casa, que aconteceu todos os dias pelos quatro anos seguintes. Em 1959, os Yeghnazars uniram seu estudo bíblico a uma comunidade de cristãos que pensavam como eles em um porão alugado em Teerã, que emergiu como uma das primeiras *Jama'at-e Rabbani*, ou igrejas Assembleia de Deus, no Irã.

Haik Hovsepian Mehr

O despertamento espiritual nos movimentos emergentes das Assembleias de Deus ajudou muitos cristãos armênios a superarem as limitações de uma fé étnica. Uma figura importante nessa transcendência étnica foi o armênio Haik Hovsepian Mehr (1945-1994).

O pai de Haik foi embora quando ele era apenas um menino e, alguns anos mais tarde, sua mãe casou-se novamente com um muçulmano, algo que foi considerado tabu por muitos na comunidade armênia. No entanto, Haik passou a amar os muçulmanos e tomou o nome persa Mehr ("gentil") para demonstrar seu afeto àquele povo. Ele era um homem da renascença, frequentemente era visto lendo, tocando piano, escrevendo música, praticando boxe e jogando futebol. O primo de Seth Yeghnazar, Leon Hyrapetian, levou o jovem Haik à fé em Cristo e, juntos, Leon e Seth, discipularam e mentorearam Haik.

Aos 22 anos, Haik dedicou sua vida ao ministério cristão. Quinze anos depois, em 1980, ele foi chamado a Teerã para servir como o primeiro bispo nacional das igrejas Assembleias de Deus. Haik chegou à capital assim que o ayatollah Khomeini começou a implementar a *sharia* islâmica (lei islâmica). O governo estava disposto a permitir que os cristãos étnicos praticassem sua fé, mas estabeleceu um limite à evangelização de muçulmanos. Destemido, Haik se recusou a ceder às pressões do governo, dizendo: "Se formos para a prisão ou morrermos por nossa fé, nós não vamos ceder a essas exigências".[124]

Entre os muitos convertidos de origem muçulmana que foram presos pelo novo regime islâmico estava o Rev. Mehdi Dibaj. Ele tinha sido membro da igreja *Jama'at-e Rabbani* das Assembleias em Teerã quando era jovem. Em 1983, Dibaj foi preso sem julgamento e permaneceu por 10 anos, período em que "sofreu espancamentos físicos, execuções simuladas e [...] dois anos de confinamento solitário em uma pequena cela sem luz de 2,5 metros", onde era constantemente pressionado a abandonar sua fé.[125] Dibaj suportou e confessou: "Não estou apenas satisfeito em estar na prisão pela honra de seu Santo Nome, mas estou pronto para dar a minha vida por causa de Jesus, meu Senhor".[126] Em 1993, em um tribunal secreto, Dibaj foi condenado à morte por ter abandonado o islã.

Mehdi Dibaj

Quando os porta-vozes do governo iraniano negaram publicamente a existência da pena de morte, Haik, que tinha aprendido sobre a sentença de execução a partir de fontes de dentro da prisão, foi confrontado com uma escolha. Como armênio, ele poderia permanecer em silêncio e evitar a ira do governo, ou poderia falar. Haik se recusou a virar as costas para seu irmão de origem muçulmana. Em vez disso, foi a público, transmitindo ao mundo a notícia da iminente execução do Rev. Dibaj, bem como muitas outras violações da liberdade religiosa

---

124 Algumas das informações sobre a vida de Yeghnazars e de Haik Hovsepian Mehr foram fornecidas por informantes iranianos que vivem no exílio.

125 Mark Bradley, *Iran and Christianity, Historical Identity and Present Relevance* (Irã e cristianismo, identidade histórica e relevância atual), (Londres: Continuum Religious Studies, 2008), pp. 170-174.

126 "Mehdi Dibaj", em en.wikipedia.org/wiki/Mehdi_Dibaj. (Site em inglês. Acesso em 14/04/2016)

no Irã. Em particular, Haik comentou com um colega: "Coloquei minha mão na toca da serpente".[127] Mas os esforços de Haik foram eficazes. Em resposta ao clamor internacional, o Rev. Dibaj foi libertado em 16 de janeiro de 1994.

Três dias depois, em 19 de janeiro de 1994, o bispo Haik foi sequestrado nas ruas de Teerã. Embora a polícia tenha alegado não o ter encontrado, um funcionário de um cemitério muçulmano lembrou-se de ter enterrado o corpo brutalizado de um homem com uma cruz em sua lapela. Dez dias depois de ele ter desaparecido, o corpo torturado de Haik foi exumado de uma cova sem identificação em um cemitério muçulmano. Havia 27 marcas de facada em seu peito.[128]

Duas mil pessoas, incluindo muitos muçulmanos, reuniram-se diante de seu túmulo na chuva gelada para o enterro de Haik em um cemitério cristão. Chorando, Mehdi Dibaj dirigiu-se aos que pranteavam: "Quando Jesus morreu na cruz, havia um homem que sabia, com certeza, que Jesus tinha morrido por ele. Aquele homem era Barrabás. Quando o irmão Haik foi morto, eu sabia que era eu quem deveria ter morrido, não o irmão Haik".[129] Seis meses mais tarde, Dibaj juntou-se ao Irmão Haik. Seu corpo foi encontrado em um parque de Teerã. Ele também tinha sido esfaqueado no coração.[130]

Em vez de extinguir o movimento, o martírio dos dois homens o alimentou. Nos anos que se seguiram à morte deles, os iranianos descobriram heróis aos quais valia a pena imitar nos exemplos ousados de Hovsepian e Dibaj, irmãos mártires – um de origem armênia e o outro de origem muçulmana.

A história do corajoso testemunho cristão em prol da salvação de muçulmanos iranianos não se limita à comunidade armênia ou das Assembleias de Deus. Os muitos relatos que emanam do Irã hoje são repletos de testemunho corajoso e sacrificial de antigos membros da igreja assíria, anglicanos, presbiterianos, católicos romanos, Igreja dos Irmãos, pentecostais, e outros que *estavam prontos para dar a sua vida e morrer*.[131]

---

127 Joseph Hovsepian e Andre Hovsepian, *A Cry From Iran: the untold story of Iranian Christian martyrs* (Um clamor do Irã: a história não contada dos mártires cristãos iranianos) (Santa Ana, CA: Open Doors International, 2007).

128 Bradley, p. 173.

129 *A Cry from Iran*. O testemunho de Dibaj no funeral de Hovsepian pode ser visto no filme *A Cry From Iran: the untold story of Iranian Christian*.

130 Bradley, p. 173.

131 Apocalipse 12.11b.

Ministérios midiáticos

Quando era criança, Nadia tinha visto cristãos na televisão e foi influenciada por suas vidas. Após a Revolução Iraniana de 1979, o governo assumiu o controle da televisão estatal, mas não conseguiram parar o crescente número de programas de televisão por satélite e gravações de vídeo que estavam transmitindo a mensagem do Evangelho para as casas de muçulmanos iranianos.

Milhares de iranianos abraçaram a fé hoje através da televisão por satélite e de sites da Internet que apresentam um número crescente de evangelistas de origem muçulmana persa. Nos testemunhos de cristãos iranianos frequentemente são ouvidas referências aos vídeos sobre o Evangelho que circularam ilegalmente, como o filme *JESUS* e *Deus é Amor*.

Leila é uma ativa mãe de três filhos, de 34 anos, que contou esta história:

> Eu costumava gravar os programas de televisão do pastor Hormoz e do pastor Kamil. Eles me ensinaram como eu poderia entender por que há pecado e sofrimento no mundo.
>
> O programa do pastor Hormoz chamava-se *Deus é Amor*. Acho que entendi o que ele estava dizendo, porque dois anos antes eu tinha orado no final do filme *JESUS*.
>
> Hormoz respondeu a todas as perguntas que eu tinha. Cada semana que seu programa estava no ar, ele respondia a algumas perguntas que eu tinha naquela semana. Isso aconteceu por sete semanas seguidas. A última vez, eu disse ao meu marido quais eram as minhas perguntas antes do programa de Hormoz começar, e então eu disse: "Assista a isso". Iniciei a gravação, e mais uma vez o programa respondeu as perguntas que eu tinha.
>
> Posteriormente, gravei e assisti a 100 programas de seis horas cada do irmão Hormoz. Após as duas primeiras semanas, eu me arrependi dos meus pecados e convidei Jesus para entrar em minha vida.

Fiquei impressionado como Leila parecia tão diferente das muitas mulheres muçulmanas reprimidas que eu havia entrevistado em outros países. Ela usava maquiagem, vestia-se como ocidental, era eloquente e franca. Quando perguntei ao marido de Leila sobre minhas impressões, que acabavam com o estereótipo, ele respondeu com uma frase: "Nós não somos árabes".

Entrevistas com iranianos envolvidos na transmissão de televisão via satélite, rádio, ministérios via internet atestam o aumento tanto da quantidade quanto da amplitude do efeito das transmissões no país. O Ministério Antioquia sozinho estimou, em 2008, que "3.000 (pessoas) por mês estão se voltando para Cristo apenas através de suas transmissões".[132] Além disso, há

---

132 Bradley, *Iran and Christianity*, p. 178. Após que este relatório foi apresentado, o site de Ministério Internacional Antioquia foi retirado e a organização renomeada. A transmissão e o ministério, no entanto, continuam.

vários outros recursos de mídia que estão espalhando o Evangelho, não apenas nas cidades, mas nas aldeias e na zona rural também.

Fome por liberdade

O lamento de Nadia, "foram as leis e regras do governo que nos fizeram chorar", revelou as aspirações de um número crescente de iranianos. Para a maioria deles, o movimento popular que levou Khomeini ao poder, em 1979, não era um anseio para o islã, mas um desejo de libertação do governo despótico do xá Reza Pahlavi.

Na mesma linha, para muitos iranianos, o ódio contra os Estados Unidos não era uma rejeição pelo seu povo, ou até mesmo seus valores, mas visava o apoio americano ao xá, que remonta ao golpe de estado de 1953 apoiado pelos americanos, que havia retirado do Irã o primeiro-ministro Dr. Mohammed Mossadegh, democraticamente eleito, e substituído pelo xá Reza Pahlavi apoiado pelo Ocidente.[133]

Durante a Copa de Mundo de Futebol de 2006, na Alemanha, os iranianos presentes no evento foram convidados a responder quais mudanças eles mais gostariam de ver em seu país. A resposta deles foi resumida em uma única palavra: *Azadi* (liberdade).[134]

Da população do Irã, hoje, 64 por cento nasceram depois da Revolução Islâmica de 1979 e têm pouca afeição por ela.[135] Enquanto o cristianismo está crescendo rapidamente no país, crescem também muitas outras cosmovisões, à medida que os iranianos muçulmanos procuram um distanciamento da religião do Estado. É comum encontrar jovens iranianos que saem do islã e se voltam para o ateísmo, secularismo, hedonismo, drogas e até mesmo caminhos antigos, como o zoroastrismo e o budismo.

Centenas de milhares de iranianos fugiram do país em vez de se submeterem ao regime sufocante que agora governa sua terra natal. Muitos hoje têm parentes em Los Angeles, cidade à qual se referem como *Teerângeles*. Iranianos bem instruídos estão deixando o país a uma taxa de cerca de 150

---

[133] Ibid., pp. 56-59. Em 15 de março de 1951, Mossadegh liderou a nacionalização da indústria petrolífera do Irã. Depois do golpe, em 1954, Mohammad Shah assinou um novo acordo com os cartéis de petróleo ocidentais dando-lhes controle efetivo e 50 por cento dos lucros dos campos de petróleo do Irã.

[134] Bradley, *Iran: Open Hearts*, pp. 65-66.

[135] Consulte "Demografia do Irão": https://pt.wikipedia.org/wiki/Demografia_do_Irão (Acesso em 14/04/2016)

mil a 180 mil por ano, o que representa aproximadamente 25 por cento de todos os iranianos com educação além da secundária.[136]

Apesar de denúncias apoiadas pelo governo de que os Estados Unidos sejam "o Grande Satã", para muitos iranianos, representam a própria liberdade pela qual eles anseiam. O jornalista norte-americano Scott Peterson observou: "Escondido atrás da máscara do mulá está a população mais descaradamente pró-americana no Oriente Médio".[137] O sentimento foi expresso de forma espontânea após os ataques terroristas de 11/09 nos Estados Unidos, quando 60 mil iranianos se reuniram no estádio de futebol de Teerã vestidos de preto para fazer uma vigília à luz de velas.[138] A *Revista Smithsonian* recentemente declarou: "O paradoxo do Irã é que ele pode ser a população mais pró-americana, ou talvez a menos antiamericana, no mundo muçulmano".[139]

A população jovem do Irã está com fome de liberdade, e um número crescente deles está descobrindo essa liberdade, não nos Estados Unidos ou na reforma política interna, mas na pessoa de Jesus Cristo (Jo 8.32).

Desordem social

A experiência de Nadia de ter um irmão que foi executado por matar um homem em uma briga, além de outros dois irmãos e um marido que eram viciados em ópio, não é incomum no Irã de hoje. Circunstâncias como estas são sintomas de uma sociedade sob grande estresse. O Irã tem a maior taxa de dependência de ópio do mundo. Apesar de ser o local onde ocorre 85 por cento das apreensões mundiais de ópio, a fronteira de 965 km do país com o Afeganistão garante um fluxo contínuo no tráfico de ópio.[140]

Os embargos internacionais contra o Irã também têm feito suas vítimas. Desde que as sanções foram reforçadas em 2011, o valor do rial iraniano caiu

---

136 Consulte www.imf.org/external/pubs/ft/fandd/1999/06/carringt.htm#chart (Site em inglês. Acesso em 14/04/2016).

137 "Iranians Love the U.S.A." (Iranianos amam os EUA), in: *Iran (Irã)*, número 7, Verão de 2013, p. 13.

138 Ibid., p. 14, citando Sara E. Quay e Amy M. Damico, editoras., *September 11 in Popular Culture: A Guide* (11 de Setembro na cultura popular: um guia) (Westport, CT: Greenwood Publishing Group, 2010).

139 Ibid., p. 15, citando "Stars and Stripes in Their Eyes" (Estrelas e listras em seus olhos), de Azadeh Moaveni, em *Washington Post* online, 1º de junho de 2008. Online em: http://www.washingtonpost.com/wp-dyn/content/article/2008/05/30/AR2008053002567.html. (Site em inglês. Acesso em 14/04/2016)

140 Consulte "Crime in Iran" (Crime no Irã), em: http://en.wikipedia.org/wiki/Crime_in_Iran. (Site em inglês. Acesso em 1404/2016)

80 por cento.[141] Mesmo que as sanções da ONU tenham isentado a importação de produtos farmacêuticos e equipamentos médicos, restrições sobre as transações financeiras tornaram praticamente impossível para esses itens serem pagos e importados. Milhares de pacientes iranianos dependentes do tratamento para o câncer, HIV/AIDS e hemofilia tornaram-se vítimas involuntárias dessas sanções.[142] Problemas econômicos do Irã levaram muitos iranianos a concluir que a República Islâmica está indo na direção errada, e um novo futuro caminho é necessário.

Testemunho na família

À medida que muçulmanos iranianos descobrem Jesus, estão compartilhando as Boas Novas com suas famílias e amigos. Quando Nadia começou sua busca por Jesus, não precisou ir muito longe. Seu primo já havia se tornado cristão e foi ele quem primeiro lhe deu um Novo Testamento.

Hamideh é uma refugiada de 29 anos que usa um colar com uma cruz. Está seguindo Cristo há oito meses. Ela abraçou a fé mediante o testemunho de seu marido, Nabil, que havia sido levado à fé por amigos cristãos iranianos de origem armênia, assíria e muçulmana.

"Quando falamos sobre casamento pela primeira vez", disse Hamideh, "Nabil me falou sobre Jesus. Inicialmente, ele tinha sido atraído a Jesus porque ele e Jesus tinham a mesma data de nascimento, 25 de dezembro. Depois que Nabil foi identificado frequentando a igreja durante a época da universidade, foi expulso da faculdade".

Em poucos anos de casamento, Hamideh foi acometida por esclerose múltipla e ficou cega. Nabil pediu a Deus para curá-la, e ele a curou. Mas Hamideh não aceitava Jesus. "Logo depois", disse ela, "meu marido foi preso por 10 dias. Em seguida, em 2011, eles o prenderam novamente. Depois disso, nós dois fugimos do país".

Foi durante o exílio que a esclerose múltipla de Hamideh retornou. Desta vez, Nabil disse que ela deveria orar pela própria cura. Hamideh orou, e desta

---

[141] "Iran's rial drops 10 percent as EU bans oil imports" (Rial iraniano cai 10 por cento após UE proibir importação de petróleo), in: *Al Arabiya*. Reuters. 23 de janeiro de 2012, citado em "Sanctions Against Iran" (Sanções Contra o Irã): http://en.wikipedia.org/wiki/Sanctions_against_Iran. (Site em inglês. Acesso em 14/04/2016)

[142] Julian Borger; Saeed Kamali Dehghan, "Iran unable to get life-saving drugs due to international sanctions" (Irã incapaz de obter medicamentos devido às sanções internacionais", in: *The Guardian*, 13 de janeiro de 2013, citado em "Sanctions Against Iran" (Sanções Contra o Irã): http://en.wikipedia.org/wiki/Sanctions_against_Iran. Borger e Dehghan identificaram 85 mil pacientes com câncer, 40 mil hemofílicos e 23 mil pacientes com HIV/AIDS entre aqueles afetados negativamente pelas sanções.

vez, quando Jesus a curou, ela entregou sua vida a ele. "Antes disso", ela disse, "eu não acreditava em religião alguma, somente em Deus. Mas Jesus me ajudou. Pude ver a paz na vida de Nabil e, assim, entreguei minha vida a Jesus também. Depois de vir para Cristo, pude ver sua obra em minha vida. Uma semana depois, fui batizada".

Farah é uma mulher casada, 39 anos e mãe de dois meninos com raízes entre o povo Luri, do Khuzistão.[143] Ela é cristã há seis anos, juntamente com seu marido e filhos.

"Tenho um irmão na Escandinávia que é cristão", Farah me disse. "Quando minha irmã o visitou, ela também se tornou cristã. Ouvi minha irmã falar sobre Jesus. Ela costumava me dizer: 'Sabemos 100% que vamos para o céu'. Falou ousadamente para mim, e eu argumentei com ela, mas também comecei a ler a Bíblia. Minha irmã me disse que Deus é amor, e eu me perguntava: *Quem é este Deus?*"

"A leitura da Bíblia começou a me influenciar. Comparava tudo o que lia nela com o Alcorão e vi que a Bíblia era melhor. Passava muito tempo pensando em João 14, onde diz que Jesus é o único caminho. Durante esse tempo, também assisti ao filme *JESUS* e ao filme *Deus é Amor*.

"Eu estava angustiada pela decisão, mas comecei a orar a Deus em farsi (persa), e parei de fazer *namaz* (orações islâmicas). Orei: *Se isso vem de ti, Deus, deixe-me saber*. Então, enquanto assistia ao filme *JESUS*, meu coração se abriu. No final do filme, fiz a oração. Desde então, uma grande mudança surgiu em minha vida."

Novos Testamentos

Quando Nadia leu o Novo Testamento que seu primo havia lhe dado, ela disse: "Senti meu coração se abrir como uma porta, e entendi cada versículo com todo o meu ser". No Irã de hoje, o Novo Testamento ou qualquer material evangelístico na língua persa (Farsi) é ilegal.

O primeiro Novo Testamento na língua farsi foi produzido no início do século 19 por um jovem missionário anglicano chamado Henry Martyn. Martyn tinha sido inspirado para missões pelo pioneiro batista William Carey. Depois de deixar a Inglaterra, foi para a Índia, onde colaborou com Carey e se entregou à tradução do Novo Testamento para o persa.

---

[143] O Khuzistão é uma das províncias do Irã, cuja capital é Ahvaz. (N. de Revisão)

Em 1810, enfrentando a exaustão, Martyn deixou a Índia para um ano sabático na Inglaterra. No caminho para casa, Martyn parou no Irã e, através do gabinete do embaixador britânico, entregou seu Novo Testamento em persa para o xá. Alguns meses mais tarde, em 1812, Martyn morreu no leste da Turquia tentando voltar para a Inglaterra. Ele tinha 31 anos.[144]

Henry Martyn

A tradução de Martyn do Novo Testamento de 1810 contribuiu para o surgimento de um pequeno número de COMs, alcançados através dos ministérios de anglicanos, presbiterianos e outros missionários nos séculos 19 e 20. Após a Revolução Islâmica de 1979, as Bíblias em persa foram proibidas. Líderes muçulmanos no Irã permitiam o Novo Testamento em seu país apenas nos idiomas das comunidades locais armênias e assírias. As autoridades acreditavam que os idiomas arcaicos siríaco e armênio eram barreiras suficientes para impedir o testemunho para a maioria muçulmana de fala persa. Com o advento da internet e a fácil reprodução de vídeo, áudio e de mídia impressa, essa barreira do idioma persa está desmoronando. Um membro de igreja no Irã admitiu a distribuição de milhares de cópias do filme *JESUS* (que é o Evangelho de Lucas) em persa. Revelando a fome, ou pelo menos a curiosidade, pelo Evangelho, ele também relatou: "apenas duas pessoas se recusaram a receber uma cópia".[145]

Para agilizar a propagação da Bíblia no país, Elam Ministries (Ministérios Elam) publicaram uma tradução moderna do Novo Testamento em 2003. Menos de uma década depois, um milhão de exemplares haviam sido impressos e estão nas mãos de muçulmanos de fala persa ou a caminho.[146]

As visitas de Jesus

Depois de convidar Jesus para entrar em sua vida, Nadia experimentou algo muito diferente das orações islâmicas decoradas e das prescrições

---

144 Adaptado de um artigo de Hugh Chisholm, ed., *Encyclopedia Britannica*, 11ª ed., Cambridge University Press (1911). Citado em: https://pt.wikipedia.org/wiki/Henry_Martin. (Acesso em 14/04/2016)

145 Bradley, *Iran: Open Hearts*, p. 89.

146 *Iran*, verão de 2013, p. 12.

legais que tinham caracterizado sua vida como muçulmana. Ela podia sentir que "a obra de Jesus começou dentro de mim". Ainda mais importante do que o anseio dos iranianos por liberdade ou seu desdém pelo Estado islâmico, o fator único mais poderoso na propagação do Evangelho no Irã tem sido os encontros com a pessoa viva de Jesus Cristo. Alguns o encontram por meio de sonhos ou visões, outros através de curas ou orações respondidas. Alguns, como Nadia, experimentaram uma profunda paz interior e sentem que Jesus estava fazendo a obra dentro delas, transformando suas vidas por dentro.

Quando um cristão de origem muçulmana, amigo do jovem Reza, de 23 anos, apresentou-o a Jesus, dizendo-lhe que Deus o amava, ele foi acompanhado por uma visão. "Atrás de meu amigo", disse Reza, "pude ver Jesus Cristo. Foi muito bonito. Jesus não falou comigo na visão, mas com os olhos, ele parecia dizer: 'Vinde a mim. Eu o escolhi'".

Ali Akbar é um COM de 30 anos com grandes olhos tristes que encontrou asilo como refugiado na casa de um assírio pentecostal. "Como seguidor de Jesus", disse ele, "a polícia de segurança estava muito furiosa comigo. Ela tirou nossos telefones, nossas casas, contas bancárias, tudo."

"Porque eu era um líder em nossa igreja doméstica, fui preso. Eles me interrogaram tão severamente que meu estômago começou a sangrar e minha pressão arterial caiu. Fui levado às pressas para o hospital, onde o médico disse que eu iria morrer. Eles não podiam me dar uma transfusão de sangue, porque a minha pressão arterial estava tão baixa que não conseguiram colocar a agulha em uma veia."

"Então, de repente, me senti muito quente como se um fogo estivesse no meu corpo. Minha pressão arterial voltou ao normal. Todos os muçulmanos pensaram, uma vez que era a época da Ashura (o dia sagrado xiita no mês de Muharram), que Hussein havia me curado. Eles ficaram chocados e depois me mandaram para casa."

"No elevador, enquanto estava saindo do hospital, tive uma visão de um homem em uma longa túnica branca. Pensei que estivesse delirando. Mais tarde, porém, minha mãe viu Jesus também, e ele lhe disse: 'Eu salvei seu filho'. Ela se arrependeu de sua descrença, e toda a nossa família abraçou a fé."

Igrejas nos lares

Igrejas nos lares tornaram-se o principal meio para os COMs adorarem no Irã de hoje. Quando Nadia e sua família se tornaram seguidores de Cristo em 2006, havia poucas opções disponíveis para muçulmanos convertidos poderem participar do culto cristão. As igrejas assírias e armênias em sua cidade foram proibidas de aceitar membros de origem muçulmana, e, além disso, eles usavam idiomas antigos na liturgia, que eram ininteligíveis para ela. A migração de Nadia para o culto da igreja no lar tem sido um caminho tomado por um crescente número de COMs.

Dada a facilidade com que o governo pode identificar e perseguir igrejas abertas no Irã, não é de surpreender que muitas igrejas iranianas, em especial aquelas que têm COMs entre seus membros, tenham se tornado clandestinas. Embora seja impossível dizer quão difundido é o movimento de igrejas nos lares, até mesmo as estimativas conservadoras colocam o número em mais de 100 mil seguidores de Cristo iranianos de origem muçulmana no país. Os dados de entrevistas com refugiados cristãos iranianos e o número de correspondentes a programas cristãos de televisão por satélite dão motivos para acreditar que o número poderia chegar perto de alguns milhões.[147]

Ali Akbar de olhos tristes, cuja família abraçou a fé depois de uma visão de Jesus no elevador do hospital, ajudou a iniciar muitas igrejas nos lares antes que várias detenções finalmente levaram-no a sair do país. No momento da sua fuga do Irã, Ali estava trabalhando com 35 igrejas nos lares em uma dezena de locais diferentes no país. Enquanto orávamos juntos, Ali começou a chorar. "Eu estou aqui", disse ele, "mas eu não quero estar. Meu coração está no Irã".

Como eu o vejo

Depois de Nadia e sua família fugirem do Irã, juntando-se a milhares de outros refugiados de origem muçulmana que tinham perdido tudo por amor a Cristo, eles foram calorosamente recebidos pela comunidade cristã no país para o qual tinham escapado. COMs e ministérios cristãos internacionais rapidamente acolheram sua família e os ajudaram a se acomodarem.

---

[147] No livro *Iran and Christianity*, Mark Bradley escreve: "Se os números da pesquisa realizada pela Mohabbat TV fossem traduzidos nacionalmente, significaria que 8 milhões de pessoas estão interessadas no cristianismo e quase 3 milhões realmente gostariam de se tornar cristãos". Consulte *Iran and Christianity*, p. 187, nota 2.

Um dos ministérios cristãos em sua nova cidade ofereceu um fim de semana de encontro para casais cristãos para os imigrantes de origem iraniana. O fim de semana foi liderado por um americano chamado Don, que o considerava como uma forma de ajudar os casais de origem muçulmana a restabelecer seus casamentos baseados em princípios cristãos.

"Nós o chamamos de uma oficina de Cantares de Salomão", disse Don. "Era desenvolvido para ajudar estes casais de origem muçulmana a transformarem seus relacionamentos baseados na cosmovisão muçulmana em relacionamentos baseados em uma compreensão cristã sobre o amor entre marido e esposa."

Don recordou: "Um dos exercícios era que o marido deveria expressar seu amor para sua esposa. Lembro-me de que o marido de Nadia se ofereceu. Ele tomou Nadia pela mão e a puxou à frente de todo o grupo. Ele sorriu e disse-lhe em voz alta: 'Nadia, eu te amo', e em seguida, beijou-a publicamente na frente de todos". O grupo riu e vibrou por eles.

Perguntei a Nadia sobre o evento. Ela chorou: "Essa foi a primeira vez em nosso casamento que meu marido me disse que me amava".

Em seguida, Nadia baixou os olhos e falou suavemente. "Foi logo depois daquele retiro de casais", disse ela, "que houve um acidente em nosso apartamento. Acho que a fiação elétrica não estava boa. Quando encontrei o corpo do meu marido, ele tinha sido eletrocutado. Seus braços e rosto estavam terrivelmente queimados".

Olhei para aquela mulher que tinha experimentado tanta morte, tanta tragédia, tantas perdas em sua vida, e me perguntei como ela podia suportar tudo. Nadia pareceu perceber minha pergunta antes que eu pudesse fazê-la. "Foi a promessa de Jesus", disse ela. "'*Venham a mim, todos vocês que estão cansados de carregar as suas pesadas cargas, e eu lhes darei descanso*' (Mt 11.28). Jesus tem me carregado."

"Jesus tem me dado uma paz não natural", disse Nadia. "Embora o rosto do meu marido tenha sido terrivelmente queimado, ainda hoje, quando fecho meus olhos, vejo-o bonito e alto e vestido com as melhores roupas que eu sempre escolhi para ele."

Nadia fechou os olhos e sorriu, como se ouvisse sua voz dizendo mais uma vez: "Nadia, eu te amo".

Discussão em grupos pequenos
Descubra por si mesmo

1. Quais impressões você obteve deste capítulo?

2. Como Deus está operando no Cômodo Persa?

3. Discuta a história do bispo Haik. Como ela se relaciona com o quadro geral do que Deus está fazendo neste Cômodo?

4. O que você acha que o futuro tem reservado para o Cômodo Persa?

Capítulo 9
O Cômodo do Turquestão

Portanto, agora eu digo a vocês: Voltem para mim, e eu, o Senhor Todo-Poderoso, voltarei para vocês.

Zacarias 1.3

Durante sua vida, os exércitos de Timur Lang foram responsáveis pela morte de cinco por cento da população da terra. Timur Lang[148] (1336-1405), ou Tamerlão, como era conhecido no Ocidente, aniquilou cidades inteiras de mais de um milhão de habitantes – Déli, Isfahan, Damasco, Bagdá – executando seus cidadãos depois de eles se renderem. Os historiadores estimam que, apesar da ausência de armas modernas de destruição em massa como as de hoje, os exércitos de Tamerlão, das tribos turcas da Ásia Central, mataram 17 milhões de homens, mulheres e crianças.[149]

Tamerlão era um senhor da guerra oportunista que fez milhões de vítimas, tanto entre muçulmanos quanto hindus, e tinha a dinastia Ming, da China, em sua mira quando morreu de peste em 1405. Mas o senhor da guerra muçulmano destinou o cristianismo na Ásia Central ao extermínio. O cristianismo na região já havia sido enfraquecido por um século de opressão mongol islâmica quando os guerreiros saqueadores de Tamerlão eliminaram a maioria das comunidades cristãs remanescentes do Turquestão.[150]

Os muçulmanos árabes, turcos otomanos, cristãos orientais e hindus indianos continuam a recordar Tamerlão com desdém, embora ele seja reverenciado entre os turcos da Ásia Central como um de seus campeões lendários.

---

148 Timur Lang, que se traduz como Timur, o Coxo, foi o último dos grandes conquistadores nômades da Ásia Central de origem turco-mongol. (N. de Revisão)

149 "Timur", em *Wikipedia*. Citando Matthew White: Atrocitology: Humanity's 100 Deadliest Achievements (Atrocitologia: as 100 realizações mais mortais da humanidade), Canangate Books, 2011, seção "Timur". Disponível em: en.Wikipedia.org/wiki/Timur. (Site em inglês. Encontrado em português em https://pt.wikipedia.org/wiki/Tamerlão – Acessos em 15/04/2016.)

150 "Timur", em *Wikipedia*. Ibid.

Monarcas cristãos da Europa Ocidental, ignorando seus ataques ao cristianismo oriental, celebravam Tamerlão como o salvador do Ocidente depois de derrotar seu arquiinimigo, o sultão otomano Bayezid.

Nas estepes da Ásia Central, a antiga capital de Tamerlão, a cidade de Samarcanda, no atual Uzbequistão, ainda se deleita com as mesquitas magníficas e os tributos arquitetônicos que surgiram durante seu reinado de 35 anos. Tamerlão realocou e reaproveitou os maiores artesãos de cada uma de suas conquistas para erguer e embelezar sua amada capital.

Tamerlão

Um desses monumentos era seu próprio mausoléu, o *Gur-e Amir* (Tumba do Rei), onde Tamerlão foi preservado em 1405. Cinco séculos depois, em 1941, com Samarcanda e o restante da Ásia Central sob o regime comunista, um antropólogo soviético, Mikhail Gerasimov, exumou o corpo do conquistador turcomano para exame. Ao abrir o caixão de Tamerlão, Gerasimov descobriu no interior da tumba uma maldição inscrita: "Quem abrir minha tumba, irá libertar um invasor mais terrível do que eu". Dois dias depois, os exércitos de Adolph Hitler invadiram a Rússia no maior ataque militar da história. A Operação Barbarossa, com uma força de invasão de três milhões de homens, mais tarde, custou à União Soviética mais de 20 milhões de mortes de civis e militares, três milhões a mais do que Tamerlão tinha vitimado.[151] Em novembro de 1942, Tamerlão foi enterrado novamente com uma cerimônia islâmica completa e, dois dias depois, o exército alemão foi derrotado na Batalha de Stalingrado, virando a maré da guerra.

Os americanos hoje pouco se lembram de Tamerlão ou têm poucos motivos para se lembrar dele. No entanto, em 15 de abril de 2013, dois irmãos perturbados trouxeram ecos do terrorista do século 15 para a maratona de Boston. Os irmãos, imigrantes do Daguestão, na região do Cáucaso do Turquestão, detonaram duas bombas perto da linha de chegada da maratona anual *Patriots Day Boston*, matando três e mutilando outros 264. Os irmãos eram de uma família muçulmana do Daguestão chamada Tsarnaev. A família e os amigos deles conheciam o mais velho dos dois, e arquiteto do ataque, pelo seu primeiro nome, Tamerlão.

---

151 http://en.wikipedia.org/wiki/World_War_II_casualties_of_the_Soviet_Union. (Site em inglês. Acesso em 15/04/2016)

Capítulo 9 - O Cômodo do Turquestão

Império das estepes

O Turquestão é a terra dos povos turcomanos. Estende-se por 6.438 km através das estepes da Ásia Central, do seu local de origens étnicas nas montanhas de Altai, na fronteira ocidental da Mongólia, até as comunidades turbulentas das montanhas do Cáucaso, antes de desembocar na Turquia de hoje e nos estados Bálcãs da Europa.

Hoje, mais de 200 milhões de povos turcomanos do Turquestão compõem 227 grupos residentes em 15 países. Os grupos turcomanos mais proeminentes são os uigures de Xinjiang, na China; os cazaques, quirguizes, uzbeques, turcomanos, azeris e tártaros da antiga União Soviética (agora chamado de Comunidade dos Estados Independentes); e, é claro, os 75 milhões de turcos da Turquia.

O Turquestão é um Cômodo diversificado e crivado de conflitos, começando com o atrito dos uigures sob o jugo chinês no Oriente até a acomodação desconfortável da Turquia à secularização imposta por Kamal Ataturk (1881-1938) na República da Turquia no Ocidente. Enquanto isso, os antigos estados soviéticos turcos definharam e deterioraram-se, primeiramente sob o controle comunista e, hoje, sob homens fortes de partido único que têm mostrado pouco interesse em diminuir seu controle.

Desde os primeiros registros da história humana, quem quer que tenha controlado o Turquestão enriqueceu pela valiosa Rota da Seda entre a China e a Europa. Essa rota de comércio lucrativo fez desta região um campo de batalha entre o Oriente e o Ocidente por mais de 3 mil anos.

História

O ato de abertura da dramática história do Turquestão foi realizado nas estepes da Ásia Central e desempenhado em batalhas épicas com os mongóis ao leste, os persas ao sudoeste, os hindus ao sudeste e os russos ao norte. Embora muitas vezes tenham sido os vencedores, os povos turcomanos tiveram sua existência à beira da aniquilação, que, em um espírito de matar ou ser morto, os levou a cometer alguns dos atos mais extremos de agressão e conquista da história humana.

Os povos turcomanos fizeram sua primeira aparição no Ocidente quando seus ataques contra assentamentos na Ásia Central forçaram as tribos germânicas a migrarem para o cambaleante Império Romano no fim da Antiguidade. Se os romanos consideraram os godos e os vândalos germânicos selvagens, estavam ainda menos preparados para os guerreiros terríveis que os tinham afugentado das estepes da Ásia. Mais tarde, em meados do século 5, a Europa conheceu esses terrores na pessoa de Átila, o Huno, "o flagelo de Deus", que fez com que o Império Bizantino Romano se ajoelhasse em 434-453.

O islã entrou no Turquestão após a conquista árabe do império persa em 651. Com os árabes derrotando os exércitos chineses da Dinastia Tang, em Talas (no Quirguistão de hoje), em 751, o controle muçulmano da Rota da Seda da Ásia Central estava assegurado.[152] Cinco eras marcam a história religiosa subsequente do Turquestão. A primeira começou em 1299 com a fundação do que se tornaria o Império Otomano. A segunda se desenrolou no reinado de Tamerlão em 1360-1405, seguido de um século de governo da Horda Dourada[153] na Ásia Central. A terceira era foi a Idade de Ouro da expansão otomana, com destaque para a conquista de Constantinopla em 1453. A quarta era foi uma de declínio, começando com a parada do avanço Otomano do século 16 na Europa e a ascensão subsequente da Rússia Imperial sobre o Turquestão da Ásia Central. O período final ainda está se desenrolando enquanto o Turquestão entra em uma era pós-comunista como parte da Comunidade dos Estados Independentes.

Quando o sultão Mehmed II hasteou a bandeira otomana em Constantinopla, em 1453, deu-se a realização de um sonho islâmico de 700 anos. Os otomanos não pararam com Bizâncio, no entanto, mas logo voltaram seus olhos para o restante da Europa cristã. Exércitos otomanos moveram-se através dos Bálcãs, parando apenas temporariamente, em 1462, quando Vlad III, da Valáquia (cujo sobrenome paterno era Dracul, sim, aquele Dracul) ganhou o nome de Vlad, o Empalador, derrotando e empalando 23.884 turcos nas margens do Rio Danúbio. Por volta do ano 1475, entretanto, Vlad, o Empalador, não mais existia, e os exércitos otomanos continuaram seu avanço pela Europa.

O bisneto de Mehmed, o Conquistador, Suleiman, o Magnífico, embora magnífico em suas conquistas da Pérsia e do norte da África, mostrou-se menor quando seu exército de 120 mil a 130 mil homens não conseguiu derrotar uma

---

152 Consulte "Battle of Talas" (Batalha de Talas) em: http://en.wikipedia.org/wiki/Battle_of_Talas. (Site em inglês. Opção em português – com algumas informações – em: https://pt.wikipedia.org/wiki/Batalha_de_Talas [Acessos em 15/04/2016].)

153 Consulte "Canato da Horda Dourada" em: https://pt.wikipedia.org/wiki/Canato_da_Horda_Dourada. (Acesso em 15/04/2016. N. de Revisão)

força muito menor em Viena, cidade do Sacro Império Romano. O fracasso do Cerco de Viena de Suleiman, em 1529, marcou o fim da expansão muçulmana turca pela Europa e o início de um longo e inexorável declínio otomano. Também coincidiu com a ascensão da Rússia Imperial.

Suleiman, o Magnífico

Desde que o primeiro imperador romano cristão, no século 4, transformou a cidade de Bizâncio em sua nova capital e a rebatizou Constantinopla, ela foi considerada a "Segunda Roma". Com a queda de Constantinopla, os cristãos ortodoxos em Moscou assumiram o controle, declarando sua cidade a "Terceira Roma". O título era adequado, porque as duas cidades compartilhavam a mesma ortodoxia oriental, e Sofia Paleóloga[154], a filha do último imperador bizantino, Constantino XI, havia se casado com o Grão-Príncipe de Moscou, Ivan III (1440-1505). Ivan III triplicou o tamanho da Rússia e terminou o reinado de terror de um século pela Horda Dourada dos turco-mongóis da Ásia Central.

Através dos séculos 18 e 19, a Rússia Imperial estava se expandindo, em grande parte, à custa do declínio do Império Otomano, mas suas ambições imperiais também ameaçaram desafiar o controle britânico e francês do Mediterrâneo. Seguindo uma disputa com a França sobre os direitos aos locais sagrados cristãos de origem otomana em Jerusalém, as potências ocidentais França e Grã-Bretanha fizeram uma parceria com os turcos otomanos contra a Rússia na Guerra da Crimeia de 1853-1856. A aliança improvável de nações de maioria cristã na Europa Ocidental com a Turquia muçulmana contra a Rússia Oriental Ortodoxa prenunciava a Guerra Fria do século 20 dos aliados da OTAN, liderados pelos EUA (incluindo a Turquia) contra a União Soviética.

Em troca pelo apoio britânico contra a Rússia na Guerra da Crimeia, em 1856 o sultão turco concordou que os muçulmanos no Império Otomano eram livres para se converter ao Cristianismo e ser batizados. Em resposta a esta oportunidade sem precedentes, a *Church Missionary Society* (Igreja Sociedade Missionária) da Inglaterra iniciou um novo esforço evangelístico

---

154 O nome de Sofia, que traduz "a Sabedoria do Mundo Antigo," carrega este legado.

para alcançar os muçulmanos em Constantinopla (atual Istambul). O historiador de missões, K. S. Latourette, relata: "Houve algumas conversões, mas uma tempestade de perseguição nublou as inicialmente brilhantes possibilidades". Até o final da década de 1870, "principalmente por causa da falta de fundos", a oportunidade foi perdida e "cessavam as atividades da sociedade missionária em Constantinopla".[155]

O século 20 trouxe o comunismo ao Turquestão soviético. Sob os soviéticos, os muçulmanos da Ásia Central receberam inicialmente uma maior autonomia, mas a posição oficial comunista, que via a religião como "o ópio das massas", mais tarde, voltou-se contra o islã da região. Sob o governo de Stalin, o islã foi visto como a maior ameaça para o controle soviético na região, o que levou o estado a minar e suprimir a religião e seus adeptos. Oito décadas de ataques comunistas e infiltração nas instituições islâmicas conseguiram enfraquecer as infraestruturas educativas e sociais, que sempre foram vitais para a civilização islâmica.

Na era pós-comunista, homens fortes como presidentes vitalícios surgiram em cada uma das antigas Repúblicas Soviéticas turcomanas muçulmanas da Ásia Central e criaram vários graus de regimes totalitários.[156] Embora as constituições formais em cada uma das novas repúblicas do Uzbequistão, Cazaquistão, Quirguistão, Turcomenistão e Azerbaijão professem a liberdade de religião, o islã continua a ser a religião da grande maioria, e o governo tem se mostrado mais disposto a reprimir as minorias cristãs, a fim de obter apoio da população muçulmana.

Se os muçulmanos locais se tornam muito militantes, no entanto, eles também podem sentir a dor do chicote do governo. Radicais islâmicos são rotineiramente alvos de supressão por essas ditaduras pós-comunistas, porque eles sabem quão rapidamente o islã radical pode provocar uma reversão violenta do poder. Além da Ásia Central,

Joseph Stalin

---

155 K. S. Latourette, *Uma história do cristianismo*, vol. VI "O Grande Século, A.D. 1800 – A.D. 1914" (São Paulo: Hagnos, 2007).

156 Na era pós-comunista, líderes da Ásia Central têm sido: 1) Azerbaijão: pai e filho presidentes Heydar e Ilham Aliyev (1993-atual); 2. Cazaquistão: Nazarbayev (1990-atual); 3. Quirguistão: uma série de presidentes e golpes; 4. Turcomenistão: Niyazov foi presidente vitalício (1990-2006); 5. Ubequistão: Karimov (1990-atual).

grupos de oposição islâmicos estão atualmente incitando oposição à opressão chinesa em Xinjiang, China, e contra as forças de secularização na República da Turquia.

A natureza do movimento

Enquanto a União Soviética enfraquecia seu controle antes de seu colapso final em 1989, milhares de cristãos evangélicos do Ocidente chegaram ao antigo império comunista, determinados a compartilhar sua fé com os milhões que haviam sido isolados de testemunho do Evangelho. Apenas 25 anos depois, o Turquestão, que não tinha conhecido movimentos para Cristo em sua história islâmica de 1300 anos, era agora o lar para novos movimentos multiplicadores de muçulmanos para Cristo.[157]

Enquanto evangelistas ocidentais na era pós-soviética desempenharam um papel significativo na propagação do Evangelho em todo o Turquestão, foram precedidos por meio século de testemunho cristão vibrante de centenas de milhares de batistas, menonitas e pentecostais de etnia alemã, que tinham sido vizinhos desses muçulmanos no Turquestão e viveram sua fé entre eles por décadas. Entrevistas com muitos dos seguidores de Cristo de origem muçulmana da Ásia Central revelaram que foram esses cristãos étnicos alemães que demonstraram a eles, pela primeira vez, o amor de Cristo, décadas antes de os cristãos ocidentais pós-soviéticos chegarem à cena.

De onde esses evangélicos alemães étnicos vinham? Como eles pousaram no coração do Turquestão muçulmano? Várias ondas de imigração alemã no império russo podem ser rastreadas até o século 16, quando o aumento do luteranismo na Alemanha protestante fez com que protestantes das tradições reformadas radicais, como menonitas e batistas, buscassem perspectivas mais promissoras para o Oriente.

No século 20, dois milhões de alemães étnicos – muitos deles descendentes batistas, menonitas e pentecostais de imigrantes que tinham vivido no Império Russo desde o século 16 – estavam agora vivendo no Turquestão. Nas décadas após o colapso da União Soviética, centenas de milhares desses

---

[157] Houve movimentos turcomanos para Cristo antes do islã, mas não foram entre turcos muçulmanos. Tanto missionários cristãos nestorianos quanto ortodoxos fizeram incursões aos povos turcomanos, tais como as tribos xamanistas Naimam e Keiret. A última dessas tribos cristãs foi eliminada, contudo, durante o reinado de Tamerlão. Consulte Samuel Moffett, *A History of Christianity in Asia (Uma história do cristianismo na Ásia)*, vol. 1, pp. 400-401.

evangélicos soviético-alemães emigraram para a Europa e para as Américas, embora recentemente em 1999, ainda havia 353.441 alemães étnicos no Cazaquistão e 21.472 no Quirguistão.[158]

A maior imigração alemã para o Turquestão aconteceu sob o longo reinado de Catarina, a Grande (1729-1796), que era uma alemã étnica da Prússia. Catarina declarou imigração aberta para alemães étnicos e os isentava do serviço militar. Isso fez com que sua oferta fosse particularmente atraente para os menonitas e batistas pacifistas, que vieram aos milhares para a Rússia durante o século seguinte. Ela também lhes permitiu que evangelizassem as minorias não cristãs, desde que não fizessem proselitismo aos ortodoxos.[159]

A maioria destes evangélicos batistas e menonitas alemães não se mudaram para o Turquestão muçulmano até 1942. Esse foi o ano em que Adolf Hitler violou o tratado com a União Soviética e lançou uma invasão maciça contra seu antigo aliado comunista.

Repentinamente, Joseph Stalin (1878-1953) entendeu que a presença de dois milhões de alemães étnicos em seu país era um problema, então ele os realocou para a Ásia Central. Percebeu uma ameaça semelhante no Extremo Oriente, onde centenas de milhares de coreanos étnicos

Catarina, a Grande

tinham emigrado para a Sibéria durante o século 19 para trabalhar nas indústrias madeireiras e de mineração subdesenvolvidas. Embora coreanos não fossem japoneses – e de fato, eram inimigos ferrenhos dos japoneses, que ocupavam a Coreia naquela época – eles realmente se pareciam com japoneses. Então a solução de Stalin para eles foi a mesma. Meio milhão foi transferido para os estados da Ásia Central soviética do Cazaquistão, Quirguistão e Uzbequistão.[160]

Ambos os grupos de imigrantes, os alemães e os coreanos, desempenhariam papéis importantes na transmissão do Evangelho aos muçulmanos no

---

158 "History of Germans in Russia, Ukraine and the Soviet Union" (História de alemães na Rússia, na Ucrânia e na União Soviética) em: https://en.wikipedia.org/wiki/History_of_Germans_in_Russia,_Ukraine_and_the_Soviet_Union. (Site em inglês. Acesso em 15/04/2016)

159 Ibid.

160 Veja "Koryo-saram" em en.wikipedia.org/wiki/Koryo-saram. (Site em inglês. Acesso em 15/04/2016)

Turquestão. Embora os coreanos não fossem cristãos na época, eles forneceriam uma ponte cultural-chave para a chegada pós-soviética de centenas de evangélicos coreanos que foram capazes de, facilmente, integrar-se com eles e compartilhar o Evangelho.

Por já serem cristãos, os evangélicos alemães eram um catalisador mais importante e imediato para a propagação do Evangelho, o que representa a primeira interação não combativa com os cristãos na história das relações entre cristãos e muçulmanos no Turquestão. Embora esses alemães evangélicos tenham visto relativamente poucos muçulmanos realmente abraçarem a fé, muitos dos convertidos de hoje lembram-se dessas testemunhas pacifistas como os primeiros cristãos cuja chegada não foi acompanhada por um exército invasor.

Vindo e indo

Hoje, o Turquestão é o lar de vários movimentos muçulmanos para Cristo. Alguns estão lutando para sobreviver, enquanto outros estão se aproximando de uma massa crítica de muitos milhares. Embora seus números totais sejam mínimos, em comparação aos 200 milhões de muçulmanos do Turquestão, sua própria existência, o que teria sido inconcebível há um século, marca uma mudança histórica na história de 1300 anos do islã na região. Duas décadas atrás, no período logo após a queda da Cortina de Ferro, podia-se encontrar apenas o início de alguns movimentos nas repúblicas turcomanas da União Soviética.

Enquanto milhares de evangélicos americanos, europeus e coreanos se aproveitaram das novas políticas de abertura (*glasnost*) de Mikhail Gorbachev, eles cruzaram com centenas de milhares de protestantes étnicos alemães que aproveitaram as mesmas políticas para sair da Ásia Central e voltar para a Rússia ou para a Alemanha. A permanência destas testemunhas relutantes na Ásia Central durou apenas cerca de cinco décadas, mas, enquanto eles estavam lá, estes protestantes alemães fielmente apresentaram Cristo para os muçulmanos ao seu redor. Por esta razão, a história pode, entretanto, identificar o ateu Joseph Stalin como o maior estrategista para implantação do Evangelho na história da evangelização do Turquestão.

Missionários ocidentais que chegaram após a queda da União Soviética, em 1989, tiveram apenas uma pequena janela de algumas décadas antes que novos regimes no Turquestão identificassem sua presença e começassem a retirar ou reduzir seu testemunho. Durante sua permanência na região, porém, esses evangélicos ocidentais ofereceram aos muçulmanos outros vislumbres de uma fé cristã que não fosse uma força colonizadora, algo que nem os cristãos ortodoxos do Império Russo, nem os aventureiros britânicos no "Grande Jogo" do século 19 puderam realizar.[161]

Porque eles estavam interessados em alcançar pessoas em vez de conquistar território, esses missionários evangélicos pós-soviéticos deram atenção aos idiomas e culturas específicos dos povos do Turquestão. Assim, em vez de chegar à região com um testemunho em alemão ou russo, eles aprenderam uigur, cazaque, quirguiz, uzbeque e outros idiomas do Turquestão. Mais importante é que eles fizeram com que o Evangelho fosse traduzido para versões contextualizadas contemporâneas desses idiomas turcomanos. Isso significava, entre outras coisas, que em vez de usar a palavra russa para Deus, *Bog*, ou o alemão *Gott*, eles traduziram o nome de Deus como *Khoda*, o termo turco-persa usado para Deus pelos muçulmanos em toda a Ásia Central.

Eles também se certificaram de que o Evangelho estivesse disponível em formas não literárias, através de meios de comunicação como o filme *JESUS* traduzido para idiomas turcomanos locais. À medida que a janela começou a se fechar para a presença missionária ocidental na região, esses recursos do Evangelho em idiomas locais ficaram para alimentar uma nova etapa na história da igreja do Turquestão.

De seu para meu

Oitenta anos de educação marxista transmitiram uma mensagem consistente aos jovens da Ásia Central: o islã veio a vocês na ponta de uma espada, e a religião não é nada mais do que uma ferramenta para manipular as massas. Embora a ideia antiga não pudesse ser debatida, em vez de dissuadir muitos muçulmanos, ela lembrou a dissidentes turcomanos de que o islã poderia, mais uma vez, ser um veículo potente para desafiar os ditadores nacionalistas repressivos que seguiram seus predecessores soviéticos.

---

161 Rudyard Kipling cunhou "The Great Game" (O Grande Jogo) como o nome para a disputa entre Rússia e Grã-Bretanha na Ásia Central do século 19 em seu romance *Kim*. Para uma grande história deste período, consulte *The Great Game: The Struggle for Empire in Central Asia* (O Grande Jogo: a luta pelo Império na Ásia Central), de Peter Hopkirk (Nova Iorque: Kodansha International, 1990).

No início do século 21, comunidades de novos convertidos de vários povos turcomanos tinham sido estabelecidas em grande parte da Ásia Central. Nas repúblicas mais abertas, novas associações de batistas, presbiterianos, luteranos, pentecostais e outras registraram sua presença com o governo. Nos países mais restritos, novos cristãos se reuniam secretamente em casas e apartamentos. A maioria dos primeiros convertidos era composta por jovens adultos. Sem dúvida, alguns deles foram atraídos para os programas de desenvolvimento que os cristãos ocidentais ofereciam. Alguns viram esses relacionamentos com estrangeiros como caminhos para uma vida melhor no Ocidente. Quando as organizações ocidentais (e coreanas) ofereceram edifícios de igrejas e subsídios pastorais para os líderes locais, as motivações para conversão tornaram-se ainda mais nebulosas.

A janela de abertura do Turquestão para o Ocidente começou a se fechar nos primeiros anos do século 21 à medida que regimes usavam a ameaça do extremismo islâmico para justificar o aperto do controle por parte do governo. Para aplacar os sentimentos muçulmanos, esses governos nacionalistas entenderam que era oportuno expulsar também os cristãos estrangeiros dos seus países. O testemunho cristão e o desenvolvimento da igreja foram suprimidos em muitos países e abertamente proibidos em outros. O avanço cristão, que, inicialmente, tinha sido vibrante, desacelerou e, em seguida, estabilizou-se e diminuiu. Muitos se perguntaram se a primavera do Turquestão já estava dando lugar ao inverno.

Em algumas repúblicas, igrejas foram fechadas e desfeitas. Em outras, os líderes estrangeiros foram expulsos, deixando as comunidades para continuar o trabalho com a liderança local incipiente. No entanto, em vez de fazer com que as comunidades murchassem e morressem, a nova crise provocou mudanças na forma da propagação do Evangelho no Turquestão. Uma vez que já não era possível contar com a liderança e as instituições ocidentais para o avanço do Evangelho, os cristãos turcos locais começaram a surgir a partir do teste implacável da perseguição. Estes novos líderes, embora formalmente menos treinados do que seus antecessores ocidentais, tinham a vantagem de ser nativos: seu conhecimento do idioma era impecável, sua residência irrevogável, sua cosmovisão idêntica e suas habilidades para viver sob a perseguição bem trabalhadas.

Como resultado, muitas das igrejas abertas no Turquestão simplesmente passaram à clandestinidade, onde prosperaram. Pequenas igrejas lares começaram a se proliferar. Não mais capazes de pedir favores ou até mesmo aceitar doações estrangeiras e financiamento para projetos, esses cristãos do Turquestão estão descobrindo novas maneiras de ser e fazer Igreja. Os resultados são promissores.

Caminhos para o novo Evangelho

Quando perguntados sobre o que Deus usou para trazê-los à fé em Jesus Cristo, os COMs do Turquestão falaram sobre o papel dos sonhos, a importância de ter um Novo Testamento em seu próprio idioma, de poder assistir ao filme *JESUS* e outros fatores. Mas a ideia mais importante que liga cada testemunho foi a descoberta de um Cristo vivo, que ouviu e respondeu às suas orações. Ao contrário das ofertas vazias do comunismo ou do ateísmo secular, Cristo tocou um lugar profundo na alma deles que nada jamais tinha preenchido.

A dissolução do comunismo removeu grande parte da rede de segurança social para as massas na União Soviética. Sob o comunismo, as provisões do governo para a educação, saúde, alimentação, habitação, emprego e pensões, embora escassos, eram provisões com as quais muitos contavam, e quase não sobreviviam. A mudança para uma economia de mercado removeu muitas destas provisões e representou uma mudança sísmica para milhões de ex-dependentes do Estado.

O resultado dessa mudança foi uma sociedade muito mais volátil e menos previsível. Problemas de desemprego, crises familiares, crime e abuso do álcool estavam presentes nas histórias da maioria daqueles que foram entrevistados. Muitos testemunhos revelaram vidas que tinham ido ao fundo do poço antes de encontrar um Salvador e nova direção para a vida diária na pessoa de Jesus Cristo.

Apesar de todos aqueles que foram entrevistados afirmarem que sua religião antes de ir a Cristo era o islã, a maioria deles admitiu que fosse apenas uma identificação nominal e cultural. Era a religião de seu povo, em contraste ao ateísmo ou à ortodoxia dos russos, mas pouco significava para eles pessoalmente. Como resultado, tinham preenchido suas vidas com as preocupações mundanas e encontravam o que desejavam. Ao contrário do islã no mundo árabe e persa, os muçulmanos do Turquestão nunca tinham aceitado as proibições de consumo de álcool. Consequentemente, o abuso de álcool e seus efeitos corrosivos sobre suas famílias e vidas pessoais eram temas recorrentes.

Hoje, espalhados por todo o Turquestão, há mais de uma dúzia de movimentos muçulmanos para Cristo de pelo menos 1.000 cristãos batizados ou 100 igrejas entre seu povo. Longe vão os dias em que estas igrejas, escolas bíblicas e projetos de desenvolvimento são liderados por cristãos estrangeiros. Enquanto cada movimento é diferente, não há um padrão de independência e dignidade, à medida que os movimentos estão encontrando sua própria liderança, seus próprios estilos de culto e de comunidade, seu próprio sabor.

Um desses sabores é um espírito de gratidão a Deus, mesmo em face de extrema perseguição. Em um dos movimentos combativos, os cristãos tiveram que viajar centenas de quilômetros através de rotas tortuosas para uma cidade localizada em uma república mais aberta, a fim de serem entrevistados. De dezenas de entrevistados, apenas dois haviam sido significativamente influenciados por estrangeiros.

Um cristão turco de origem muçulmana chamado Bek contou uma história semelhante a outras que ouvimos. Não foi uma coisa, mas vários toques que nortearam sua jornada à fé. Quando criança, Bek tinha estado doente e passado muito tempo no hospital, deixando-o com medo da morte e fome de encontrar Deus. Ele tentou fazer isso através da leitura do Alcorão, mas não conseguia entender árabe. Por meio do ensino médio e do serviço militar, passou a beber bebida alcoólica e a viver um estilo de vida de festas, mas nada disso o satisfazia.

Um COM local fez amizade com Bek. A vida daquele cristão era diferente: ele tinha paz dentro de si; não bebia; sempre lia um livro. Quando Bek perguntou o que ele estava lendo, ele deu um folheto evangelístico para Bek em seu próprio idioma, intitulado "Para onde sua alma vai?" Depois que Bek o leu, quis saber mais. Então, procurou seu amigo, que o convidou para uma casa comum para uma reunião com vários outros jovens. Lá, eles se sentaram no chão, louvando e agradecendo a Deus. Depois de um tempo, eles perguntaram a Bek se ele queria aceitar Jesus, e ele o aceitou.

"Quando cheguei em casa", disse Bek, "contei a minha esposa tudo o que tinha acontecido. Ela não entendeu. 'Você não é russo', disse ela, 'então por que você prega essas coisas?' Então, orei por ela secretamente."

"Algum tempo depois, minha sogra ficou doente, então fomos à aldeia visitá-la. Ela tinha câncer de tireoide e não conseguia comer há quase seis meses. Tinha emagrecido tanto que seu marido havia começado a preparar seu enterro."

"Orei por ela em nome de Jesus, e ela disse: 'Eu quero me arrepender e aceitar Jesus'. Nós choramos e oramos com ela. Então, Deus a curou. Todos ficaram muito surpresos. Foi um grande milagre."

Vários outros cristãos de um dos movimentos testemunharam ter vindo de lares desfeitos, álcool, dependência de drogas e crime antes de abraçar a fé em Cristo. O maior milagre foi a mudança em suas próprias vidas.

Mamduh abraçou a fé depois de 20 anos de vício em heroína. Quando um amigo cristão compartilhou o Evangelho com ele em 2002, ele estava pronto: "Aceitei Jesus em meu coração e minha vida mudou. Naquele momento, parei com todos os tipos de drogas". Quando os amigos de Mamduh ouviram falar sobre sua nova fé, eles o evitaram, mas logo puderam ver as mudanças positivas em sua vida: "Você está se tornando um homem diferente", disseram eles. E isso encorajou Mamduh a continuar.

Outro cristão do Turquestão começou sua entrevista com uma confissão: "Eu era ladrão, um brigão. Era um dos piores pecadores. Fui preso quatro vezes por crimes que cometi. Mas Deus me salvou de todas essas coisas. Eu não entendia isso na época, mas entendo agora".

A maioria dos entrevistados não teve contato com cristãos ocidentais ou estrangeiros. Aqueles que tinham conhecido alguns cristãos ocidentais e coreanos falaram desses relacionamentos no passado, e nem sempre de forma nostálgica. Embora os tempos fossem mais fáceis e visivelmente melhores quando sua República estava mais aberta para o Ocidente, também estava em conflito por motivos variados e questões secundárias.

Aqueles que haviam se relacionado com cristãos ocidentais de forma profunda falaram positivamente do evangelismo, discipulado e treinamento teológico que tinham recebido em institutos bíblicos que estavam agora fechados. Mas eles não mais recebiam fundos e raramente viam cristãos ocidentais e, quando isso acontecia, mantinham distância para não chamar a atenção indesejada da mão pesada da polícia de segurança.

Uma grande igreja pentecostal que antes atraía centenas de adoradores todas as noites da semana estava agora fechada. Aqueles que haviam cultuado lá agora se reuniam onde quer que pudessem, em grupos de dois ou três. No entanto, eles mantiveram o controle dos números crescentes de novos cristãos e novos grupos de células. Eles definiram metas de oração para alcançar mais. "Nossas redes agora são cerca de 3 mil", o líder me disse, "dos quais, cerca de 1.000 foram batizados".

Ele continuou: "Hoje em dia, não nos atrevemos a carregar Bíblias conosco abertamente. Nós nos reunimos em grupos de dois ou três e usamos nossos *smart phones* para fazer baixar as Escrituras da Internet. Nossas reuniões duram o tempo suficiente para lermos uma passagem, discutir seu significado e, em seguida, encorajar e orar uns pelos outros. Depois disso, nós vamos embora".

Um dos irmãos do Turquestão viu meu olhar de preocupação e me deu um sorriso simpático. "Não se preocupe", disse ele. "Estamos nos regozijando em Cristo. Temos um ditado: 'Quando você for perseguido, agradeça a Deus por não ter sido lançado na prisão. Se você for preso, agradeça a Deus por não ter sido espancado. Se você for espancado, agradeça a Deus por não ter sido morto'". Ele fez uma pausa, e sorriu novamente: "E se você for morto, agradeça a Deus por estar com ele no céu".

O retorno do rei

Em um dia quente de primavera na empoeirada cidade de Samarkand, famílias muçulmanas com as crianças em férias escolares fazem fila do lado de fora do Gur-e Amir (Tumba do Rei) para ver o sepulcro onde Tamerlão foi enterrado há mais de seis séculos. Ao se aproximarem do sarcófago cor de jade, os pais param para contar aos filhos sobre seu antepassado ilustre, que cimentou a primazia da fé muçulmana em todo o Turquestão e esmagou todas as outras religiões concorrentes.

Tumba Gur-e Amir

Alguns homens e mulheres idosos param ao lado da tumba e inclinam-se sobre ela para sussurrar uma oração ou solicitar *abaraka*, uma bênção, do famoso turco.

Sem ser notado por eles está um jovem seguidor de Jesus Cristo de origem muçulmana usando um colar com uma cruz escondido por dentro de sua camisa. Ele aguarda sua vez antes de se inclinar sobre o túmulo para sussurrar as palavras lentamente, como se o velho Tamerlão pudesse ouvir:

"Só queria que você soubesse – estamos de volta".

DISCUSSÃO EM GRUPOS PEQUENOS
DESCUBRA POR SI MESMO

1. Quais impressões você obteve deste capítulo?

2. Como Deus está operando no Cômodo do Turquestão?

3. Qual foi o significado da mudança no impulso do Evangelho "de seu para meu" no Turquestão da Ásia Central?

4. Em sua opinião, qual o futuro dos movimentos de muçulmanos para Cristo no Turquestão?

Capítulo 10
O Cômodo da África Ocidental

*Felizes as pessoas que trabalham pela paz,
pois Deus as tratará como seus filhos.*
Mateus 5.9

Em 1967, enquanto universitários europeus e americanos estavam protestando contra a crescente Guerra do Vietnã, a oito mil km de distância, Faith Slate, de 23 anos, estava mudando o mundo de forma diferente, servindo por dois anos como missionária na África Ocidental. Quarenta e cinco anos depois, como missionária aposentada, ela recordou, "um evento muito significativo que teve um grande impacto no futuro – isso aconteceu em junho de 1967".

Durante o ano letivo, Faith ensinava os filhos de missionários, mas nos meses de férias de verão, fazia caminhadas em direção às aldeias com Maddie Granger, uma missionária solteira veterana que era divertida e destemida. As duas mulheres passavam a noite nas aldeias, anunciando o Evangelho todos os dias, e até 12 vezes aos domingos. Nas manhãs dos dias de semana, davam aulas de alfabetização e ofereciam uma clínica rudimentar onde viam filas de pacientes.

"Veja bem", Faith explicou, "nós duas éramos professoras, não médicas".

"Até hoje", ela disse, "posso imaginar claramente na fila uma mulher impressionantemente bonita com um bebê doente em suas costas. Ela foi a primeira muçulmana nômade vinda do norte que eu vi de perto". Maddie disse a Faith que a mulher tinha andado 40 km para conseguir ajuda médica. Maddie deu ao bebê algo, talvez algumas vitaminas, e depois entregou a criança a Faith.

"Aqui", disse Maddie. "Ele é seu".

"Mas o que eu faço?", protestei.

"Em primeiro lugar", disse Maddie, "ore intensamente.

"Então", ela disse enquanto me entregou uma lata de leite e uma colher minúscula, "tente dar-lhe um pouco de leite".

Faith orou muito. Então, para sua alegria, o menino começou a aceitar as colheradas de leite.

"Depois de meus cuidados", disse Faith, "a mãe deu um belo sorriso, embrulhou o bebê nas costas e caminhou os 40 km de volta para casa em sua aldeia".

Faith continuou, "terminei o verão com Maddie, retomei minhas responsabilidades como professora e, em seguida, voltei para os Estados Unidos, onde frequentei o seminário, casei-me e, mais tarde, passei anos com meu marido como missionários na Zâmbia. Mas muitas vezes eu me perguntava sobre aquela mulher muçulmana e seu bebê e orava por eles".

Quando Faith chegou, missionários protestantes estavam trabalhando na África Ocidental há mais de um século, os católicos ainda há mais tempo. Ambos os grupos tinham concentrado seus trabalhos nos povos animistas responsivos ao longo da costa. Os muçulmanos do norte não eram tão ávidos para receber um testemunho daqueles que consideravam serem colonizadores ocidentais politeístas (porque eram trinitarianos[162]). Missionários tinham desafios mais do que suficientes discipulando os animistas e fazendo convertidos enquanto lhes traziam os benefícios mais claros vindos das escolas e hospitais ocidentais.

No final dos anos 1950, porém, um padrão curioso começou a surgir em várias das missões protestantes. Em iniciativas independentes e separadas, eram particularmente as missionárias solteiras, como Maddie Granger e Faith Slate, que começaram a se aventurar além dos condomínios e instituições dos ministérios costeiros e a envolver-se com os povos muçulmanos do norte.

Dois oceanos

A África Ocidental é um conto de dois oceanos: o Atlântico a oeste e o grande Deserto do Saara ao norte. Por milhares de anos, estes dois oceanos isolaram os povos da África Ocidental das civilizações de fora.

---

162   Uma acusação frequente dos muçulmanos contra cristãos trinitarianos era que eles adoravam três deuses.

Capítulo 10 - O Cômodo da África Ocidental

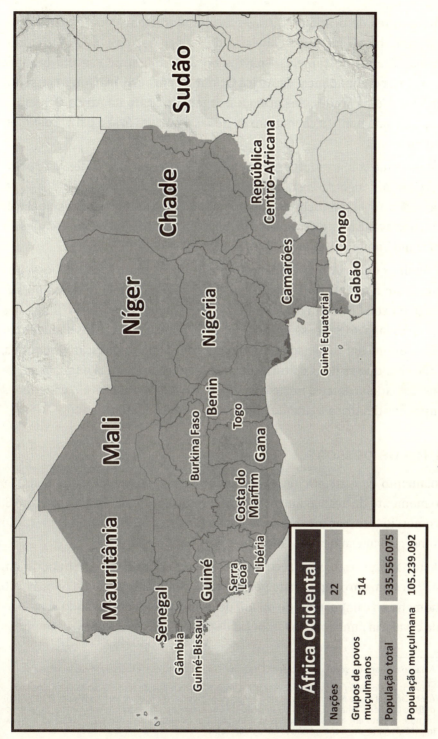

Muito antes de o Atlântico trazer exploradores portugueses para a região a caminho do lucrativo comércio de especiarias das Índias Orientais, caravanas árabes de camelos, "navios do deserto", atravessavam o Saara para explorar a abundância da África Ocidental em ouro, marfim e carga humana. Quando os árabes chegaram à margem do Saara da África Ocidental, eles apropriadamente a chamaram de *Sahel*, a palavra árabe para "costa" ou "margem".

Assim como colonizadores europeus estabeleceram uma cadeia de postos comerciais ao longo da costa atlântica em Conacri, Freetown, Abidjã, Acra, Lagos e Monróvia, também os comerciantes árabes e berberes estabeleceram postos avançados de caravana ao longo da costa do Saara, em cidades do Sahel como Tombuctu, Djenné, Gao, Sokoto e Kano.

À medida que a África Ocidental entrou no século 21, os dois oceanos continuaram a definir uma região que é predominantemente cristã no sul, ao longo da zona costeira do Atlântico, e muçulmana ao norte, ao longo das terras de savana do Sahel saariano. Ambas as populações cristãs e muçulmanas cresceram com a chegada dos cuidados de saúde e educação ocidentais, fazendo com que as duas culturas despejassem seus adeptos para a zona de campo de batalha entre o norte e o sul, onde o destino espiritual de milhões de animistas da África Ocidental ainda está para ser determinado.

Tráfico de pessoas

O isolamento da África Ocidental do mundo exterior encobriu sua história. Até o momento do avanço muçulmano em todo o norte da África no século 8, um comércio transaariano já estava em andamento, permitindo a exploração do comércio valioso de ouro, marfim, sal e escravos.

Historiadores árabes no século 9 descreveram um poderoso Império em Gana[163] rico em ouro e guardado por um efetivo militar que "podia colocar 200 mil homens no campo, mais de 40 mil deles arqueiros", observando suas "forças de cavalaria também".[164] O Império de Gana e seus sucessores, os impérios

---

163   A nação de Gana do século 20, da África Ocidental, recebeu este nome daquele império antigo.

164   al Bakri, in: *Corpus of Early Arabic Sources for West Africa* (Corpus de fontes árabes primitivas para a África Ocidental), de Nehemiah Levitzion e John Hopkins eds., (Princeton: Marcus Wiener Press, 2000), p. 81, citado em "Ghana Empire" (O Império de Gana) em: en.wikipedia.org/wiki/Ghana_Empire#cite_note-2. (Site em inglês.) (Algumas informações em português em: https://pt.wikipedia.org/wiki/Imp%C3%A9rio_do_Gana – Acessos em 19/04/2016.)

de Soninque e Mali, se posicionaram na fronteira do que são hoje o Mali e a Mauritânia, entre as riquezas da África Ocidental e os mercados do Mediterrâneo, ao norte. Até o final da Idade Média, Mali foi a fonte de quase a metade do ouro do Velho Mundo.[165] Em troca das riquezas da África Ocidental, berberes amorávidas do Marrocos e Argélia introduziram o islã na África Ocidental.

Fé e destino sempre andaram juntos na África Ocidental. A escravidão era a grande ferida na região que, em muitos aspectos, nunca foi totalmente curada. A exploração dos fracos pelos fortes vai fundo na história da humanidade e, de fato, a escravidão existiu na África Ocidental muito antes de árabes e europeus a globalizarem.

O tráfico de seres humanos atingiu seu ápice no comércio transatlântico de escravos de 1500 a 1866, quando europeus e norte-americanos exportaram de 10 a 12 milhões de escravos, em sua maioria da África Ocidental, para o Novo Mundo. Adicionado ao custo de vítimas, estava o fato de que um a dois milhões de africanos morreram em trânsito cruzando o oceano, e mais seis milhões de homens, mulheres e crianças mortas nas guerras e invasões que adquiriam a carga humana.[166]

Tráfico de pessoas

Até o final do século 19, a participação dos europeus, americanos e árabes no comércio de escravos estava efetivamente acabada.[167] O que permaneceu, no entanto, foi a suspeita e a hostilidade residuais entre os descendentes de vítimas do tráfico de escravos e aqueles que prosperaram como co-conspiradores. As mesmas hostilidades tribais que levaram africanos a entregar companheiros africanos aos árabes, europeus e americanos como escravos, persistiu muito depois de o comércio de escravos terminar. É este legado de conflito étnico interno que se recusa a ser curado e continua a assolar a região até hoje.

---

165 Stride, G. T. e C. Ifeka. *Peoples and Empires of West Africa: West Africa in History 1000-1800 (Povos e Impérios da África Ocidental: África Ocidental na História 1000-1800)*. (Edimburgo: Nelson, 1971.) Citado em: http://en.wikipedia.org/wiki/Mali_empire#cite_note-peoplesand-28. (Site em inglês.) (Algumas informações em português em: https://pt.wikipedia.org/wiki/Imp%C3%A9rio_do_Mali. Acessos em 19/04/2016.)

166 "The Trans-Atlantic Slave Trade Database" (Base de dados do comércio transatlântico de escravos) em: www.slavevoyages.org (Site em inglês) e "Comércio atlântico de escravos", em: https://pt.wikipedia.org/wiki/Comércio_atlântico_de_escravos. (Acessos em 19/04/2016.)

167 A abolição foi conquistada, em sua maior parte, devido aos abolicionistas evangélicos britânicos e americanos, tais como William Wilberforce.

Colonização

A colonização da África Ocidental começou no século 19, quando o rei Leopoldo da Bélgica desencadeou uma "Partilha da África"[168] europeia em sua própria busca para adquirir uma colônia africana. Antes da grande apropriação de terras acabar, potências europeias tinham esculpido colônias do Egito até a Cidade do Cabo.[169]

Grã-Bretanha e França (e Alemanha antes da Primeira Guerra Mundial) dividiram os povos da África Ocidental em colônias e protetorados anglo e franco-africanos. Enquanto os europeus concentraram seus interesses junto aos portos comerciais costeiros, o interior árido da região continuou a viver como tinha vivido por séculos. Povos muçulmanos na margem do Saara mantiveram fidelidade antiga aos xeques e governantes feudais muçulmanos debaixo de vários níveis diferentes de lei islâmica e costumes sociais.

A descolonização global seguiu-se logo após o fim da Segunda Guerra Mundial, mas não atingiu efetivamente a África até o final da década de 1950. Gana ganhou sua independência em 1957, seguida por Guiné em 1958. Depois, em 1960, mais 17 nações africanas, incluindo 11 na África Ocidental, ganharam sua independência, depois Serra Leoa em 1961. Em contraste com o Ocidente, estas ainda são nações jovens. Em comparação, nesta fase de sua história, os Estados Unidos ainda estavam a décadas de distância da deflagração de sua própria guerra civil. Todos esses desafios ainda estavam por vir para as novas nações da África Ocidental.

A maldição dos recursos naturais

Os tesouros da riqueza natural em ouro, diamantes, e, mais recentemente, petróleo, da África Ocidental, têm sido tanto uma bênção quanto uma maldição. Embora essas matérias-primas tenham ajudado a promover um salto inicial nas novas economias, eles também produziram o que alguns economistas chamam de "Maldição dos Recursos Naturais" ou o "Paradoxo da

---

168 Também conhecida como a "Corrida a África" ou ainda "Disputa pela África" (N. de Revisão)

169 Leopold acabou adquirindo o Congo Belga. A notável história desta grande desapropriação de território europeu é bem contada em *The Scramble for Africa: The White Man's Conquest of the Dark Continent from 1876 to 1912 (A Disputa pela África: A conquista pelo homem branco do continente escuro de 1876 a 1912)*, de Thomas Pakenham (Nova Iorque: Random House, 1992).

Capítulo 10 - O Cômodo da África Ocidental

Abundância".[170] Ter uma fonte de riqueza valiosa e não renovável permite que aqueles que controlam essa riqueza ignorem um acordo social com o povo. Enquanto aqueles que controlam o recurso valioso podem agir com pouca consideração pela opinião pública, eles logo descobrem a necessidade de suprimir o público a fim de manter seu controle. A maldição dos recursos naturais foi ilustrada ao longo das últimas três décadas na Libéria, Serra Leoa e Nigéria.

Em 1980, o Sargento Samuel Doe liderou um grupo de malfeitores composto de oficiais não comissionados para assassinar e substituir o democraticamente eleito presidente William Tolbert, da Libéria. Tolbert tinha sido pregador batista e ex-presidente da Aliança Batista Mundial. O homem que o matou, Samuel Doe, também era batista. Nove anos depois, Doe foi torturado e morto por um líder rebelde, Prince Y. Johnson, que supostamente decepou as orelhas de Doe antes de assassiná-lo. Johnson, posteriormente, teve sua própria experiência de conversão cristã e tornou-se pastor de uma igreja evangélica. Hoje, Johnson detém um assento eleito no Senado da Libéria.[171]

O homem que sucedeu a Samuel Doe como presidente da Libéria em 1990 foi Charles Taylor. Taylor era um pregador leigo batista americano e um dos criminosos de guerra mais notórios do século 20. Arquiteto de duas guerras civis na Libéria e uma em Serra Leoa, Taylor foi condenado em 2011 pelo Tribunal Penal Internacional em Haia por terror, assassinato, estupro, escravidão sexual e alistamento de milhares de criança como soldados.[172] A identidade cristã de alguns dos tiranos mais notórios da África Ocidental é um lembrete de que envolvimentos entre os interesses financeiros, políticos e religiosos não estão limitados a déspotas islâmicos, mas são comuns à condição humana, independentemente da afiliação religiosa.

---

[170] Uma teoria primeiramente proposta em 1993 pelo economista Richard Autry em *Sustaining Development in Mineral Economies: The Resource Curse Thesis* (Desenvolvimneto sustentável em economias minerais: a tese da Madição dos Recursos) (Londres: Routledge, 1993). Para uma discussão do assunto, consulte: "Resource Curse" (Maldição dos Recursos Naturais) em *Wikipedia* citado em 24 de junho de 2013 em: https://en.wikipedia.org/wiki/Resource_curse. (Site em inglês) [Algumas informações em português em "Maldição dos Recursos Naturais" https://pt.wikipedia.org/wiki/Maldi%C3%A7%-C3%A3o_dos_recursos_naturais – N. de Revisão] (Acessos em 25/04/2016)

[171] Bill Law, "Meeting the hard man of Liberia" (Encontrando-se com o homem forte da Libéria), disponível em: news.bbc.co.uk/2/hi/programmes/from_our_own_correspondent/6113682.stm. (Site em inglês. Acesso em 25/04/2016.)

[172] Alex Perry, "Global Justice: A Step Forward with the Conviction of Charles Taylor and Blood Diamonds" (Justiça global: um passo em direção à convicção de Charles Taylor e os diamantes de sangue), *Time Magazine* de 26 de abril de 2012, disponível em: world.time.com/2012/04/26/global-justice-a-step-forward-with-the-conviction-of-charles-taylor-and-blood-diamonds/. (Site em inglês. Acesso em 25/04/2016.)

As duas guerras civis da Libéria, entre 1989 e 2003, causaram 250 mil mortes, mais de 12 por cento da população do país, e se espalharam para a vizinha Serra Leoa e Guiné, onde tiraram mais de 50 mil vidas e criaram mais de um milhão de refugiados.[173]

Samuel Doe

As guerras civis da Libéria foram rivais em brutalidade apenas com o conflito na Serra Leoa. Em 1996, o presidente muçulmano democraticamente eleito, Alhaji Ahmad Tejan Kabbah, adotou o *slogan* de campanha: "O futuro está em suas mãos". A oposição Frente Revolucionária Unida (FRU) respondeu decepando as mãos dos aldeões que apoiavam Kabbah. Mais precisamente, os rebeldes da FRU sequestraram e aterrorizaram milhares de crianças em quem batiam e empanturravam com cocaína para insensibilizá-las antes de forçá-las a matar seus próprios pais e, em seguida, tomar um lugar na linha de frente de batalha.[174]

Estavam em jogo milhões de dólares em ouro e diamantes.[175] Entre o povo gentil da Libéria e de Serra Leoa hoje, é difícil imaginar as brutalidades que eclodiram há tão pouco tempo, nos primeiros anos do século 21. No entanto, há poucas pessoas em qualquer país que não foram marcadas ou implicadas naqueles anos de caos entre 1980 e 2003, levando-nos a imaginar qual vai ser o próximo *casus belli*[176] ou gatilho que levará os povos da região a ficarem uns contra os outros.

Ahmad Tejan

---

173 A Primeira Guerra Civil da Libéria foi de 1989-1996 e a Segunda Guerra Civil da Libéria, de 1999-2003. Consulte "First Liberian Civil War" (Primeira Guerra Civil da Libéria) em: en.wikipedia.org/wiki/First_Liberian_Civil_War#Impact. (Site em inglês) [Algumas informações em português em https://pt.wikipedia.org/wiki/Primeira_Guerra_Civil_da_Libéria] (Acessos em 25/04/2016.)

174 A insanidade foi horrivelmente capturada no filme de Sorious Samura, vencedor do Prêmio Peabody, "Cry Freetown". https://en.wikipedia.org/wiki/Cry_Freetown (Site em inglês. Acesso em 25/04/2016.)

175 O famoso filme de 2006, *Diamante de Sangue* fornece uma das poucas visões ocidentais do tumulto e violência em Serra Leoa durante aqueles anos caóticos.

176 Expressão Latina da terminologia bélica para designar um fato considerado suficientemente grave pelo Estado ofendido, para declarar guerra ao Estado supostamente ofensor. (N. de Revisão)

Esse gatilho pode já estar se revelando na vizinha Nigéria, onde os cristãos na região sul do país, rica em petróleo, lutam com os muçulmanos no norte empobrecido do país.

Enquanto escolas e hospitais cristãos inegavelmente melhoraram a qualidade de vida na África Ocidental, acentuadamente aumentando a expectativa de vida e reduzindo as taxas de mortalidade infantil, eles também produziram uma explosão populacional, tanto para muçulmanos quanto para cristãos. Somado a esse crescimento populacional estão os desastres ecológicos provocados pela expansão do Saara e a diminuição do lençol freático. O Lago Chade, por exemplo, na fronteira norte da Nigéria, diminuiu de tamanho, de 15.610 km quadrados em 1983 para menos de 933 km quadrados em 2001. Muitos preveem que o lago irá desaparecer completamente antes do fim deste século.[177] Grupos islâmicos como *Ansaru*, *Boko Haram* e *Movimento para a Unidade e a Jihad na África Ocidental* são simplesmente os mais recentes veículos militantes que abordam as disparidades no país.[178]

O *Boko Haram* da Nigéria ganhou mais atenção da imprensa nos últimos anos. *Boko Haram,* ou "A educação ocidental está proibida", é o nome Hausa abreviado para a "Congregação e Pessoas Comprometidas com a Propagação do Ensinamento do Profeta e a Jihad". O Boko Haram foi formado em 2001 por Mohammed Yusuf como um movimento militante que visa implementar a lei *sharia* e combater a ocidentalização. Yusuf foi preso e morto pela polícia nigeriana em 2009, mas ao longo dos três anos seguintes, militantes do Boko Haram mataram mais de 1.600 pessoas. Eles têm como alvo as igrejas cristãs, crianças nas escolas e os muçulmanos moderados que cooperaram com o governo.[179]

A natureza dos movimentos

A natureza dos movimentos muçulmanos para Cristo na África Ocidental é diferente daquelas em muitos outros Cômodos na Casa do Islã. Diferentemente

---

[177] Em sua maior expansão, em algum momento antes de 5000 a.C., o lago pode ter coberto 240 km². Consulte "Human and natural impacts on water resources of the Lake Chad Basin" (Impactos humanos e naturais nos recursos hídricos da bacia do Lago Chade), de Michael T. Coe e Jonathan A. Foley, em *Journal of Geophysical Research* 106 (D4): 3349-3356. Citado em "Lake Chad" em: https://en.wikipedia.org/wiki/Lake_Chad#CITEREFCoeFoley2001. (Site em inglês. Acesso em 25/04/2016.)

[178] Para um relato em primeira mão sobre a competição entre cristãos agressivos no sul e estes grupos islâmicos no norte, consulte *Paralelo 10: notícias da linha que separa cristianismo e islã*, de Eliza Griswold (São Paulo: Companhia das Letras, 2012).

[179] Para estudo mais aprofundado sobre Boko Haram, visite https://pt.wikipedia.org/wiki/Boko_Haram. (Acesso em 25/04/2016)

do mundo árabe, com suas antigas comunidades cristãs que permaneceram em contraste obstinado à marcha inexorável do islã, o cristianismo nesta parte do mundo muçulmano chegou mais recentemente e parece ser a força mais vital. Grande parte do islã, por outro lado, parece gasto e desesperado. O desespero pode ser visto no terrorismo de grupos como o Boko Haram e o Ansaru.

Em contraste com muitos outros Cômodos na Casa do Islã, a maior parte da África Ocidental ainda tem sistemas jurídicos que defendem a separação entre religião e estado, oferecendo um campo de jogo mais nivelado para os muçulmanos virem a Cristo e vice-versa. Como resultado, encontram-se muçulmanos que vieram para Cristo espalhados pelas igrejas na África Ocidental, bem como cristãos que se converteram ao islã.

Os cristãos não têm sido tímidos com relação ao testemunho de sua fé diante dos muçulmanos, exceto nos estados ferozmente islâmicos no norte, que pressionam militantemente para impor a *sharia*, a lei islâmica. Estes muçulmanos interpretam o avanço das tribos cristãs do sul como um ato de colonização interna e uma invasão da cultura ocidental em sua terra natal.

Embora existam vários movimentos muçulmanos para Cristo na África Ocidental, é preciso ter cuidado para não presumir que eles sejam todos iguais. Pode-se vê-los em três categorias: (1) em áreas predominantemente cristãs, (2) entre os que praticam o islamismo popular, e (3) em áreas predominantemente muçulmanas.

Ao longo da região costeira do Atlântico, onde o Cristianismo é dominante, as igrejas têm pouco ímpeto para contextualizar ou acomodar a mensagem do Evangelho às sensibilidades dos muçulmanos. Essas comunidades costeiras estão mais conectadas com o mundo ocidental, com seu comércio, influências culturais e expressões pentecostais populares.

Através da região costeira, muitos muçulmanos vieram a Cristo e foram batizados. Fazer isso, porém, significou retirarem-se ou serem expulsos à força de suas famílias e comunidades muçulmanas. As igrejas mais eficazes neste tipo de conquista de muçulmanos foram as que tomaram uma abordagem abrangente da fé deles. Para receber um convertido de origem muçulmana, a igreja deve substituir tudo o que o convertido perdeu: sua família, seu trabalho, sua esposa (ou a possibilidade de uma) e filhos. A menos que uma igreja seja capaz de aceitar um desafio tão abrangente, ela tem pouca esperança de reter o muçulmano convertido.

Os muçulmanos que são atraídos para estas comunidades cristãs vibrantes tornam-se um deles, geralmente trocando seus nomes muçulmanos por nomes cristãos e deixando para trás as suas tradições islâmicas. Pode-se apenas imaginar o número de muçulmanos que estão espalhados por todas as dezenas de milhares de igrejas protestantes e católicas da região costeira da África Ocidental.

Tanto no norte muçulmano quanto no sul cristão, a religião tribal africana ainda ocupa o coração de muitos adeptos ostensivamente muçulmanos ou cristãos. Para muitos africanos ocidentais que não são nem muçulmanos nem cristãos, a vida é uma luta diária com bruxaria e feitiçaria. A questão prática que eles enfrentam é: "Qual a religião poderosa o suficiente para me proteger das forças espirituais que me rodeiam?" Manifestações ocidentais do cristianismo que enfatizam preceitos racionais, doutrinas e programas têm pouca influência em um ambiente como esse. No entanto, quando o Evangelho oferece corajosamente o poder de derrotar os desafios de maldição, doença física, doença mental e possessão demoníaca, ele é bem-vindo. Atualmente, os movimentos dentro desta zona-tampão ainda vacilam entre lealdades superficiais muçulmanas e cristãs, e tendem em direção a uma expressão de fé que os ajude a superar a escuridão espiritual que os rodeia.

Quanto mais fundo formos no coração populacional muçulmano, mais encontraremos movimentos muçulmanos para Cristo que são locais e contextualizados para a comunidade islâmica. Esses convertidos normalmente não rejeitam sua cultura muçulmana, pois fazê-lo seria rejeitar sua identidade étnica principal. Ser um Fulani, um Kanuri, um Susu, um Bambara, um Mouro Branco ou um Mouro Negro é ser um muçulmano. Rejeitar essa identidade principal é equivalente ao suicídio. Consequentemente, os movimentos muçulmanos para Cristo no norte têm uma identificação muito mais tênue com a religião e a cultura cristãs, enquanto ainda exibem um profundo compromisso com a pessoa de Cristo e com a autoridade do Novo Testamento.

Desafio dos odres

Apesar de milhares de convertidos de origem muçulmana terem se tornado parte da comunidade e das igrejas cristãs através do casamento, do evangelismo e da atração para a fé e para a comunhão cristãs, problemas continuam a existir. Milhares de outros muçulmanos têm buscado e encontrado Jesus

Cristo, mas não estão dispostos a deixar sua família e tribo muçulmanas para se juntar a uma das tribos cristianizadas.

O desafio para muitos desses COMs origina-se menos no medo do que no amor. Um jovem seguidor de Cristo de origem muçulmana, de um grande e antigo grupo muçulmano, revelou um corte profundo na testa, onde seu tio o havia golpeado com um facão. Quando perguntado: "Por que você não foi embora?", ele respondeu, "não vou embora até que minha família abrace a fé". Isso foi há mais de uma década. Hoje, existem mais de 5.000 de suas comunidades muçulmanas que abraçaram a fé em *Isa al-Masih*, Jesus Cristo.

Outros obstáculos a esses movimentos vêm, não da intolerância islâmica, mas a partir das formas de estruturas eclesiásticas tradicionais que não conseguiram abordar o estilo de vida e a cultura destes muçulmanos que estão vindo para a fé. Em um caso, vários milhares de muçulmanos nômades tinham abraçado a fé em Cristo e estavam se reunindo regularmente em grupos de discipulado por anos antes de serem batizados. O problema não era sua falta de vontade de ser batizado, mas uma política eclesiástica que dizia: "A menos que você seja batizado em uma de nossas igrejas denominacionais registradas, por um de nossos pastores ordenados, você não pode ser batizado". Para muitos muçulmanos que abraçaram a fé, no entanto, juntar-se a uma daquelas igrejas denominacionais significava abandonar seu próprio povo e ser abandonado por eles.

Estes freios e contrapesos foram tecidos dentro da política da igreja local durante mais de 150 anos e funcionam como baluartes contra a heresia e a imoralidade, tanto reais quanto antecipadas. Ninguém poderia ter imaginado, contudo, que eles também poderiam impedir milhares de muçulmanos de serem batizados.

Como Deus está operando
Resposta à injustiça

Muitas vezes, é a injustiça dentro da própria comunidade muçulmana que os leva a voltar-se para Cristo.

O pai de Fátima era *marabout*, um muçulmano sagrado. Agora ela é uma viúva de 32 anos, com três filhos. Seu marido de 90 anos morreu há dois. Seu filho mais velho nasceu quando ela tinha apenas 14. Ela foi obrigada a se casar aos 12 anos.

Capítulo 10 - O Cômodo da África Ocidental

Fátima disse:

Minha mãe me obrigou a me casar com este homem idoso, embora ela soubesse que eu não queria. Ela usou uma poção mágica em mim para me obrigar a me casar com ele. Depois que minha mãe morreu, comecei a ter muitos conflitos com os enteados em nossa casa. Muitos deles eram mais velhos do que eu, filhos de outras mulheres.

Depois de experimentar repetidos sonhos que a atraíram em direção a Cristo, Fátima determinou-se a procurar os cristãos para ajudá-la a entender.

Fui a uma mulher que morava nas proximidades e contei-lhe sobre meus sonhos. Ela disse que eu deveria procurar o pastor e ele poderia me explicar isso. O pastor batista local incentivou-me a dar minha vida ao Senhor. Ele disse: "Muitas vezes tenho clamado a Jesus, mas nunca o vi como você o viu".

Depois que vim aqui, tive várias visões do Senhor e decidi ir à igreja. Desde que comecei a ir à igreja, não tem sido fácil. Meu marido procurou minhas tias e disse que elas deveriam me impedir de ir à igreja.

Tenho experimentado perseguição muito séria dos meus enteados. Eles cortaram todo o meu sustento. Nem sequer sustentam meus próprios filhos agora. Enquanto falo com você, eles estão no tribunal de justiça falando contra mim. Estou enfrentando perseguição muito séria. Mesmo quando ouço uma rádio cristã, meus enteados me criticam.

Se não fosse o Senhor, eu estaria morta agora.... Só Deus sabe o que estou passando".

Fátima contorceu as mãos e chorou.

Outra mulher de origem muçulmana confidenciou:

Devido à forma pela qual os muçulmanos me tratavam, fui movida a ir à igreja. Depois que meu marido morreu, os muçulmanos donos de propriedades deram-me aviso prévio de três dias para pagar um aumento de aluguel antes que eu fosse chutada para fora. Encontrei outro lugar para alugar.

Comecei a ir à igreja e vi como era diferente a vida na igreja. Minha vida mudou. Arrependi-me de meus pecados. Todos os meus filhos são agora uma parte da igreja também. Um dos meus filhos é o líder de louvor e adoração.

Nestes e em testemunhos semelhantes observamos um padrão. Quando a comunidade muçulmana maltrata um dos seus, essa pessoa fica mais inclinada a encontrar um santuário alternativo na pessoa de Cristo e na fé cristã.

A conturbada história da África Ocidental em nos mostrado que os muçulmanos não têm

Marabout, Homem Sagrado

o monopólio sobre a injustiça e desumanidade, e as ações atuais por jus ticeiros muçulmanos revelam que a violência provavelmente não vai aca bar tão cedo.

Em 24 de maio de 2013, em uma movimentada rua de Londres, um ho mem de 20 anos, de descendência nigeriana, chamado Adebolajo quase de capitou um soldado desarmado de 25 anos fora de serviço, após emboscá-l com uma faca de açougueiro.

Câmeras de telefones gravaram o discurso inflamado que revelava o ra ciocínio de Adeboajo e o transmitiram para que todo o mundo visse em vá rios canais de notícias a cabo: "Nós juramos por Allah todo-poderoso qu nunca iremos parar de lutar contra vocês. A única razão pela qual fizemo isso é porque os muçulmanos estão morrendo todos os dias. [...] Este soldad britânico é uma vítima do 'olho por olho, dente por dente'."

Talvez tão chocante quanto o terrível assassinato foi o fato de que Adebo lajo era um convertido ao islã oriundo da comunidade cristã anglo-nigeriana na qual era conhecido como Michael.[180]

É improvável que a luta ideológica na África Ocidental termine tão ced Tanto cristãos quanto muçulmanos continuarão a ser desafiados a busca os mais altos ideais de sua própria tradição para evitar que aqueles que ele maltratam se convertam à fé de seu rival.

Descoberta própria

Outro caminho para a fé em Cristo para os muçulmanos tem sido a descobe ta por si mesmos de que os muçulmanos acreditam que Cristo é quem ele d ser. Ao contrário do Alcorão, que só pode ser verdadeiramente representad na língua árabe, o contato com a Bíblia começa com uma tradução na língu local.[181] Mais de um COM comentaram: "Eu não entendo árabe ou o Alcorã Mas entendo a Bíblia".

---

[180] "British police ponder conspiracy after soldier murder" (Polícia britânica considera conspiração dep de assassinato de soldado), de Guy Faulconbridge e Michael Holden, *Reuters U.S.*, 23 de maio de 20 Londres. Disponível em: http://www.reuters.com/article/2013/05/23/us-britain-killing-cameron-idU BRE94L0WU20130523. (Site em inglês. Acesso em 26/04/2016.)

[181] Um dos muçulmanos convertidos mais famosos da África Ocidental, professor de Harvard, Lamin Sa neh, fez desse assunto uma parte central de seu testemunho. Consulte Lamin Sanneh, *Translating t Message: The Missionary Impact on Culture* (Traduzindo a mensagem: o impacto missionário na cultu (American Society of Missiology [Sociedade Americana de Missiologia]), 2ª ed. revisada e expandi (Maryknoll: Orbis Books, 2009).

Quando perguntado: "O que você diz sobre Jesus?", um jovem respondeu: "O Alcorão diz: 'Se você estiver em dúvida, pergunte às pessoas que vieram antes de você'. Então, se foi dito a Maomé para perguntar às pessoas que vieram antes dele em caso de dúvida, vejo Jesus como alguém que esclarece minha dúvida. Jesus é alguém que diz que você não pode vir ao Pai senão por ele. Eu aceito isso. Ele é a verdade e a vida".

Outro muçulmano convertido ofereceu este insight: "Como muçulmanos, tudo que fazíamos eram cinco orações memorizadas. Mas não havia certeza de céu. Ninguém podia me dar uma boa resposta. Foi isso que me levou a olhar para quem era Jesus".

Em resposta à pergunta "Quem é Maomé?", um COM disse: "Eu sei que quando o profeta Maomé morreu, enterraram-no. Mas quando Jesus morreu, ele se levantou e Deus o levou para o céu. Jesus é o Filho de Deus e Maomé é filho do mundo."

De um modo geral, os muçulmanos rejeitam a mensagem cristã de quem é Jesus. Eles foram ensinados que esses testemunhos cristãos são ignorantes e errados. Quando eles descobrem por si mesmos, no entanto, é uma questão diferente. Uma vez que encontram Cristo, através de orações respondidas, sonhos e sua própria leitura das Escrituras, eles encontram um Senhor vivo a quem não podem ignorar e por quem estão dispostos a morrer.

Oração, amor e testemunho cristãos

Outros ainda vieram a Cristo através do testemunho em escolas cristãs e ministérios de caridade, de orações e de simples amizade da parte de colegas de aula. Um homem de origem muçulmana em seus 30 anos refletiu sobre sua própria peregrinação: "Dois amigos cristãos me ajudaram a entender quem era Jesus. Costumávamos jogar futebol juntos. Chorei pelo que Jesus tinha feito por mim e, à noite, sonhei com ele. Encontrei a resposta de como ir para o céu em Jesus".

Foi perguntado a um pastor de origem muçulmana de 32 anos o que Deus está usando hoje para atrair muçulmanos à fé em sua comunidade. "O amor é a coisa principal", disse ele. "Os muçulmanos realmente não praticam o amor e a caridade". Ele continuou: "Primeiro, você deve amá-los, então você ora por eles. Quando eles aprendem que Deus responde às suas orações, eles renunciam ao islã e seguem Cristo".

Uma mulher de 22 anos, de forte origem muçulmana, está agora seguindo Jesus há oito meses. Ela disse: "O cristianismo é tão doce. Eu gosto muito da forma como os cristãos tratam uns aos outros. Jesus é agora Deus para mim. Ele responde às minhas orações".

Perguntei a uma jovem de uma forte família islâmica que a deserdou quando ela se tornou cristã: "Seguir Jesus tirou muito de sua vida, não é?" Ela respondeu com firmeza: "NÃO. Agora eu posso pregar, posso cantar, posso falar com as pessoas sobre Jesus. Isso é empolgante para mim. Eu sou uma pessoa mudada agora. Eu não faço mais parte do mundo".

Dentro e fora

O futuro dos movimentos muçulmanos para Cristo na África Ocidental não está de maneira alguma garantido. Desafios vêm de fatores externos e internos, e resta ver como e se os movimentos emergentes vão, efetivamente, superar esses desafios.

Externamente, os grupos islâmicos militantes, como o Boko Haram e o Ansaru, determinaram erradicar movimentos muçulmanos para Cristo. Para este fim, eles têm destruído igrejas e a expansão missionária, assassinando convertidos de origem muçulmana, bem como aqueles que procuram trazê-los para Cristo.

Por um lado, o tratamento duro sobre a expansão missionária e conversão tem tido um efeito negativo sobre o testemunho cristão. A ameaça permanente da violência obrigou muitos cristãos a usarem uma abordagem do tipo "esperar para ver" com os muçulmanos.

Por outro lado, como temos visto em outros lugares na Casa do Islã, a violência muçulmana pode também levar os muçulmanos a afastarem-se do islã e procurarem uma fé mais pacífica. É por essa razão que a tentação dos cristãos para adotarem uma ética *jihadista* e trocar olho por olho representa um dos maiores desafios para o progresso dos movimentos muçulmanos para Cristo na região. Se Cristo não for diferente de Maomé, a quem então recorrer?

Desafios internos também representam graves ameaças a esses movimentos emergentes. Talvez mais do que em qualquer outro Cômodo da Casa do Islã, fé e destino estão profundamente entrelaçados na África Ocidental.

Embora os muçulmanos paguem um grande preço por deixarem suas comunidades para seguir Cristo, o Cristo que eles seguem às vezes é oferecido a eles como um: "Abençoe-me Jesus". Enquanto Deus tem, sem dúvida, usado curas e orações respondidas como um meio de atrair inúmeras pessoas à fé em Cristo, o fascínio da saúde e riqueza *nesta* vida criou o que tem sido chamado de "O Evangelho da Prosperidade" (Teologia da Prosperidade), que está se espalhando através de muitas igrejas na África Ocidental.

Pastores de algumas das chamadas "Igrejas da Prosperidade" da África Ocidental tornaram-se defensores multimilionários de um Evangelho que promete saúde e riqueza para os seguidores fiéis.[182] Na estrada à frente, discípulos de Cristo de origem muçulmana serão desafiados a seguir o Cristo das Escrituras e não se perderem nas armadilhas efêmeras de um Evangelho baseado na prosperidade.

Outros desafios internos derivam das mesmas liberdades que esses novos convertidos encontram em Cristo. Críticos muçulmanos do cristianismo na África Ocidental acusam-no de ser caótico e sem lei. Dada a história da África Ocidental e o registro trágico de regimes corruptos, ainda que nominalmente cristãos, na Libéria, Nigéria e Serra Leoa, é difícil descartar essas acusações.

Outro desafio interno que tanto COMs quanto cristãos devem abordar é o da comunidade. Seguidores de Cristo de origem cristã desenvolveram algumas das igrejas mais vibrantes em toda a cristandade, mas que permanecem culturalmente a quilômetros de distância dos povos muçulmanos que pretendem alcançar. Enquanto um homem – ou uma mulher – muçulmano estiver disposto a deixar sua casa, família, comunidade e tribo para se tornar parte da comunidade cristã, eles são bem-vindos.[183]

Mas retirar-se ou ser expulso de seu próprio povo deveria ser pré-requisito para a conversão? Em movimentos para Cristo, não são os indivíduos, os convertidos individuais, que representam a natureza de um verdadeiro movimento. São as comunidades atingidas, começando com as famílias, que produzem as crescentes fileiras de verdadeiros *movimentos* de muçulmanos para Cristo.

---

[182] Tomi Oladipo, "Nigeria's growing 'prosperity' churches" (Crescentes igrejas "da prosperidade" da Nigéria), *BBC News Africa*, 30 de agosto de 2011. Disponível em: www.bbc.co.uk/news/world-africa-14713151. (Site em inglês. Acesso em 26/04/2016.)

[183] Vale a pena observar que a separação entre Estado e religião permitiu aos muçulmanos convertidos neste Cômodo serem mais bem recebidos nas igrejas do que em outros Cômodos na Casa do Islã.

Em 1969, um COM chamado Malam Yusufu de uma família real *fulani* observou:

> Alguns dos nossos convertidos, antes de receberem os dons do novo nascimento, recaem, porque no processo desnecessário de sacrificar sua própria maneira de viver, tornam-se individualistas, enfatizando a abordagem individualista, e perderam o cuidado e o amor de sua comunidade natural e, consequentemente, o sentido de pertencimento. Isso é o que traz a observação frequentemente ouvida (dos muçulmanos): "Olha, eles são as pessoas que separam homens e mulheres de suas aldeias e familiares". Eles não pertencem mais.[184]

O fruto de Faith

Em 1974, Faith Slate, agora Faith Wells, e seu marido, Peter, voltaram para a África Ocidental, onde ela havia servido como obreira. Sua tarefa era começar uma escola de ensino médio para estudantes africanos. Como tinha feito com Maddie sete anos antes, Faith aventurou com seu marido pelas aldeias muçulmanas de sua área.

Em 1980, depois que o Novo Testamento foi traduzido para um dos dialetos de língua muçulmana local, Peter e Faith experimentaram um grande avanço. Faith disse:

> No início de 1980 estávamos na aldeia [...] visitando alguns dos COMs quando vimos um grupo de adolescentes muçulmanos do povo nômade do norte. Contamos àqueles jovens sobre a escola que tínhamos iniciado. Os meninos nos levaram para conhecer suas famílias. Imediatamente, reconheci o belo sorriso da mulher que eu tinha conhecido na clínica da aldeia treze anos antes. Seu filho, aquele bebezinho que eu tinha segurado e orado por ele, agora estava parado diante de mim, um menino alto e bonito de 13 anos.

Faith continuou a história:

> Dois anos mais tarde, este adolescente e seu irmão mais velho estavam entre os primeiros 17 muçulmanos daquele povo nômade que meu marido batizou em 1982. Mais tarde, sua mãe, uma bela mulher chamada Bosha, também se tornou cristã. Na verdade, 80 pessoas de sua aldeia aceitaram Jesus Cristo. Depois de seu batismo, o jovem tomou como seu nome de batismo o nome de nosso filho, David. Mais tarde, ele foi para o Instituto Bíblico e é agora pastor de uma Igreja Batista perto de Omore.

---

184 Mogens Stensbaek Mogensen, *Contextual Communication of the Gospel to Pastoral Fulbe in Northern Nigeria (Comunicação contextual do Evangelho para a pastoral fulani no Norte da Nigéria)*. Uma dissertação apresentada à Escola de Missões Mundiais, Seminário Teológico Fuller, janeiro de 2000.

Faith e Peter se aposentaram há muito tempo nos Estados Unidos, mas hoje, entre aquele povo nômade muçulmano que Faith primeiro tocou quando era jovem, existem mais de 10.000 cristãos batizados.

DISCUSSÃO EM GRUPOS PEQUENOS
DESCUBRA POR SI MESMO

1. Quais impressões você obteve deste capítulo?

2. Como Deus está operando no Cômodo da África Ocidental?

3. Como a comunidade cristã tem impactado positiva e negativamente a expansão dos Movimentos Muçulmanos neste Cômodo?

4. Em sua opinião, qual é o futuro dos movimentos muçulmanos para Cristo na África Ocidental?

Capítulo 11
O Cômodo da parte Ocidental do Sul da Ásia

Lobos e ovelhas viverão em paz, leopardos e cabritinhos descansarão juntos. Bezerros e leões comerão uns com os outros, e crianças pequenas os guiarão. Isaías 11.6

Ahmed sabia o que tinha que fazer. Seus professores na *madrassa* tinham deixado claro para ele. Ele tinha que matar o homem judeu.

Semanas antes Ahmed estava sentado no chão no apartamento de seu irmão, Nasir, em Kebirabad, meditando sobre os conhecidos versos do Alcorão que ele tinha, há muito tempo, guardado em sua memória. Nasir foi um dos milhões de camponeses muçulmanos rurais que haviam se aventurado para a cidade de Kebirabad, no Sul da Ásia, em busca de trabalho. Nesse processo, ele tinha feito amizade com pessoas de outros países, outras culturas e outras religiões. Foi essa poluição cultural que trouxe Ahmed para a cidade para verificar como estava seu irmão.

Antes do meio-dia, Nasir entrou no apartamento acompanhado por um ocidental de meia-idade. "Este é o meu amigo Ted Moore", disse Nasir. Ted estendeu a mão e ofereceu seu melhor sorriso para o inexpressivo Ahmed.

Sem levantar a mão, Ahmed virou-se para seu irmão e respondeu na sua língua tribal: "Ele é *kafir* (um pagão)". Nasir estava envergonhado pela ousadia e veneno na voz de seu irmão.

Depois de Ted ir embora, Ahmed perguntou: "Por que você trouxe esse judeu para sua casa?"

"Ele não é judeu", Nasir começou. "Ele é *angrezi* (um ocidental)".

Na verdade, Ted era um dos poucos cristãos ocidentais ainda vivendo no país, tentando encontrar maneiras de comunicar o Evangelho em uma terra que tinha ficado cada vez mais hostil ao Ocidente.

"Não!", Ahmed respondeu com firmeza: "Ele é um judeu. Ele é um *kafir*. Se você não abandonar esse judeu, então, vai ter que nos deixar".

Em vez disso, foi Ahmed quem foi embora, voltando para a aldeia na montanha onde relatou a seus professores islâmicos sobre o *kafir* judeu-cristão que tinha se tornado amigo de seu irmão.

"Seu irmão está com inimigos do islã", os professores de Ahmed disseram-lhe. "Você deve matá-lo. Não espere".

Ahmed respondeu sem hesitar: "Vou fazer isso".

O islã era a vida de Ahmed. Quando tinha apenas quatro anos, seu pai o tinha entregado a uma *madrassa* onde ele aprendeu árabe antes de aprender a ler em sua própria língua. Quando Ahmed tinha nove anos, tornou-se um *hafez*, aquele que tinha memorizado o Alcorão. O que tinha sido difícil para uma criança agora era fácil para o jovem de 21 anos. "Eu estava feliz em ir mais e mais fundo no islã", ele relatou mais tarde. "Meus professores diziam: 'Venha, vamos colocá-lo em uma classe para aprender mais sobre os judeus, cristãos e *kafirs*'." Quando Ahmed concordou, eles o colocaram em uma classe que lhe ensinou todos os tipos de maneiras de matar pessoas.

Não foi muito tempo depois que Nasir chegou à casa da família de Ahmed nas montanhas. Desta vez outro ocidental, um amigo de Ted chamado Jason Hanson, viajou na garupa da moto de Nasir.

No relatório de Ahmed aos seus líderes, sua educação islâmica restrita ensinou-lhe poucas categorias para classificar as pessoas de fora que eram uma ameaça aos fiéis. Ele descreveu Jason aos seus professores da *madrassa* como "um alto faraó que também é judeu". Os professores de Ahmed disseram-lhe que ele devia matar o homem.

Ahmed puxou Nasir de lado e disse: "Se você quiser viver, pegue seu amigo e vá embora".

Mas Nasir resistiu.

Então, Ahmed disse a sua família para não fazer comida para eles, e a mãe de Nasir, de repente, jogou uma xícara em Nasir, cortando sua cabeça. Nasir pegou Jason pelo braço e disse: "Temos que ir". Durante um ano Nasir não voltou para visitá-los, sentindo que sua família tinha morrido para ele.

Capítulo 11 - O Cômodo da parte Ocidental do Sul da Ásia   207

Parte Ocidental do Sul da Ásia	
Nações	3
Grupos de povos muçulmanos	186
População total	713.922.175
População muçulmana	315.998.874

Enquanto isso, de volta às montanhas, os professores de Ahmed lhe informaram: "Agora sua formação prática está concluída. Você deu o seu corpo a Allah sem reservas". Ahmed era agora um *mujahid* (guerreiro islâmico). Era 1996 e Ahmed se preparava para morrer por Allah em frentes de batalha tais como Afeganistão ou Caxemira. Mas algo interrompeu sua empreitada: Nasir e Jason haviam retornado.

Ahmed disse a seus professores: "Meu irmão teve a ousadia de voltar para a minha casa com Jason, o judeu *kafir*". Desta vez, entretanto, Ahmed estava feliz que seu irmão estava lá, porque sua primeira missão como um *mujahid* seria matar o judeu.

Com este objetivo em mente, Ahmed tratou Nasir e Jason de forma amistosa, apertando suas mãos, conversando com eles, o tempo todo elaborando um plano para matá-los. Ahmed conversou com Jason sobre o Alcorão e o islã, incentivando Jason a se converter ao islamismo. Jason foi amigável, mas, inflexível. Ele até tentou convencer Ahmed a considerar os ensinamentos de Jesus.

Naquela noite, Ahmed disse a seus professores: "Estou pronto para matar o meu irmão e seu amigo". Então eles deram-lhe dois homens para ajudá-lo. Juntos, eles elaboraram um plano para matar Jason primeiro, e depois Nasir. Quando o sol começou a se pôr, Ahmed tinha que trazer Jason para um lugar de emboscada. Ahmed disse: "Vou trazer esse judeu para vocês e, juntos, vamos matá-lo".

Durante todo o dia, Ahmed tratou Jason com bondade. Assim, no final da tarde, Jason não se surpreendeu quando Ahmed perguntou-lhe: "Você gostaria de dar uma volta comigo?" Jason ficou satisfeito e aceitou o convite.

Mas Nasir estava preocupado: "Não, Jason, você não deve confiar nele. Não vá". Mas Jason estava procurando maneiras de fazer amizade com Ahmed, então foi junto.

Para ajudar Jason a relaxar e baixar a guarda, Ahmed primeiro levou Jason para conhecer alguns de seus parentes na aldeia. Em seguida, dirigiu para a área rural. Lá, ele saiu da estrada e foi por uma trilha estreita em direção às montanhas. Depois que passaram para o outro lado da montanha, Ahmed parou a moto e estacionou perto de onde ele sabia que seus amigos estavam esperando na emboscada.

Ahmed disse a Jason para descer o morro com ele. O plano era Ahmed continuar falando com Jason, enquanto seus amigos viriam por trás de Jason e cortariam sua cabeça. Jason admitiu mais tarde que não tinha ideia de que algo estava prestes a acontecer. Ficou perplexo, porém: "Por que estamos aqui?", perguntou a Ahmed. Naquele momento, Ahmed e Jason olharam-se nos olhos um do outro e Ahmed viu algo que o fez parar. Ele não sabia o que era, mas algo nos olhos de Jason fez Ahmed abandonar seu plano.

Sobre o ombro de Jason, Ahmed pôde ver seus amigos saindo de trás dos arbustos, aguardando seu sinal. Em vez disso, Ahmed agarrou o braço de Jason e disse: "Vamos. Agora!" Os dois rapidamente montaram na moto e saíram em disparada, deixando os amigos de Ahmed para trás perseguindo-os.

Eles chegaram à casa de Ahmed sem dizer uma palavra. Ahmed foi direto para seu irmão e disse-lhe: "Pegue seu amigo e vá, ou amanhã você levará somente a cabeça dele. E vou matar você também".

Falhas geológicas

Quase um em cada cinco muçulmanos na Terra vive na parte Ocidental do Sul da Ásia. Englobando as nações do Afeganistão, Paquistão e os estados do oeste da Índia, a população total da parte Ocidental do Sul da Ásia, de 714 milhões, a torna o segundo mais populoso Cômodo na Casa do Islã.

Fazendo fronteira com o planalto iraniano a oeste, o limite norte da região é emoldurado por alguns dos picos mais altos da Terra em um conjunto de picos apropriadamente chamado de Nó de Pamir. Estes gigantes cobertos de neve formam uma parede impenetrável que se estende para o leste das montanhas de Karakorum através das cordilheiras Hindu Kush e Tian Shan, antes de se escorarem nos Grandes Himalaias. De seus cumes nevados fluem os cinco grandes rios do Punjab, que deram vida a algumas das mais antigas civilizações da Terra.

Lar de mais de 300 povos etnolinguísticos distintos e idiomas, a parte Ocidental do Sul da Ásia apresenta algumas das diferenças culturais mais turbulentas da Terra. Povos dravidianos, indo-europeus e turcomanos pressionam-se uns contra os outros gerando calor interno e atrito que só parecem se dissipar quando um invasor estrangeiro ameaça sua terra natal.

No século 19 o Afeganistão foi um campo de batalha entre os ambiciosos impérios russo e britânico. No século 20 os Estados Unidos e a União Soviética repetiram esses papéis em disputas da Guerra Fria que levaram a sucessivas guerras por procuração. Gerações de guerra endureceram o povo afegão e os deixaram com poucas certezas além do islã e de sua tribo local. Muitas dessas tribos foram divididas ao longo dos 2570 km de fronteira porosa entre o Afeganistão e o Paquistão, o que garantiu que qualquer conflito em um país nunca iria permanecer isolado do outro. A fronteira foi baseada na Linha Durand de 1893, chamada assim por causa do secretário de Relações Exteriores britânico, que negociou em nome da Índia britânica colonial com um oficial afegão que dizia falar em nome de dezenas de tribos concorrentes afegãs, a maioria das quais nunca souberam que a linha existiu e nunca teriam concordado com uma barreira invisível que os separava de seus parentes tribais.[185]

Mortimer Durand, 1903

Paquistão (*Pakistan*), que literalmente significa "Terra dos Puros", foi nomeado por Choudary Ali, um ativista da independência, em 1933, a partir de uma sigla que representa os cinco maiores grupos étnicos do país: P para Punjabi, A para Afegão (Pashtun), K para Kashmiri (Caxemires), S para Sindi e o -stan final para Baluchistani (Baluchistão). Curiosamente ausente do acrônimo de Choudary Ali ficaram os povos bengaleses do Paquistão Oriental, cuja omissão étnica, mais tarde contribuiu para a guerra da independência de Bangladesh, em 1971. O Paquistão Oriental e o Ocidental foram arrancados da Índia britânica à meia-noite de 15 de agosto de 1947, como lugares de refúgio para os muçulmanos contra as maiorias hindus da Índia.[186]

Em alguns dias, meio milhão de infelizes muçulmanos, hindus e sikhs perderam a vida simplesmente por estarem no lado errado da linha britânica de demarcação. A grande planície fértil do Punjab foi especialmente atingida com até sete milhões de hindus e sikhs fugindo para a segurança no Oriente, e um número semelhante de muçulmanos se atropelando para chegar ao Ocidente.[187] Hoje, o Punjab permanece dividido, com as lembranças rema-

---

[185] "Durand Line", disponível em http://en.wikipedia.org/wiki/Durand_Line. (Site em inglês) [Algumas informações em português em https://pt.wikipedia.org/wiki/Linha_Durand] (Acessos em 26/04/2016).

[186] Dominique LaPierre e Larry Collins, *Freedom at Midnight* (Liberdade à meia-noite) (Nova Deli: Vika Publishing, 1997).

[187] Consulte o capítulo "The Greatest Migration in History" (A maior migração da História), de LaPiere Collins em *Freedom*, pp. 489-530.

nescentes de dor e ódio. Desde a separação, mais de 60 anos atrás, o Paquistão tem mantido um estado contínuo de prontidão para a guerra contra seu enorme vizinho indiano ao leste.

Hoje, muçulmanos indianos, particularmente aqueles ao longo dos estados da fronteira ocidental de frente para o Paquistão, vivem sob uma sombra, vistos como inimigos latentes dentro de seu próprio país. A desconfiança resultante torna-os alvos fáceis de discriminação de seus vizinhos hindus mais populosos. Mais frequentemente do que o mundo lá fora sabe, essa discriminação fervilha em violência.

Choudary Ali (1895-1951)

Esse foi o caso em 2002, no estado indiano de Gujarat, onde 60 peregrinos hindus foram queimados até a morte em um incêndio de trem que nacionalistas hindus atribuíram a militantes muçulmanos. Os hindus responderam com fúria que atravessou bairros muçulmanos deixando 2 mil muçulmanos mortos. O ministro-chefe de Gujarat na ocasião, Narendra Modi, fez pouco para conter a violência e, assim, foi saudado por extremistas hindus como um herói. Em 2013, Modi foi o candidato líder do partido conservador e foi eleito, sendo primeiro-ministro da Índia desde maio de 2014.[188]

Mais recentemente, os militantes que foram recrutados nas favelas paquistanesas e treinados em *madrassas* radicais, como a que treinou Ahmed, extraíram sua vingança contra a Índia. Em novembro de 2008, 11 terroristas associados com o *Lashkar e-Taiba* (Exército dos Justos) do Paquistão desencadearam uma *jihad* de três dias em Mumbai (ou Bombaim), a cidade mais populosa da Índia, matando ou ferindo cerca de 500 cidadãos e policiais indianos.

Narendra Modi

---

188 "Narendra Modi's presence in social media soars 126% over six months: Blogworks report" (A presença de Narendra Modi na mídia social sobe 126% em seis meses: relatório Blogworks), em *The Economic Times*, 5 de setembro de 2013. Disponível em http://economictimes.indiatimes.com/tech/internet/narendra-modispresence-in-social-media-soars-126-over-six-months-blogworks-report/articleshow/22329287.cms. (Site em inglês. Acesso em 26/04/2016.)

Desde o nascimento dos dois estados do sul da Ásia em 1947, Índia e Paquistão têm lutado abertamente pelo estado da Caxemira na fronteira norte. Com as guerras em 1947, 1965 e 1999, esta região continua a ser o ponto de inflamação mais volátil do subcontinente, pelo qual muitos temem que possa vir a ser a primeira guerra nuclear do século 21. Hoje, gerações de cidadãos comuns na parte Ocidental do Sul da Ásia continuam a ser atormentados por níveis de violência que minam os esforços para a paz e a estabilidade na região. No entanto, é neste caldeirão de conflitos que o Espírito de Deus está penetrando nas vidas de homens e mulheres e oferecendo um caminho diferente daqui para frente.

Momentos de mudança

Logo após a independência indiana e paquistanesa em 1947, ambos os países começaram a expulsar os missionários ocidentais. Aqueles que permaneceram foram, muitas vezes, confrontados com duras restrições forçando-os a limitar a atenção às minorias cristãs locais ou instituições como hospitais e escolas que consumiam todas as horas do dia. Pouco tempo foi deixado para dar atenção às massas perdidas de muçulmanos que continuaram a crescer a uma das taxas mais rápidas do mundo.

Apesar destes desafios, 150 anos de missões cristãs deram passos importantes com relação à semeadura do Evangelho na parte Ocidental do Sul da Ásia. Como o fermento na massa, a influência do Evangelho expandiu, quase invisivelmente, mas de forma penetrante.[189]

Quando colonizadores ocidentais se retiraram da região, o testemunho do Evangelho estava livre para ser aceito ou rejeitado por seus próprios méritos e não por qualquer vantagem que pudesse ser recebida por associação com um estrangeiro.

Embora a parte Ocidental do sul da Ásia do século 21 tenha agora sua própria população cristã local, a maioria destes cristãos é de origens não muçulmanas. Resta ver se vão ou não levar adiante o mandato da Grande Comissão para as massas de muçulmanos que dominam esta região.

Os cristãos estrangeiros que permaneceram na região em sua maioria o fizeram sem uma identidade missionária evidente. Eles agora colaboravam

---

189 Consulte Mateus 13.33, em que Jesus compara o Reino do Céu com o fermento em uma massa.

com parceiros locais e com um grande número de cristãos coreanos, e até mesmo chineses, para, mais uma vez, envolverem-se em uma das maiores concentrações de não cristãos na Terra. Desta vez, em vez de abordar a região politicamente, eles reestruturaram o trabalho na parte Ocidental do Sul da Ásia em termos de seus diversos idiomas e comunidades étnicas. O objetivo destes novos obreiros era garantir que cada povo e cada comunidade linguística tivesse alguma oportunidade de ouvir e responder ao Evangelho.

Para este fim, eles lançaram vários projetos de tradução das Escrituras, incluindo Bíblias orais para analfabetos, transmissões de rádio em muitos dos maiores idiomas comerciais da região, gravações do Evangelho em fita cassete e o amplamente visto filme *JESUS*.

Começando no fim da década de 1990 com pessoas como Ahmed, a transmissão do Evangelho espalhou-se além dos missionários estrangeiros para muçulmanos locais que haviam se cansado de guerra, matança, retaliação e ódio. Desesperadamente à procura de uma *sharia* (modo de vida) diferente da que havia produzido a existência infernal em que se encontrava, o coração de Ahmed, seguido por muitos, muitos outros, abriu-se para um caminho diferente.

Hoje, menos de duas décadas desde que aquele momento de mudança começou, o número de comunidades de fé de origem muçulmana na parte Ocidental do Sul da Ásia chega à casa de dezenas de milhares. Um levantamento local inédito, altamente contestado por muitos, foi realizado em 2010, revelando dezenas de milhares de batismos durante a última década e meia.[190] Este ramo do movimento para Cristo de origem muçulmana afirma ter se espalhado para 20 grupos linguísticos e étnicos e penetrado em oito países.

A história de Ahmed é significativa, não só porque é uma das primeiras, mas porque é típica da transformação de uma vida a partir de uma *sharia* que sancionou a matança e o terror para outra cujo princípio orientador é o amor.

As histórias que emergiram do Cômodo da parte Ocidental do Sul da Ásia na Casa do Islã estão entre as mais brutais e violentas até agora coletadas. Por esta razão, verificamos repetidamente para ver se essas histórias eram,

---

190 Os movimentos muçulmanos para Cristo na parte Ocidental do Sul da Ásia estão entre os mais difíceis de serem avaliados, devido à extrema violência na região. Missionários cristãos que servem no Cômodo estão divididos quanto à plausibilidade de tais movimentos. O leitor terá que decidir sozinho se estes movimentos existem ou não.

de fato, excepcionais ou simplesmente representativas do que está realmente acontecendo na região. Embora existam, certamente, partes da região onde a violência não brutalizou e radicalizou a população tanto quanto o fez nesses relatos, estas histórias não são extraordinárias, ao contrário, são muito típicas para o Cômodo da parte Ocidental do Sul da Ásia.

A mudança de Ahmed

O mesmo Ahmed que tinha jurado matar seu irmão Nasir e "o judeu", Jason, agora estava sentado ao meu lado, ajudando-me a entender o que Deus estava fazendo entre o seu povo.

"Quando eu tinha apenas quatro ou cinco anos", Ahmed disse, "meu pai me jogou na *madrassa* para que eu adquirisse uma educação muçulmana adequada".

"Por que você diz que ele 'jogou' você?", perguntei.

"Porque fui forçado. Cada um dos meus irmãos antes de mim tinha sido enviado para a *madrassa*, mas eles escaparam. Então, quando meu pai me levou, foi embora no início da manhã, quando ainda estava escuro, para que eu fosse incapaz de encontrar o caminho para casa".

A *madrassa* era um internato localizado a alguma distância da aldeia de Ahmed. Sua entrada iniciou um processo de educação islâmica que continuaria até que ele tivesse 18 anos. Durante os primeiros seis anos de sua formação, ele foi autorizado a visitar sua família apenas três vezes.

"Meus irmãos não conseguiam memorizar bem, mas eu tinha uma boa memória. Assim, aos seis anos, fui designado para memorizar o Alcorão em árabe, uma língua que eu não entendia".

A aula começava às quatro da manhã e Ahmed costumava estudar até meia-noite. "Se tentasse escapar de minhas aulas, eu apanhava. Levei três anos para memorizar o Alcorão, mas consegui.

"Quando fiz 12 anos, depois de terminar minha *qaeda* (base) de estudo islâmico, meu pai me deixou voltar para casa para visitar uma vez por semana". Dois anos mais tarde, com 14 anos, Ahmed matriculou-se em uma *madrassa* de ensino secundário na grande cidade de Kebirabad. Foi depois de completar seus estudos secundários em Kebirabad que ele se encontraria com amigos ocidentais de seu irmão Nasir (os *judeus*) Ted Moore e Jason Hanson.

Era importante para a família de Ahmed, por uma boa razão, que ele completasse sua preparação para se tornar um imã. Eles acreditavam que um imã poderia levar sete pessoas com ele para o céu. "Nossa família era grande", explicou Ahmed. "Contando comigo, havia oito de nós. Se eu não terminasse meus estudos, quem iria levar minha família para o paraíso?"

De volta à aldeia, os amigos de Ahmed ficaram zangados com ele por não terem conseguido realizar seu plano de matar Jason. Os professores islâmicos de Ahmed blasfemavam contra ele: "Como você poderá proteger o islã se não pode matar um homem?" "Eu sinto muito", disse Ahmed. "Da próxima vez vou fazer melhor". "Está tudo bem", eles disseram, "vamos fazer um novo plano".

Ahmed continuou: "'Desta vez vamos fazer mais. Vamos encontrar todos os judeus que estão por trás do que está acontecendo e matá-los todos'. Eles disseram. 'Primeiro vamos treiná-lo um pouco mais e, em seguida, iremos enviá-lo de volta para Kebirabad para matar seu irmão e os outros'".

"Quando voltei para Kebirabad, fiquei na casa de Ted Moore. Durante o dia, saía da casa de Ted para tentar descobrir quantas conexões havia com meu irmão em Kebirabad. Meu irmão me levou para o apartamento de outro cristão ocidental e depois outro e outro. Então vi o prédio da igreja onde se encontravam. Escrevi para meu professor e disse: 'Em Kebirabad há muitos judeus e eles têm muitas conexões'."

"Durante esse tempo, Ted Moore tentou arduamente chegar até mim. Ele me convidou para almoçar para falar sobre o islã. Por um ano conversamos sobre muitas coisas. Ele estava tentando compartilhar comigo e eu estava tentando convertê-lo ao islã. Com o tempo, entendi que Ted e Jason não eram judeus; eram cristãos."

"Quando voltei para minha aldeia, meus professores disseram: 'Você precisa de mais treinamento prático para ser *mujahedeen*, e, em seguida, você pode escolher ir para o Afeganistão ou Caxemira'. Escolhi o Afeganistão. Estava perto do final de 1997. O treinamento foi de um mês e meio e depois fui para o Afeganistão. Naqueles dias, os talibãs estavam por toda parte, todos amavam o Talibã. Eu era um talibã."

"Fomos enviados para as cidades para impor a *sharia* (lei islâmica). Se encontrássemos mulheres em público, devíamos bater nelas no traseiro com varas seis vezes, e ferir oito vezes alguém que fosse encontrado não observando o *azan* (a chamada à oração)."

"Certa vez encontramos um companheiro e batemos nele três vezes (oito golpes de cada vez), porque estava andando durante o *namaz* (tempo de oração). Ele estava gritando: "Minha esposa está morrendo, preciso buscar uma parteira para ela. Já fiz o *namaz* em minha casa'."

"À noite, apenas alguns de nossos *mujahedin* retornavam. Assim, muitos estavam sendo mortos. Estávamos lutando contra xiitas, a quem suspeitávamos serem apoiados pelos russos."

"Nossos professores nos disseram que estávamos protegendo o islã de *kafirs*, mas eu podia ver que estávamos matando outros muçulmanos."

"Duas coisas afetaram meu coração. A primeira foi matar uma bebê. Tínhamos sido enviados para matar os xiitas em uma aldeia, e acabamos matando toda a aldeia. Eu peguei uma bebê, talvez de um ou um ano e meio de idade. Ela segurou meu dedo, antes de eu a matar com uma faca envenenada."

Ahmed viu minha reação de espanto.

"Acreditávamos", disse ele, "que matar o inimigo era como matar uma cobra. Matar uma cobra era deixar o islã crescer."

"Outra morte que me afetou profundamente foi quando me ensinaram a cortar a cabeça de uma pessoa. Eles trouxeram um homem com um saco na cabeça. Derramaram areia ao redor dele. Então fizeram-no ajoelhar-se e pressionaram um joelho em suas costas, forçando sua cabeça para trás e expondo sua garganta. Coloquei a faca em sua garganta e o ouvi ofegante aterrorizado. Coloquei a lâmina em sua garganta, enquanto os outros ao meu redor estavam gritando *'Allahu Akbar'*, *'Allahu Akbar'*, repetidamente."

"Larguei a faca. Não consegui fazer. Eles disseram, 'Você deve fazer isso ou vamos te matar'."

"Eu disse 'eu não vou fazer isso' e fugi."

"Meu amigo veio atrás de mim e disse: 'Apenas segure-o e nós o mataremos'. Então eu segurei aquele homem enquanto eles cortaram sua garganta. Isso me afetou profundamente. Fui embora sozinho e, quando meus amigos já não podiam me ver, chorei."

"Naquela noite eles me colocaram para vigiar. Durante toda a noite a imagem daquele homem e da bebê me assombraram."

"Então, naquela noite, fugi. Disse a mim mesmo: 'Ahmed, esta não é a sua vida'. Andei e corri a noite toda e o dia todo e outra noite. Quando cheguei perto de uma aldeia, eles viram que eu estava usando roupas do Talibã. Beijaram minha mão e me deram leite e um lugar para dormir. Eles disseram: 'Nós amamos o Talibã. Fique aqui conosco'."

"Eu lhes disse: 'Estou procurando uma maneira de voltar para a minha casa'. Depois de mais de sete horas de caminhada cheguei a uma estação de trem. As pessoas no trem me amavam porque eu era um talibã. Disseram: 'Sente-se onde quiser, porque você é talibã'. Eles me trouxeram comida e eu adormeci. Estava tão cansado que dormi e passei o ponto da minha aldeia. Não acordei até chegar a Kebirabad."

"As pessoas no trem disseram: 'Nós não queríamos perturbá-lo. Você está servindo a Allah, por isso o estamos servindo'. Parei em uma delegacia de polícia e lhes dei minha arma. Eles disseram: 'Vamos mantê-la para você. Você vai precisar dela novamente'. Eu lhes disse: 'Não. Não. Eu não a quero'."

"Então fui para a casa de Ted Moore. Não sabia que Ted e Nasir estavam orando e jejuando por mim há três dias. Ted e Nasir cuidaram de mim, e eu dormi por dois dias."

"Quando acordei, disse a Ted que meu coração estava mudando. Eu disse: 'Ted, vamos trocar. Eu vou te dar o meu Alcorão, e você me dá sua Bíblia. Então eu vou ver por mim mesmo, e podemos conversar'."

"Voltei para minha aldeia e, por um ano, estudei a Bíblia e Ted estudou o Alcorão. Enquanto isso, escrevíamos um para o outro. Um dia durante o Ramadã, eu estava estudando a Bíblia com muita sinceridade quando minha mãe me chamou para quebrar o jejum aquela noite."

"Naquela noite eu tive um sonho. Através da pequena janela no meu quarto, vi uma grande luz passar, e ela tinha um rosto. A luz falou comigo e disse: 'Eu estou enviando minhas três pessoas para você. Ouça-os, e tudo o que eles disserem, faça'. Três vezes eu tive este sonho."

"Na manhã seguinte, vi Ted Moore, Jason Hanson e meu irmão. Naqueles dias não tínhamos telefones para nos conectar rapidamente. Eles não tinham como saber sobre meus sonhos."

"Ao contrário da primeira visita de Jason, desta vez eu os estava servindo e amando. Estava começando a mudar. Contei a Ted e a Jason sobre o meu sonho."

"Eu disse: 'Por favor, me ajudem, irmãos. Satanás colocou-me em um lugar muito escuro. Como posso descobrir a verdade?' Então, eles compartilharam comigo abertamente que Jesus era Deus. Insistiram para que eu saísse da escuridão para a luz e para o amor de Jesus. Eu lhes disse que primeiro iria falar com minha família."

"Foi durante o *eid* (festival islâmico) que fui falar com minha família. Eu lhes disse: 'Quando tinha quatro anos vocês me jogaram na *madrassa* e disseram que eu seria responsável pela família. Se isso for verdade, vocês vão aceitar qualquer decisão que fizer?' Todos eles disseram, 'Sim, porque no Dia do Juízo, você será o responsável'. Então eu disse: 'Aqui está minha decisão. Estou mudando. Vou levar todos vocês para fora desta vida escura. Estou lhes dando o islã *sahih* (verdadeiro)'."

Ahmed disse mais tarde que ele se via como muçulmano, mas um que estava seguindo Jesus para fora do islã. Na mente de Ahmed, um verdadeiro muçulmano era quem estava realmente submisso à vontade de Deus, e era assim que ele via os seguidores de Jesus. Eram eles que estavam realmente submissos à vontade de Deus; todos os outros muçulmanos estavam seguindo um caminho falso.

"A família de Ahmed respondeu: 'O que quer que você decida, vamos aceitar'. Eu disse: 'Vamos seguir Jesus'. Eles disseram: 'Então, nós o seguiremos'."

"Foi em 1998 que Jason, Nasir e Ted me batizaram em nome do Senhor Jesus."

No ano seguinte, em 1999, uma enchente devastadora desceu pelas montanhas não muito longe da aldeia de Ahmed. Ted Moore foi um dos primeiros socorristas. Lá, ele contraiu encefalite japonesa e morreu poucos dias depois.

A tribo de Deus

Jalal era um homem de 43 anos de uma pequena cidade nas montanhas da parte Ocidental do Sul da Ásia. Perguntado se ele tinha uma família, Jalal era cauteloso: "Sim, eu tenho família". As pessoas da origem de Jalal não gostam de revelar informações sobre sua família. Há um medo constante de que o governo ou justiceiros descubram seu segredo precioso e causem estragos em sua família.

Jalal explicou que abraçou a fé em 2007 e é um seguidor de *Isa* há seis anos.

Esta é sua história.

"Na minha infância eu não estudei", disse ele. "Meu pai era um lutador por nossa tribo. Desde minha infância eu viajava com ele de lugar para lugar, porque meu pai tinha muitos inimigos. Ele me ensinou a ler o *Qur'an Sharif* (o Nobre Alcorão). Muitas pessoas que não sabem ler", ele explicou, "aprendem a ler o Alcorão."

"Enquanto eu viajava com meu pai, às vezes movíamos armas e, às vezes, comida de uma montanha para outra. Eu o ajudava e crescia nas montanhas. Meu pai se orgulhava muito de mim. Ele colocou sua arma na minha mão e disse: 'Depois de mim, você vai possuir esta arma'. Depois que meu pai morreu, eu me tornei o mais velho do grupo."

"As pessoas em nossas aldeias me honravam por protegê-las da captura do governo. Um dia, porém, uma grande enchente varreu nossas aldeias. A inundação levou animais, casas e famílias. Não pude fazer nada para proteger meu povo."

"Depois da inundação, pessoas de fora – não estrangeiros, mas camponeses de outra tribo – vieram para a nossa área para tentar ajudar. Quando isso aconteceu, eu disse ao meu grupo: 'Temos que proteger nosso povo. Não conhecemos esses forasteiros, e talvez levem nossas mulheres e nossos bens. Devemos protegê-los'."

"Assistimos aos esforços de resgate através de binóculos. Vimos alguns daqueles forasteiros tocando nossas mulheres de modo inadequado. Então, viemos até a aldeia e os atacamos, dizendo: 'Ninguém de fora pode vir aqui para ajudar. Nós vamos ajudar nosso próprio povo'."

"No terceiro dia da inundação, outro grupo de forasteiros veio, mas eles estavam todos vestindo *shalwar kameezes* (trajes locais). Um dos membros do nosso grupo lhes perguntou: 'Quem são vocês?' Eles disseram: 'Viemos para ajudar'. Então nós dissemos a eles: 'Ninguém da cidade pode vir e ajudar'. Eles responderam: 'Não somos da cidade, somos tribais como vocês'."

"Porque eles eram tribais como nós, permitimos que ajudassem. Sabíamos que iriam respeitar nossas mulheres e nossos bens. Eles começaram transferindo nosso povo e animais para terrenos mais altos e para um local mais seguro."

"Assisti através dos binóculos, até que vi que eles tinham terminado de transferir todos, mas estes estranhos não estavam indo embora. Então desci da montanha e disse-lhes: 'Agora vocês devem ir'. Mas os próprios moradores da aldeia vieram até mim e disseram: 'Não, não queremos que essas pessoas se vão. Elas são boas pessoas'."

"Eu disse: 'Se eles não deixarem a aldeia em duas semanas, vou matar todos eles'."

"Os moradores da aldeia ficaram no meio de um dilema. Eles gostavam dos forasteiros, mas também me respeitavam. Como aviso a eles, eu disse: 'Vocês sabem que, se nossas tribos começarem a lutar, não vamos parar'. Novamente insisti: 'Nós não precisamos mais de ajuda'."

"Porque eu era um homem procurado, voltei para as montanhas, mas mantive meus olhos sobre a aldeia. Ao longo dos dias seguintes, grupos de cinco a oito pessoas começaram a chegar à aldeia. À noite, soube que eles estavam compartilhando histórias antigas sobre os profetas do passado. Meu povo relatou essas coisas para mim."

"Quanto mais ouvia, mais zangado eu ficava. Então, uma noite, fui até a aldeia e queimei as tendas dos forasteiros. Quando eles saíram correndo de suas tendas, bati neles, gritando: 'Vão embora!' Depois voltei para as montanhas e esperei que eles retaliassem."

"Depois que apagaram o fogo, os forasteiros tribais sentaram-se com alguns dos moradores da aldeia. Abriram seu livro, leram-no e começaram a orar juntos. Eu estava assistindo de perto, esperando que esta ação desencadeasse uma chamada à batalha, mas eles não fizeram nada mais do que ler e orar."

"Pela primeira vez na minha vida eu estava realmente preocupado que uma tribo me atacasse. Estava com medo de que eles fossem uma tribo poderosa, que viessem e me esmagassem como um elefante esmaga uma plantação. Durante uma semana, o meu grupo e eu nos escondemos nas montanhas. Então, um dia, decidi enviar um de meus homens até eles como um emissário."

"Ele encontrou os forasteiros ministrando às pessoas, como haviam feito antes. Meu homem disse: 'Dissemos para vocês irem embora. Batemos em vocês. Por que você não foram embora e por que você não buscaram vingança?' Eles disseram: 'Estamos só ajudando. Não estamos interessados em vingança. Se você nos matar, é por decisão sua. Não vamos revidar'."

"Quando meu mensageiro relatou isso, fiquei muito zangado. Fiz planos com meu grupo para descer e matar todos eles. Então, lançamos outro ataque. Atiramos neles, mas em vez de matá-los, as balas não os alcançaram, mesmo assim conseguiram ferir seus pés. Tínhamos decidido que se matássemos um ou dois deles, os outros iriam embora, mas isso não aconteceu. Os feridos foram levados para o hospital. E nós nos retiramos novamente para as montanhas."

"Agora eu tinha certeza de que aquela tribo viria nos atacar. Não era normal para uma tribo não atacar. Disse para o meu grupo: 'Devemos fugir agora', e nos retiramos ainda mais para as montanhas."

"No dia seguinte, os próprios moradores da aldeia estavam muito zangados conosco. Eles pegaram as armas e vieram para as montanhas à nossa procura. Entraram em meu acampamento com algumas de suas crianças e gritaram para nós: 'Por que você está tentando matar aquelas pessoas? Elas são boas pessoas'."

"Eu os avisei: 'Nunca vou permitir que aqueles forasteiros permaneçam. Eles estão planejando tomar o controle de nossa aldeia'."

"Então, os moradores da aldeia voltaram com armas e pensei que iam me matar, porém estavam apenas conversando comigo e me alertando. Mas o meu coração era como uma rocha. Eles me disseram: 'Se você não parar esse ataque, vamos matá-los, ou vamos dizer às autoridades a localização de seu acampamento, e eles vão matá-los'."

"Assim, por um ano fiquei longe, mas continuei a observar a aldeia. Em meu coração, entretanto, alguma coisa estava acontecendo. Finalmente, uma noite, desci para a aldeia, sentei-me com esses forasteiros tribais e os ouvi."

"Vi que havia algumas mesquitas na aldeia. Eu sabia que a inundação tinha acabado com todas, mas aqueles forasteiros tinham reconstruído mesquitas. Nós nos sentamos em uma delas e lhes perguntei: 'Por que seu povo não tem medo? Por que vocês não lutam por sua tribo?' Eles disseram: 'Não. Não lutamos contra vocês. Somos a tribo de Deus'. Eu nunca tinha ouvido aquilo antes. Eu disse: 'Não. Deus não tem uma tribo'. Mas eu pensava sobre isso."

"Eles estavam mudando muitas coisas na minha tribo, ensinando-lhes como podiam ajudar uns aos outros. Estavam procurando por terras desocupadas para as quais poderiam realocar as famílias afetadas pela enchente. Estavam construindo escolas."

"Um dia perguntei a eles: 'O que é essa nova tribo que você está chamando de tribo de Deus? Eu esperava que a sua tribo viesse e me matasse, mas não fizeram isso. Diga-me, o que é essa nova tribo?'"

"Eles me contaram muitas histórias sobre profetas e, em seguida, sobre Jesus. Aprendi muitas coisas com eles."

"Uma noite, enquanto eles estavam compartilhando comigo sobre sua tribo, algo aconteceu em meu coração. Pensei nos meus muitos pecados, meus muitos assassinatos e espancamentos de pessoas."

"Então comecei a pensar sobre a vida de Maomé. Eu me perguntava se essa era a tribo de Maomé, a matança e o espancamento de pessoas. A tribo que eles descreveram, a tribo de Deus, era muito boa."

"Percebi que eu não tinha nada. Estava vivendo nas montanhas toda a minha vida com nada."

"Escutei por mais oito meses antes de fazer meu grupo descer das montanhas. Assistimos a um filme naquela noite com eles. Era em meu próprio idioma tribal, o primeiro na minha língua que eu já tinha visto."

"Vi como muitos guerreiros tribais fortes foram tocados e levados às lágrimas enquanto assistiam. Ficou claro para mim que aquele era um filme santo. Instruí meu grupo a colocar as armas no canto, por respeito ao filme. Assistimos ao filme inteiro. Pela primeira vez, eu estava vendo a vida de *Hazrat Isa al-Masih*.[191] Depois do filme, minhas mãos tremiam quando peguei minha arma e conduzi meu grupo de volta para as montanhas."

"Acampamos em um só lugar nas montanhas pelos próximos três meses. Um dos membros do meu grupo disse: 'Por que não estamos nos movendo? Eu lhe disse: 'Não quero mais esta vida'. E com isso, desci em direção à aldeia. Era uma sexta-feira. O grupo estava orando e lendo a *Kalam* (Bíblia) juntos. Juntei-me a eles."

"Depois de quatro horas, quando terminaram sua reunião, perguntei-lhes: 'Qual é o castigo para mim, para que eu possa receber o castigo deste grupo pelos meus pecados contra vocês? Bati e atirei em vocês. Qual é o castigo que sua fé diz que devo pagar pelos grandes pecados que cometi?'"

"Eles me disseram: 'Não. Não há punição para você. Nós o amamos'."

"Um deles, que tinha aproximadamente minha idade, veio até mim, me abraçou e me beijou no rosto. Ele disse: 'Deus o perdoou'. Eu disse: 'Mas como?' Ele disse: 'Se eu te contar, você vai aceitar?' Eu disse: 'Sim! Por muitos meses não tenho dormido'. Ele me disse: 'Caminhe pela verdadeira vida

---

191 *Hazrat*, significa "Sua Presença" ou "Sua Eminência". É um termo islâmico comum para Jesus e os profetas

Eu disse: 'Como posso fazer isso?' Ele respondeu: 'Seja batizado e caminhe conosco.'"

"Virei-me para o meu grupo e disse: 'Se eu aceitar esse novo caminho, vocês vão me seguir?' E todos eles disseram: 'Sim, senhor.'"

"Os moradores da minha aldeia ficaram muito felizes e se reuniram em volta de mim. Joguei minha arma. Perguntei ao meu grupo: 'Vocês podem jogar suas armas?' Eles as jogaram, e todos nós recebemos o batismo naquele dia.'"

Eu sondei mais a fundo: "Jalal, quem é Jesus para você?"

"Jesus está na minha vida. Ele é uma sombra. Estou vivendo sob a sombra dele e sinto paz. Ele é Deus. Meu corpo foi dado a ele. Acredito que ele veio pelos nossos pecados, porque eu era um grande pecador."

"E quem é Maomé para você?", perguntei. "O que o Alcorão significa para você?"

"As pessoas estão dizendo que Maomé é um profeta, mas ele não é um profeta em minha vida. *Saidna al-Masih* é Deus e sua vida é um modelo para mim. Maomé é apenas um homem. O verdadeiro Alcorão é a Bíblia."

Perguntei a Jalal: "Fale-me sobre sua *jamaat*. Quando vocês se encontram e o que fazem lá?"

"Nós nos encontramos todas as sextas-feiras. Nossa *jamaat* está se concentrando nas coisas que estão vindo do islã para a vida dos cristãos. Estamos dizendo: 'Retirem todas essas coisas que são do islã e recebam a *sharia* do *Saidna Isa*'. Lemos a Bíblia e a aplicamos em nossa vida."

Um segundo despertamento

Até agora, todas as minhas entrevistas tinham sido com homens. As mulheres neste canto da parte Ocidental do Sul da Ásia raramente são vistas por pessoas de fora. Há um ditado nestas montanhas: "Você não deve comer outra refeição se houver uma filha de 16 anos em sua casa que ainda não é casada".

Ao contrário de algumas partes do mundo muçulmano, onde sequestrar esposas e filhas é explicado como um testemunho de seu grande valor, estes homens não tinham nenhuma dessas ilusões. As mulheres eram apenas tesouros no sentido de que eram propriedades. No entanto, seu valor era raramente superior ao de um cavalo ou de uma cabra premiada.

Um cristão americano que passou muitos anos entre essas pessoas explicou que a lacuna entre homens e mulheres é ainda maior do que qualquer divisão étnica ou separação tribal. Ele disse que, até aquele momento, esse movimento muçulmano tinha sido quase inteiramente um movimento de homens. Assim, mesmo após estes homens abraçarem a fé em Cristo e nascerem de novo, eles ainda têm pouco a dizer a suas esposas. Por toda sua vida de casado, um homem pode nunca ter tido uma conversa significativa com sua esposa. Agora, de repente, ele teve essa mudança espiritual tremenda, nasceu de novo, mas se for para casa e tentar falar com sua esposa sobre isso, ela vai pensar que ele está louco. Ele não tem nenhum relacionamento significativo com ela. Se ela descobrir sua fé em *Isa*, provavelmente o deixará ou o denunciará ao imã.

Ahmed explicou: "Em nossa cultura, as mulheres são como sapatos. Nós apenas os calçamos e, então, quando estão velhos, os jogamos fora".

"Entre o nosso povo", disse ele, "quando um jovem completa 18 anos, seu pai está pensando: *Meu filho está crescido agora, preciso encontrar uma esposa para ele.* Então ele sai e encontra uma esposa para seu filho. Quando ele traz a moça para o casamento, o rapaz está pensando: *Ela não é minha, porque meu pai e minha mãe a escolheram para mim.*"

"E, muitas vezes, a mãe vai dizer a seu filho: 'Eu comprei esta moça para você e ela é minha. Não dê ouvidos a ela. Apenas venha e durma com ela e, em seguida, vá'. A mãe e o pai ensinam o filho a não confiar em sua nova esposa. Dizem-lhe: 'Ela é o seu primeiro inimigo. Se você lhe der muita informação, ela vai usá-la para matá-lo'. Então, não contamos às nossas esposas o que estamos fazendo, para onde estamos indo ou o que estamos pensando."

Ahmed continuou: "Se uma mulher fizer algo que não agrade a seu marido, talvez atrasar a comida ou não cuidar adequadamente dos animais, o marido e seus irmãos vão agarrá-la pelos cabelos e arrastá-la pelas ruas até o cemitério, e vão enterrá-la viva". Ahmed disse: "Esta não é uma história antiga. Isso acontece agora. Por uma série de razões, nós homens faríamos isso".

Para os cristãos neste movimento, isso está mudando, embora ainda haja um longo caminho a percorrer. A mudança ainda é muito recente; aconteceu em junho de 2008. Os missionários ocidentais Joe e Donna tinham planejado, para uma consulta em educação, que uma jovem professora do Ocidente chamada Rachel conduzisse um *workshop* para uma dúzia de mulheres de aldeias tribais muçulmanas. Eles esperavam treinar as mulheres para se tornarem professoras em lugares onde não há escolas.

Donna recorda: "O tempo estava muito quente, mas queríamos ser culturalmente sensíveis, então Rachel e eu usamos roupas que nos cobriam da cabeça aos pés. Em seguida, viajamos por uma hora através da cidade, de onde estávamos até um centro de retiros católico onde a conferência de ensino seria realizada. O centro de retiros era bastante acessível por causa dos leprosos que frequentavam suas fontes de água fresca. Isso também assegurava sua privacidade contra curiosos de fora".

"No primeiro dia, para nossa surpresa, em vez de doze mulheres, recebemos doze homens!"

"Os homens, maridos das doze mulheres que eram esperadas, tinham ficado preocupados com o pensamento de suas esposas viajando para a cidade sem sua proteção. Então, no último minuto, vetaram a participação de suas esposas e, não querendo decepcionar os estrangeiros, foram no lugar delas."

O primeiro dia foi meio que um fiasco. Os homens da tribo ficaram horrorizados com o pensamento de duas mulheres, mesmo mulheres ocidentais, ensinando-lhes qualquer coisa. Para o seu tradutor, Ahmed (o mesmo Ahmed cuja história está relatada acima), eles murmuraram: 'As mulheres podem realmente nos ensinar?' Como era seu costume, os homens desviavam os olhos, nunca olhando diretamente para as duas instrutoras totalmente vestidas que estavam em pé transpirando diante deles.

Foi durante o almoço que um gatilho de mudança inesperado foi acionado. Os doze homens, como todos em sua cultura, não falam durante as refeições. Assim, enquanto eles estavam sentados em uma das extremidades da mesa de jantar, em silêncio, devorando seu arroz e *dhal* (lentilhas), Ahmed tentou manter uma conversa educada, embora desajeitada, no outro extremo da mesa com Donna e Rachel.

A conversa continuou aos tropeços até que Ahmed perguntou casualmente às duas mulheres: "Não deveríamos bater em nossas esposas?"

As duas mulheres pararam de comer. Donna disse: "Eu pensei que ele estava brincando, e levantei os olhos para ver se ele estava sorrindo. Mas ele estava muito sério. Então eu disse: 'Não, é claro que você não deve bater em sua esposa!'"

Ahmed respondeu inocentemente: "Bem, o que a Bíblia diz sobre isso?"

Donna ficou sem palavras. Nunca alguém tinha feito a ela esta pergunta. Rachel voltou para a sua refeição. Donna bebeu um pouco de água, antes de dizer: "Deixe-me pesquisar sobre isso e eu vou te dizer o que eu encontrar".

As sessões da tarde passaram com o mesmo efeito dúbio como a sessão da manhã. Enquanto Donna e Rachel voltavam para o hotel, a mente de Donna já estava voltada ao exame das Escrituras para responder à pergunta de Ahmed: *O que a Bíblia diz sobre isso?*

Naquela noite, em vez de fugir de seus quartos apertados para um *fast food* e ar-condicionado, Donna insistiu em estudar meticulosamente a Bíblia. À medida que Deus a dirigia para passagens bíblicas relevantes, ela as enviava por mensagem de texto para o celular de Ahmed no centro de conferências.

Seu primeiro texto:

> Gênesis 2.18-24: *É por isso que o homem deixa o seu pai e a sua mãe para se unir com a sua mulher, e os dois se tornam uma só pessoa* (v. 24)

Donna passou as horas seguintes comunicando o que a Bíblia tem a dizer sobre o amor de Deus para com as mulheres e seu desejo de que seu povo as ame também.

> Efésios 4.17-32: *Portanto abandonem a velha natureza de vocês, que fazia com que vocês vivessem uma vida de pecados* (v. 22a) [...] *Pelo contrário, sejam bons e atenciosos uns para com os outros* (v. 32a).

> Efésios 5.25-33: *Marido, ame a sua esposa, assim como Cristo amou a Igreja e deu a sua vida por ela* (v. 25).

> 1 Coríntios 13: *Quem ama é paciente e bondoso. Quem ama não é ciumento, nem orgulhoso, nem vaidoso. Quem ama não é grosseiro nem egoísta; não fica irritado, nem guarda mágoas* (v. 4s). *Quem ama nunca desiste, porém suporta tudo com fé, esperança e paciência* (v. 7).

> Gênesis 29.31-35: [...] *agora o meu marido vai me amar* (v. 32b).

> Provérbios 14.16: *Quem tem juízo toma cuidado a fim de não se meter em dificuldades, mas o tolo é descuidado e age sem pensar.*

Porções das Escrituras e perguntas provocadoras continuaram a voar do celular de Donna, atravessando a cidade até o de Ahmed, a uma hora e cerca de 2.000 anos de distância. Ela trabalhava fervorosamente, sabendo que estava programada uma interrupção na rede de energia do país a qualquer momento.

Quando a eletricidade finalmente foi cortada e ela não podia mais enxergar sua Bíblia, Donna deitou-se em sua cama, na escuridão, e chorou.

Na manhã seguinte, as duas mulheres chegaram ao centro de retiros logo após o café da manhã. Antes de prosseguirem com seu programa, Ahmed explicou-lhes que ninguém tinha dormido naquela noite. "Durante toda a noite", disse ele, "nós ficamos falando sobre essas coisas que você nos enviou. Conversamos sobre o que Jesus estava dizendo sobre as mulheres, como devemos mudar e como devemos tratar as nossas mulheres".

Depois que os homens se reuniram na sala de treinamento, um deles ficou em pé. Ele virou a cabeça para um lado, porque era contra a sua cultura que outros vissem as lágrimas brilhando em seus olhos. Ele disse: "Tenho feito muitas, muitas coisas erradas contra minha esposa, e tenho participado do assassinato de mulheres".

Quando os outros homens ouviram o que ele disse, começaram a falar. Um após o outro, eles se levantavam e diziam: "Eu não vou bater em minha esposa". "Eu não vou bater em minha esposa". "Eu não vou bater em minha esposa e eu vou impedir os outros de bater em suas esposas". Eles acrescentaram: "E nós vamos dizer às nossas esposas para onde vamos todos os dias". Eles disseram: "Depois de hoje, vamos tratar as nossas esposas com respeito".

Poderia ser tão simples assim?

"Não tem sido fácil", admitiu Ahmed. "Não tem sido fácil para mim. Isso foi uma grande mudança para nós. Desde que começamos a estudar a Palavra de Deus, não pensamos sobre o que ela significava para as mulheres. Estávamos lendo, mas nos concentrando no que estava acontecendo em nossa cultura como homens, em como poderíamos mudar isso. Sabíamos que seria muito difícil para nós mudarmos a cultura. Mas não estávamos pensando que Deus poderia também estar chamando mulheres. Nós estávamos felizes com *nossa* vida. Homens, homens, homens, *jamaat* dos homens; treinamento dos homens; ministério dos homens".

Com o encerramento da conferência para professores, foi lançado um movimento de mulheres. Os homens, líderes do movimento, começaram a pedir mais treinamento que incentivasse alcançar as mulheres. Eles não tiveram que olhar muito longe.

Joe compartilhou com Ahmed insights que tinha aprendido com Nik Ripken, cujo livro *The Insanity of God* (A insanidade de Deus) explorou os efeitos da perseguição no mundo muçulmano.[192] Examinando estudos de casos em todo o mundo, Nik aprendeu que deixar de discipular as mulheres em um movimento tinha terríveis consequências em tempos de perseguição.

Ahmed disse: "Nós aprendemos que, quando a perseguição se torna severa e os homens são mortos ou encarcerados, nossas esposas seriam entregues à mesquita ou aos líderes tribais. Nossos filhos não teriam ninguém para ensinar-lhes o caminho de Jesus. Dentro de um curto espaço de tempo, nosso movimento deixaria de existir".

Joe acrescentou: "Ripken nos ensinou que as mulheres são a chave para o futuro do movimento".

Isso fazia sentido, mesmo para os homens mais endurecidos. "As coisas estão mudando", disse Ahmed. "No ano passado, mais de 100 líderes *jamaat* me disseram: 'Eu não bato mais na minha esposa'". Hoje, embora permaneça menor do que o dos homens, o movimento das mulheres deu início a centenas de *jamaats* de mulheres e está crescendo ao mesmo ritmo que o movimento dos homens.

"Na história de qualquer movimento", o marido de Donna, Joe, disse, "existem momentos decisivos de mudança. Esse treinamento de professores foi um grande momento de mudança".

Não tinha nada a ver com treinar professores. Tudo começou com uma pergunta de um seguidor de Cristo local para uma mulher cristã ocidental: "Não devemos bater em nossas esposas?" Mas o momento da mudança veio com a resposta: "Vamos fazer o que Deus disser".

---

192 Nik Ripken, *The Insanity of God: A True Story of Faith Resurrected* (A insanidade de Deus: uma história verdadeira de ressurreição da fé) (Nashville: B&H Publishing Group, 2012).

DISCUSSÃO EM GRUPOS PEQUENOS
DESCUBRA POR SI MESMO

1. Quais impressões você obteve deste capítulo?

2. Como Deus está operando no Cômodo da parte Ocidental do Sul da Ásia?

3. Discuta a história de Ahmed. O que Deus usou para trazê-lo à fé?

4. Qual foi o momento de mudança para os movimentos neste Cômodo?

Capítulo 12
O Cômodo Árabe

> [...] *o Universo todo geme e sofre como uma mulher que está em trabalho de parto.*
>
> Romanos 8.22

Em uma noite quente durante o Ramadã, em agosto de 2011, pairando sobre a antiga mesquita e a universidade que serve como o coração teológico do mundo muçulmano árabe no famoso distrito al-Azhar, da antiga cidade do Cairo, podia-se ouvir claramente o Voices of Inspiration (Vozes de Inspiração), um coral do Brooklyn, Nova Iorque, cantando: *Amazing grace how sweet the sound, that saved a wretch like me. I once was lost but now am found, was blind but now I see*[193] (Maravilhosa graça, quão doce é o som, que salvou um miserável como eu. Eu estive perdido, mas agora fui encontrado, era cego, mas agora eu vejo).

O evento mostrou o que poderia ter sido, no mundo árabe, um intercâmbio pacífico de fé e respeito entre dois povos antigos. Apenas seis meses antes, centenas de milhares de muçulmanos e cristãos juntaram forças nas ruas do Cairo exigindo a derrubada do ditador Hosni Mubarak, que estava no poder há 30 anos. Mas quando a maioria muçulmana do Egito elegeu o candidato da Irmandade Muçulmana, Mohamed Morsi, para a presidência, a colaboração começou a se desfazer.

Mesquita Al Azhar

---

193 Chitra Kalyani, "Gospel joins *ansheed* (Islamic chanting) at Sufi Fest" [O Evangelho se une ao *ansheed* (canto islâmico) no Festival Sufi], in: *Daily News*, Egito, 17 de agosto de 2011. O hino "Amazing Grace" (Maravilhosa Graça) foi escrito por John Newton (1779) e é de domínio público.

Dezoito meses mais tarde, manifestantes mais uma vez tomaram as ruas, desta vez pedindo a renúncia de Morsi.

Em ambos os casos, os ativistas usaram as mídias sociais – Facebook e Twitter – para mobilizar e organizar as manifestações. Em seguida, utilizaram as câmeras dos celulares para filmar as atrocidades militares, enviando as imagens para a Internet através da qual eles as espalharam para o mundo.

Bem ou mal, as hostilidades que haviam permanecido presas dentro do mundo árabe por gerações foram agora desvendadas, conectadas e canalizadas para causar mudanças no mundo árabe.

al-Watan al-Arabi (A Nação Árabe)

Há muitas maneiras de classificar os árabes. Nos idiomas semíticos antigos, anteriores às atuais nacionalidades históricas, a palavra "árabe" (em Hebraico, *'ereb*) foi usada para conotar o deserto e as pessoas que viviam lá.[194]

Em seu sentido mais amplo, árabe passou a significar qualquer pessoa ou pessoas que falam uma versão do idioma árabe. Este grupo de pessoas agora é vasto. No século após a morte de Maomé, exércitos árabes ampliaram um império maior do que Roma em seus tempos áureos, assimilando em sua cultura e idioma mais povos estrangeiros do que qualquer outra cultura na história.[195]

Hagar e Ismael

Os árabes de hoje são um amálgama de raças e nacionalidades que, individualmente, dão testemunho desse legado conquistador. Os mouros cor-de-café na Mauritânia chamam a si mesmos de árabes e falam um dialeto iemenita trazido pelos guerreiros beduínos há um milênio. Os aborígenes berberes da Líbia em *Jebel Nefus* (Montanha das Almas) agora reconhecem apenas o árabe como língua nativa. Egípcios faraônicos, nubianos do Nilo, libaneses siro-fenícios e bálcãs de ascendência mameluca foram todos absorvidos na esfera do grande *al-Watan al-Arabi*, a nação árabe.

---

194 Philip Hitti, *History of the Arabs, 10th edition* (História dos árabes, 10ª edição) 14ª reimpressão (Londres: MacMillan Education Ltd., 1991): p. 41.

195 Ibid., p. 4.

Capítulo 12 - O Cômodo Árabe

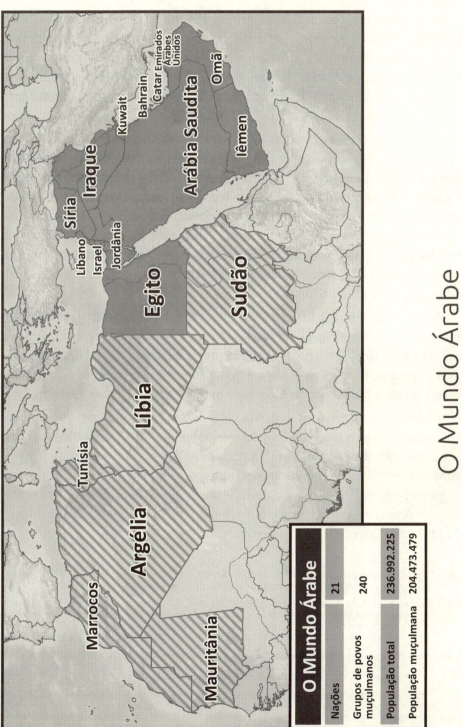

De acordo com suas raízes, os árabes são um povo semita, irmãos mais velhos dos judeus, remontando a um pai comum, Abraão. Ao longo de sua história, eles entram e saem do registro bíblico do mundo árabe, a partir da história do filho de Abraão, Ismael, (Gn 16.11s), à esposa midianita de Moisés, Zípora, filha de Jetro, um sacerdote midianita árabe que deu refúgio para o fugitivo Moisés (Êx 2.18-22).

Hoje, abrangendo muitas nações e povos étnicos, os falantes de árabe formam o quarto ou quinto maior grupo linguístico no mundo.[196] Na realidade, o idioma árabe é uma família de idiomas. Embora o árabe padrão moderno seja a língua escrita e oficial utilizada em todo o mundo árabe, suas versões coloquiais variam muito do Marrocos ao Iraque, e muitos habitantes de língua árabe consideram o vocabulário do Alcorão do século 7 quase ininteligível. O analfabetismo continua a ser a pedra no sapato do mundo de fala árabe. Mais da metade de todos os cidadãos iraquianos, mauritanos e iemenitas é analfabeta, com o analfabetismo entre as mulheres nesses países na casa dos 76 por cento.[197]

A Liga Árabe conta com 22 países membros, espalhados por mais de oito milhões de quilômetros quadrados com uma população de mais de 400 milhões de cidadãos. Cerca de 237 milhões desses cidadãos falam um dialeto do árabe como primeira língua. Ao adicionar todos os que contam com o árabe como língua intraduzível do Alcorão, o número aumenta para 1,6 bilhão.[198]

Embora muitos ocidentais ainda considerem "árabe" como sinônimo de "muçulmano", mais de cinco por cento da população do Oriente Médio é composta por cristãos, e a maioria da população árabe na América do Norte e América do Sul é de cristãos árabes, não muçulmanos. Muito parecido com os peregrinos de língua inglesa que chegaram antes deles, estes cristãos árabes nas Américas vieram para o novo mundo fugindo da perseguição ou buscando maior liberdade econômica e social.[199]

---

[196] "Lista de idiomas por número de falantes nativos", *Wikipedia*, em: https://en.wikipedia.org/wiki/List_of_languages_by_number_of_native_speakers (Site em inglês. Acesso em 28/04/2016.)

[197] "Literacy and Adult Education in the Arab World" (Alfabetização e educação de adultos no Mundo Árabe), Unesco-Beirut, Regional Office For Education In The Arab States *(UNESCO-Beirute, escritório regional para educação nos Estados árabes) Relatório Regional de 2003*, disponível em: http://www.unesco.org/education/uie/pdf/country/arab_world.pdf, p. 11. (Site em inglês. Acesso em 28/04/2016.)

[198] Enquanto os cristãos pensam que a Bíblia pode e deve ser traduzida para idiomas locais, os muçulmanos acreditam que o Alcorão é intraduzível e é exato apenas em árabe. Todas as traduções do Alcorão, portanto, são consideradas paráfrases e não são facilmente acessíveis.

[199] "The Arab American Institute | Arab Americans" (Instituto árabe-americano | Americanos árabes). (https://en.wikipedia.org/wiki/Arab_American_Institute.) "Arabs" em *Wikipedia*, disponível em: http://en.wikipedia.org/wiki/Arab_people#Christianity. (Site em inglês) [Algumas informações em português em "Árabes", https://pt.wikipedia.org/wiki/Árabes.] (Acessos em 29/04/2016)

Os árabes muçulmanos veem sua história como evidência da mão milagrosa de Deus. O fato de um bando de guerreiros religiosos seminômades surgir das areias escaldantes da Península Arábica para desafiar, derrotar e conquistar as maiores potências militares da história dá peso a uma interpretação tão elevada.

Dentro de duas décadas da morte de Maomé, a cavalaria árabe tinha derrotado os duros exércitos de fronteira dos bizantinos nas antigas cidades de Damasco, Jerusalém e Alexandria. Sem se intimidarem com um império persa que havia sufocado o avanço romano por oitocentos anos, a milícia árabe, muito inferior, varreu o Império Persa com uma vitória decisiva após outra.

Os árabes hoje estão bem conscientes de sua história orgulhosa, que tornou sua situação atual muito mais dolorosa de aceitar. Ao longo dos séculos, o grande império árabe foi conquistado e subjugado por persas, mongóis e turcos otomanos, mas, em cada caso, foi a fé islâmica que acabou conquistando seus conquistadores.

Tudo isso mudou com a invasão dos europeus, que não eram muçulmanos nem inclinados a abraçar o Islã. As primeiras incursões da Europa para o mundo árabe foram os cruzados dos séculos 11 e 12, cujas vitórias provaram ser efêmeras. Em vez de converter os árabes a sua fé católica, as atrocidades dos cruzados, na verdade, fizeram com que muitos árabes cristãos nativos mudassem de lado e se juntassem aos muçulmanos para defender sua pátria.

A circunavegação do continente africano no século 15 por Vasco da Gama abriu um novo capítulo na história do mundo árabe. Até o século 19, as potências europeias não muçulmanas haviam colonizado praticamente todos os cantos do *Watan al-Arab*, desencadeando uma onda de ocidentalização da qual a região ainda não se recuperou totalmente.

A consternação ao longo dos séculos de declínio do mundo árabe levou a uma chamada interna para um retorno aos puros ideais islâmicos. Fundamentalismos islâmicos surgiram em todo o mundo árabe, incluindo o salafismo (do árabe *salafi*, literalmente "antepassados", conotando

Vasco da Gama

um retorno ao islã primitivo) e o wahhabismo na Arábia Saudita à Irmandade Muçulmana no Egito, que deu origem à al-Qaeda.

Outros árabes buscaram um renascimento através do pan-arabismo. Michael Aflaq (1910-1989), um árabe cristão secular da Síria, ajudou a formar o partido *Baathist* (ressurreição ou renascença) em 1947, com o objetivo de unir todos os árabes em uma causa comum de desenvolvimento e surgimento de séculos de constrangimento colonial.

Líderes nacionalistas árabes contemporâneos, tais como os Assad da Síria, Mubarak do Egito, Kaddafi da Líbia, e Ben Ali da Tunísia, estão todos vendo ou viram o final deste experimento no nacionalismo árabe. Da mesma forma, as monarquias árabes na Península Arábica, Jordânia e Marrocos estão sob pressão para mudar. Por outro lado, o fundamentalismo islâmico, apesar da guerra global contra o terror, continua vibrante. O destino do mundo árabe está claramente ainda por ser escrito.

As duas peças finais no drama contemporâneo árabe são o petróleo e Israel. No alvorecer do século 20, ninguém poderia imaginar que esses dois fatores, a exploração do petróleo e o estabelecimento de um Estado judeu na Palestina, seriam as forças mais significativas a moldar o mundo árabe no século 21.

Antes da descoberta de petróleo em 1938 em Dhahran na Arábia Saudita, a principal fonte de renda na Península Arábica era o imposto *Hajj*, coletado dos peregrinos que visitam os lugares santos de Meca e Medina. Hoje, a Arábia Saudita controla 20 por cento das reservas conhecidas de petróleo do mundo[200], e com isso uma enorme quantidade de riqueza e influência. Em emirados árabes vizinhos a riqueza do petróleo construiu fabulosas cidades-estados onde havia deserto que causariam inveja até no gênio de Aladim.

Os petrodólares árabes também foram derramados para o avanço do islã global, desde o legado bastante benigno do Rei Fahd, de traduzir o Alcorão em todos os idiomas do mundo, até a construção de mesquitas e centros islâmicos em cidades e aldeias nas fronteiras muçulmanas ao redor do mundo, bilionários árabes não têm relutado em abastecer o *Dawa* muçulmano (empreendimento de missão), com suas riquezas recém-adquiridas.

---

[200] As vizinhanças de Abu Dhabi, por exemplo, estão assentadas em mais de 10 por cento das reservas de óleo conhecidas no mundo. Consulte "Independent Statistics & Analysis" (Estatísticas & Análise Independentes) no website da U.S. Energy Information Administration em http://www.eia.gov/countries/index.cfm?view=reserves#allcountries. (Site em inglês. Acesso em 29/04/2016)

Centenas de milhões de petrodólares também têm sido utilizados para assuntos políticos: causas palestinas, o Talibã no Paquistão e os insurgentes sunitas que lutam contra o regime do presidente alauita[201], Bashar al-Assad, na Síria. Como a ideologia islâmica dominante da Arábia Saudita, o wahhabismo fundamentalista talvez esteja sendo o principal beneficiário da riqueza do petróleo árabe.

A riqueza do petróleo também tem alimentado as disparidades econômicas dentro do mundo árabe, o que levou monarquias ricas em petróleo a imporem controles cada vez mais rigorosos sobre os assuntos dentro de seus domínios.[202] Todos os que vivem e trabalham na Península Arábica, rica em petróleo, o fazem com o conhecimento de que estão vivendo em um estado policial que é paranoico com relação à ameaça de instabilidade social e política.

Desde 1948, os árabes têm visto e usado o estabelecimento do Estado de Israel como um grito de guerra para a unidade árabe e a *jihad*. Apesar de tratados de paz desconfortáveis terem sido forjados com os vizinhos de Israel, Jordânia e Egito, a opinião popular no mundo árabe continua a enxergar o estado sionista como uma injustiça para com os árabes palestinos e simplesmente a mais recente Cruzada do Ocidente na Terra Santa.

Primavera Árabe?

Em uma manhã de sexta-feira, 27 de dezembro de 2010, na parte central da cidade tunisiana de Sidi Bouzid, um vendedor de rua de 26 anos chamado Mohamad Bouazizi entrou no meio do tráfego do meio-dia, encharcou-se com gasolina e pôs fogo nele mesmo. Zangado e desesperado depois de repetidos assédios por estar vendendo legumes na rua sem uma licença, o ato de desespero de Bouazizi desencadeou uma onda de protestos que varreram o mundo árabe, o que provocou tumultos em 19 dos 22 países árabes, derrubando os chefes de Estado da Tunísia, Egito, Líbia e Iêmen.

Mohamed Bouazizi

---

201 Grupo étnico-religioso do Oriente Médio, presente sobretudo na Síria, país em que constituem cerca de 15% da população, ou seja, cerca de 3 milhões e onde dominam as estruturas políticas.

202 Consulte a discussão sobre "A maldição dos recursos naturais", no capítulo 10.

Antes de acabar, protestos contra o governo espalharam-se para a Argélia, Marrocos, Mauritânia, Mali, Sudão, Síria, Jordânia, Iraque e Turquia.[203] Nos seis meses seguintes à morte de Bouazizi, pelo menos 107 outros tunisianos tentaram se matar em protesto através de autoimolação.[204] O mundo árabe hoje está fervendo. Tensões populares, disparidades econômicas e opressão política agitaram a região a um ponto de ebulição sem fim.

O mundo árabe hoje tem um péssimo registro de direitos humanos e liberdades democráticas. De acordo com o Fórum Pew, mesmo antes da chamada Primavera Árabe, as regiões do Oriente Médio e norte da África foram as mais política e socialmente opressivas da Terra. Desde a eclosão da Primavera Árabe, as condições pioraram consideravelmente.[205]

Como Deus os está trazendo

Abouna Zakaria Botros (Padre Zacarias Botros) é um sacerdote copta egípcio de 79 anos, exilado, que enfurece os fundamentalistas muçulmanos. Seus programas de televisão de transmissão via satélite e salas de *chat* diárias na Internet levaram milhares de árabes muçulmanos a se afastarem do islã e a colocarem sua fé em Jesus Cristo.

Criado em Alexandria, Egito, Zacarias foi preso duas vezes na década de 1980 por pregar o Evangelho aos muçulmanos. Em 1989, tribunais egípcios deram a Zacarias uma sentença de prisão perpétua, que foi revogada sob a condição de que ele deixaria o Egito para nunca mais voltar. Após uma série de andanças que o levaram à Austrália, à Inglaterra e, em seguida, à América do Norte, ele começou a apresentar um *talk show* de televisão chamado *Truth Talkin 2003*. Em 2008, seu programa ao vivo de 90 minutos estava atingindo 60 milhões de árabes por dia no programa de televisão por satélite da *al-Hayat* ("The Life").

---

203 Para uma visão geral do assunto, consulte "Arab Spring: An interactive timeline of Middle East protests" (Primavera Árabe: uma linha do tempo interativa dos protestos no Oriente Médio) no website *theguardian.com*, em http://www.theguardian.com/world/interactive/2011/mar/22/middle-east-protest-interactive-timeline. (Site em inglês. Acesso em 29/04/2016.)

204 Wyre Davies, "Tunisia one year on: New trends of self-immolations" (Tunísia um ano depois: novas tendências de autoimolação) na BBC-Africa. Disponível em http://www.bbc.co.uk/news/world-africa-16526462. (Site em inglês. Acesso em 29/04/2016.)

205 Brian J. Grim, "Arab Spring Adds to Global Restrictions on Religion" (Primavera Árabe acrescenta restrições globais sobre a religião) em estudo no *Pew Forum* publicado em junho de 2013. Disponível em http://www.pewforum.org/2013/06/20/arab-spring-restrictions-on-religion-findings/. (Site em inglês. Acesso em 29/04/2016.)

Não contente em apenas pregar o Evangelho, Zacarias continuou cada vez abraçando o desafio de expor "o lado feio do islã", o que ele via como as mentiras e contradições dentro do islã, algo que teria sido inconcebível na era pré-Internet e pré-televisão via satélite. "Meu programa é para atacar o islã", diz ele, "não para atacar os muçulmanos, mas para salvá-los, porque eles estão enganados. Eu amo os muçulmanos, eu odeio o islã".[206]

Os ataques de Zacarias lhe renderam o título de "Inimigo Público Número 1 do Islã", e uma suposta recompensa de US$ 60 milhões por sua cabeça.[207] Um cristão no Egito falou sorrindo que Muammar Kaddafi tinha se oferecido para pagar US$ 60 milhões para quem apenas pudesse responder a Zacarias.[208]

Padre Zacarias

Quantos muçulmanos realmente abraçaram a fé através do ministério de Zacarias é contestado. O que é evidente, porém, é que o ministério de Zacarias coincide com um grande despertamento de perguntas dentro do mundo árabe muçulmano. Duas décadas atrás, um clérigo ou professor no mundo árabe poderia dispensar perguntas dos alunos com um seco *"Mafish liih!"* ("Não existe o porquê!") ou *"Isaal Allah!"* ("Pergunte a Allah!").

Hoje, os muçulmanos árabes *estão* perguntando a Allah. Canais de televisão via satélite, como a al-Hayat, Alfadry, Sat-7, e o Miracle Channel relatam milhares de cartas, e-mails e tweets com perguntas vindas de muçulmanos. Na sala de bate-papo em seu site, www.islamchristianity.net, milhares de árabes rotineiramente bombardeiam Zacarias com perguntas sobre o islã e o cristianismo. Quando não tem uma resposta imediata para eles, Zacarias incentiva seus correspondentes da sala de bate-papo a "procurarem por si mesmos no São Google". Para muitos muçulmanos árabes, é a primeira vez que um clérigo já lhes deu permissão para encontrar as respostas por si mesmos.[209]

---

206 Mindy Belz, "2008 Daniel of the Year" (Daniel do Ano 2008), *World Magazine*, 13 de dezembro de 2008). Disponível em http://www.worldmag.com/2008/12/broadcast_news. (Site em inglês. Acesso em 29/04/2016.)

207 Raymond Ibrahim, "Islam's Public Enemy #1" (Inimigo Público Número 1 do Islã), em *National Review Online*. Disponível em http://www.nationalreview.com/article/223965/islams-public-enemy-1-raymond-ibrahim. (Sute em inglês. Acesso em 29/04/2016.)

208 Como foi dito ao autor por um cristão egípcio em agosto de 2011,

209 Belz, World Magazine, "Daniel 2008".

Nasr

Um dos céticos influenciados por Abouna Zakaria foi o avô de 64 anos, fumante inveterado, que se sentou de frente para mim. Seu caminho para a fé foi tortuoso.

"Eu tinha uma pequena gráfica em minha casa, onde tinha imprimido 2.000 livros ao longo dos anos sobre a lei *sharia*. Quando comecei a ouvir Abouna Zakaria falar sobre os problemas com o Alcorão, peguei um dos meus livros e comecei a estudar para ver se o que ele estava dizendo era certo. Descobri que, não só era verdade, mas que o Alcorão e a *sharia* estavam repletos desse tipo de problemas".

O relacionamento de Nasr com Cristo, na verdade, começou setenta anos antes, de uma maneira estranha. Antes de Nasr nascer, dois de seus irmãos morreram logo após o parto. Por alguma razão, os pais de Nasr determinaram que, se eles tivessem outro filho, iriam batizá-lo. Uma bebê, irmã de Nasr, nasceu saudável e eles, secretamente, a batizaram em uma igreja ortodoxa.

Alguns anos mais tarde, Nasr nasceu, mas ele era doente. Foi por volta daqueles dias que a irmã de Nasr teve um sonho no qual ela e sua mãe iam para certa montanha sacrificar uma cabra e isso, de alguma forma, salvaria o bebê Nasr da morte. Não muito tempo depois, a menina mostrou à sua mãe a montanha que tinha visto em seu sonho. Juntas, elas partiram para a montanha onde sacrificaram uma cabra. Quando voltaram para casa, secretamente levaram-no para a igreja e o batizaram. "E aqui estou eu", Nasr sorriu.

"Cresci como muçulmano", disse ele. "Até me tornei um *hafez* (aquele que memorizou o Alcorão) e era muito respeitado na comunidade muçulmana. No curso de minha vida fui politicamente ativo, e um líder entre o meu povo".

Então um dia, depois de ouvir os ataques do padre Zacarias ao islã, Nasr percebeu que aquele não era o caminho, que era uma mentira. "A maior parte da minha vida tinha ficado para trás, então eu me perguntei: *Por que você está esperando? O que você tem a perder?* Comecei a falar com meus parentes e amigos, insistindo que eles deveriam questionar o que sempre aprenderam. Dentro de poucos anos, eu tinha levado 21 deles à fé em Jesus".

Foi nessa época que Nasr entrou em contato com a emissora de televisão que tinha transmitido a mensagem do Padre Zacarias, pedindo alguém para vir e ensiná-lo mais.

Do outro lado da cidade, um missionário americano chamado Tim estava orando a Deus para dirigir seus próximos passos no ministério. Ele mesmo admitiu que havia tentado de tudo para alcançar os muçulmanos, mas com pouco sucesso. Ele tinha usado uma abordagem polêmica, uma estratégia de evangelismo por amizade, até mesmo uma abordagem "de dentro" altamente contextualizada na tentativa de alcançar os muçulmanos. Embora esta última estratégia lhe tivesse dado muitos amigos muçulmanos, ela não tinha conseguido ver muçulmano algum chegar à fé em Cristo. Então, Deus o levou a Nasr.

"Foram-me dadas duas opções para acompanhamento pela emissora de televisão", disse Tim. "Um era um jovem profissional com nível universitário, o outro, um aposentado de 62 anos. Minha cabeça disse: vá com o jovem, mas minhas orações me levaram a Nasr."

Tim se comprometeu com o serviço e desenvolvimento espiritual de Nasr, ensinando o irmão mais velho como ouvir Deus, interpretar sua palavra e caminhar obedientemente no Espírito. O papel de Tim era a de "pastor às sombras", aquele que lança a visão, uma caixa de ressonância e encorajador, nunca o líder de perfil elevado. Mas Nasr provou ser um líder visionário. Dentro de um ano, o homem tinha organizado centenas de grupos de muçulmanos que, como ele, estavam questionando o islã e abertos para descobrir Jesus.

Nabila

Nabila é uma mulher de pequena estatura que entrou na sala envolta em uma *abaya* (cobertura total) que escondia suas formas. Tirando sua burca e seu *hijab* (cobertura para a cabeça) de seda cinza, seu rosto parece muito mais jovem do que seus 43 anos e sete filhos que gerou. Agora vestindo calça jeans e um suéter, ela poderia ser uma dona de casa suburbana de qualquer cidade da Europa ou da América.

Nabila era franca. "Casei-me com 15 anos. O meu marido é um juiz islâmico", disse ela, "um terrorista". O marido de Nabila não tinha conhecimento de sua fé em Jesus. Embora seu pai, que era salafi, tivesse restringido sua educação à sexta série, ela tem uma paixão pelo aprendizado. "A vida é uma escola", disse ela.

"Sempre amei ouvir sobre Jesus, mesmo quando era muito jovem. Meu pai nos reunia e amávamos orar e jejuar juntos. Eu tinha muitas irmãs. Nós sempre falávamos sobre Jesus. Meu pai nos ensinou que Jesus voltaria, julgaria o mundo e colocaria todos juntos sob a lei islâmica."

Como muitos árabes muçulmanos, o pai de Nabila não era a rocha do islã que parecia ser em sua juventude. "Com o tempo, ele migrou", Nabila disse, "de salafi para *Ahl al-Bayt* (xiita) e depois para baha'i". Sua voz suavizou-se: "Agora, ele tem a doença de Alzheimer".

O que Nabila descreveu foi geralmente sussurrado: muitos que são contados como muçulmanos sunitas não o são. Eles são xiitas ou drusos, até mesmo comunistas e ateus, ou são muçulmanos convertidos a outras religiões, como o cristianismo ou baha'i. Essas coisas eles mantêm escondidas.

Nabila continuou: "Eu me tornei uma seguidora de Jesus cerca de dois anos atrás. Queria alcançar a verdade, e me sentia muito pressionada. Para mim, como esposa, tudo era proibido. Para minhas filhas era o mesmo, vivendo sob as pressões do islã. Você não pode usar perfume ou trocar de roupa. Não pode sequer levantar a voz para falar com seu marido. Tudo que meu marido disser, eu devo fazer.

"Todos os ensinamentos de Maomé eram contra as mulheres. Eu realmente não pensava sobre isso quando era jovem. Mas Nasr abriu minha mente. Comecei a questionar essas coisas. Eu também estava recebendo informações do Padre Zacarias sobre a diferença entre homens e mulheres. Então as mulheres deram a primeira mordida do fruto, mas convenhamos, tudo é proibido para uma mulher, mas permitido ao homem."

Ela continuou: "Quero paz e amor, isso é tudo que eu quero. Comecei a perguntar: *Por que é assim? Eu sou uma mulher. Penso com minha mente. Meu pai pensou e mudou de ideia. Eu posso pensar, por que não devo mudar de opinião?*

"Então, minha oração era: *Allah, por favor, corrija-me com a verdade*. Depois que fui batizada, fiquei calma e tranquila. Até mesmo meu corpo experimentou uma completa paz e tranquilidade. Agora posso dar esta verdade sobre Jesus aos outros."

Perguntei a Nasr o que ele fez para abrir as mentes dos muçulmanos para a verdade.

Ele disse: "Se estou sentado com um muçulmano, posso perguntar: 'Que tipo de profeta que, aos 53 anos, toma uma menina de seis anos como sua esposa? E começou a ter relações sexuais com ela quando ela tinha nove anos. É repugnante – uma garotinha'".

Fui mais fundo: "E você realmente faz esse tipo de pergunta a um muçulmano?"

"Claro. Por que não? Está escrito lá. Não há nenhum argumento."

Continuei: "Você acha que isso é algo que você pode fazer, mas eu, como um ocidental, não devo fazer?"

Nasr riu: "Não, não, não, não, não. Eu posso fazer isso, porque eu sou muçulmano".

Fiquei impressionado com essa afirmação 'Eu sou muçulmano', de um homem que já tinha dado sua vida para desmantelar o islã. "Então, você pode fazer isso porque está na comunidade, mas para eu fazê-lo..."

"Escute, tudo isso são perguntas. Não estou lhes oferecendo respostas. Não estou tentando fazê-los aderir. Estou apenas fazendo perguntas que são muito claras."

Eu continuei: "Mas, novamente, você pode fazer isso porque você está inserido na cultura?"

"Sim", disse Nasr. "Há uma barreira contra você. O primeiro pensamento que vem à mente deles quando você questiona o Alcorão é que você é contra eles, porque é americano."

Nasr passou a explicar que ele usava essas perguntas, que são fornecidas pelo Alcorão e o próprio Hadith, para determinar quem está aberto à verdade e quem não está.

Perguntei a ele quantos muçulmanos agora tinham sido batizados através de seu ministério. Sem hesitar, ele respondeu: "2.845 foram batizados no ano passado. Todos estes batismos ocorreram em 11 meses. Em 11 meses, passamos de 21 para 2.845".

Sabri

Sabri é um vice-líder no movimento e tem 50 anos. É casado e tem cinco filhos. Como Nasr, Sabri é um fumante inveterado e se mistura facilmente com os milhões de árabes muçulmanos que vivem ao seu redor. Ele foi criado em um forte ambiente islâmico, mas não era uma pessoa muito religiosa. Apenas seguia conforme o que ele achava certo ou errado. Ele é um seguidor de Cristo há um ano e oito meses.

Sabri disse: "Eu era apenas um cara normal quando recebi a mensagem de Nasr. Comecei a distinguir a verdade de uma mentira e queria seguir a verdade. Pude ver que nossa religião não estava certa, e agora todos os meus filhos e minha esposa são cristãos. Eu era o juiz em minha casa, o árbitro em matéria de religião, não pelo caminho da espada, mas com amor".

Eu perguntei: "Como você levou sua família à fé?"

Ele disse: "Eu apenas me sentei com eles e comparei a Bíblia e o Alcorão com amor, e, mais tarde, eles entenderam e os batizei. Eles foram capazes de ver passo a passo. Você os traz lentamente e deixa-os ter tempo para pensar sobre isso".

"Como sua vida mudou?", perguntei.

"Agora estou em paz por dentro. Tenho amor pelos outros e eles me amam".

"Conte-me sobre o movimento", eu disse.

"Há pouco menos de 400 pessoas na minha cidade pelas quais sou responsável. Eu também tenho duas famílias aqui nesta área. Tenho 24 pessoas responsáveis abaixo de mim. Estou prestes a adicionar a minha 25ª. Nós mantemos os grupos realmente pequenos porque há problemas quando os grupos ficam grandes."

Perguntei a Nasr porque ele achava que tantos muçulmanos estavam se voltando para Cristo hoje.

"No passado, mesmo se você dissesse 'olá' para um cristão, era uma coisa vergonhosa e proibida. Você também não podia compartilhar seus feriados. Hoje, a situação está mudando. As pessoas estão abrindo a Internet e fazendo perguntas. Elas estão começando a pensar.

"Um número maior de pessoas está entendendo a verdade, mas elas têm medo de dizer publicamente porque podem morrer decapitadas. Há um grande número de cristãos secretos. Quando os partidos de terroristas e a Irmandade Islâmica vieram à tona com a Primavera Árabe, as pessoas puderam ver como o islã é violento. O mundo está vendo isso. Precisamos de pessoas que digam às massas: 'Venham'."

Amal

Amal tem 21 anos, com diploma universitário e é seguidora de Cristo há quase dois anos. Ela é solteira, mas espera casar-se em breve.

Capítulo 12 - O Cômodo Árabe

Amal falou com uma clareza e confiança que desmentiam sua juventude: "Quando era jovem, eu sempre tinha essa pressão sobre mim e pensava: *Há algo de errado com isso*. Eu tentava escapar da pressão. Mas quando tentava fazer alguma coisa, me diziam: 'Não faça isso. É vergonhoso ou proibido'. Mesmo dar minha opinião não era permitido".

"Quando fiquei mais velha, eu não estava convencida de que o islã estava certo. Eram apenas formalidades, rituais e palavras. Eu lia o Alcorão, mas realmente não podia entendê-lo. Eu pensava: *Há tanto terrorismo e matança de inocentes.*"

"Na fé cristã, vi que havia amor e paz, mas no islã havia apenas medo de fazer a coisa errada. Era um medo doentio de Deus, medo de que Deus me pegaria por fazer as coisas que eu fazia. Eu comparava como vivíamos sob o islã e como o cristianismo tratava as pessoas. Pude ver que havia verdade no cristianismo".

"O que aconteceu depois?", perguntei.

"Fui capaz de ver a diferença entre a verdade e uma mentira. Comecei a acessar a Internet e a pesquisar. Olhei os ensinos de Rachid e de Abouna Zakaria.[210] O irmão Nasr também teve um grande papel em minha vida. Eu queria saber como as pessoas poderiam entrar no caminho de *Isa*. Nasr deu-me um *Injil* (Novo Testamento) e comecei a lê-lo. As coisas que eu não entendia, levava para ele e ele as explicava. Esse foi o começo."

"Então eu comecei a ter visões de Luz. Eu sempre via Luz. Eu me sentava sozinha e orava: *Deus, eu quero saber a verdade. Por favor, dê-me a verdade para eu ir até a ti*. Então Deus revelou-se a mim e me mostrou o caminho de Jesus, o caminho da paz, da verdade e do amor."

Ela continuou: "Hoje, lidero sete grupos. Há cerca de 35 pessoas no total nestes grupos".

Perguntei a Amal: "Quem é Jesus para você?"

Ela respondeu: "Ele é o Pai para nós. Ele é meu amigo. Meu amor. Ele é o meu Senhor Deus".

"E quem é Maomé?", perguntei.

Sem hesitar, ela respondeu: "Eu não o vejo como profeta. Ele não veio para nos dar uma mensagem de Deus. Ele nos deu pensamentos de sua própria

---

210 Rachid é um famoso evangelista árabe de origem muçulmana. Consulte http://www.youtube.com/playlist?list=PL2B7DB420961DE413. (Vídeo em inglês. Acesso em 02/05/2016.)

mente, nos tornou dependentes de suas próprias ideias. Ele deu às pessoas algo que ele queria, não algo que eles queriam ou que Deus queria".

Perguntei a Amal e a Nabila se elas tinham experimentado perseguição. Amal respondeu: "Se eles tivessem alguma ideia até mesmo do oxigênio que estamos respirando agora seria um grande problema para nós. Não vou me casar com alguém que não seja cristão. Ninguém vai me dizer o que devo pensar. Isso vai ser difícil, porque meu pai é um muçulmano muito devotado e vai querer que meu marido seja um muçulmano devoto".

Menos de um ano depois, o pai de Amal a deu como esposa a um homem de uma família muçulmana devota. Antes do fim de seu primeiro ano de casamento, a nova família de Amal descobriu sua fé em Cristo. Eles reagiram batendo nela para saberem os nomes daqueles através dos quais ela havia chegado à fé em Cristo. Em seguida, eles a trancaram em casa. Ela não foi vista desde então.

Como eles estão vivendo a fé

A pergunta: *Como eles estão vivendo a fé?* pode ser respondida em uma única palavra: discretamente. Apesar das perguntas inquisitivas ousadas de Nasr, que ele usa para despertar os muçulmanos para as decepções de sua própria religião, ele leva a sério a admoestação de Jesus de ser "astutos como as serpentes".

Movimentos muçulmanos para Cristo em muitos países árabes têm uma relação ambivalente com as igrejas evangélicas e antigas em torno deles. Vários dos testemunhos compartilhados por estes convertidos de origem muçulmana atestam a qualidade de vida diferente que eles testemunharam na vida dos cristãos. "Eles amam um ao outro. Têm paz em suas vidas", foram observações comuns. Ao mesmo tempo, essas igrejas tradicionais estavam sob constante pressão de governos muçulmanos para evitar alcançar os muçulmanos.

"Eles têm medo", disse Nasr. "Quando alguém de origem muçulmana vem a eles e diz: 'Quero me tornar um cristão', eles dizem 'Não'. Eles têm medo da polícia secreta. Às vezes a igreja até mesmo denuncia pessoas ao governo quando dizem querer se tornar cristãos."

Nasr passou a explicar que, quando tornou-se seguidor de Cristo, "eu tentei ir para as igrejas e eles me disseram: 'Não, você não pode se juntar à nossa igreja'. Eles me deram o nome de alguém envolvido em Direitos Humanos e disseram que talvez eles pudessem me ajudar. Mas com as igrejas era um beco sem saída". Então Nasr recorreu à televisão por satélite e à Internet.

Após a parceria com Tim, e vendo o movimento crescer, Nasr usou suas habilidades como um ativista político para multiplicar o movimento. "Sempre nos encontramos em pequenos grupos", disse ele. "Há cinco pessoas em cada grupo. Algumas das pessoas se conhecem e algumas, não. Fazemos isso porque não queremos que as pessoas venham apenas porque seus amigos fazem parte. Queremos saber que todos estão comprometidos com o que estamos fazendo.

"Então, se alguém cair nas mãos da polícia secreta, ele cai sozinho, não queremos que derrube outros com ele. Se alguém for pego pela polícia secreta não será culpado de qualquer crime, mas será capaz de responder com amor e paz a seus captores. Se paz é crime, todos nós somos criminosos."

"E o que você faz em seus grupos?", perguntei.

"No início da reunião, oramos. Depois, temos prestação de contas. Perguntamos: 'O que é que cada um fez esta semana em termos de compartilhar com as pessoas?'"

"Os novos convertidos passam pelo processo de aprender a compartilhar sua fé. Nós lhes ensinamos as cinco histórias dos profetas da Bíblia que levam a uma apresentação do Evangelho. Em seguida, eles estudam juntos Lucas e Isaías.

"Nós também lhes perguntamos: 'Quais foram os pecados que você cometeu, ou quais foram os pecados dos quais você se afastou esta semana?' Para os pecados que eles confessam, dizemos: 'Ok, vamos pedir perdão pelos pecados cometidos nesta semana'. Depois que fazemos oração e prestação de contas, fazemos nosso estudo. Assim, eles estudam a Bíblia. Depois de ler a passagem na Bíblia, todos têm a oportunidade de dizer o que acredita ou entende da passagem das Escrituras."

"Depois que estudam juntos e começam a obter uma noção clara do que as Escrituras significam, todos nesse grupo levam o estudo para os grupos que estão liderando. Estamos trabalhando com a suposição de que todos têm outro grupo com o qual está se reunindo. Assim, você tem um grupo no qual é servido e outro a quem você serve."

"Depois que terminamos o estudo, falamos sobre o que todos deverão fazer na próxima semana. Nós realmente nos concentramos em ensinar e treinar as pessoas em como fazer seu serviço cristão: estamos observando seu comportamento, como se movem e como falam, para que possamos começar a identificar os líderes em potencial para o futuro. A fim de encorajar a todos em oração, no final tomamos pedidos de oração e, depois, a cada semana ou em cada reunião, cada pessoa tem uma oportunidade de liderar a oração final, para que todos aprendam como orar. Então eles oram por todos os pedidos de oração do grupo, mas cada vez é uma pessoa diferente fazendo a oração."

A *Mukhabarat* (polícia secreta) está em toda parte no mundo árabe, e ela é tão rápida para se infiltrar e prender uma rede dócil de seguidores de Cristo de origem muçulmana como é para encurralar uma célula de terroristas da al-Qaeda. Por esta razão, os COMs desconfiam de estrangeiros com perguntas e de pessoas que eles não conheçam.

Uma das mulheres que entrevistei, mais tarde, provou ser uma dessas infiltradas. Ao contrário de Nabila e Amal, as respostas dessa mulher para minhas perguntas eram tensas, incompletas e evasivas. Na época, eu atribuí seu nervosismo ao fato de eu ser estrangeiro fazendo perguntas espirituais de caráter mais íntimo.

Uma onda de perseguição irrompeu oito meses depois e líderes do movimento foram capazes de rastrear o informante. Mas o plano organizacional de Nasr provou ser eficaz e o pequeno grupo do informante foi rapidamente identificado e isolado do movimento maior.

Contudo, uma perseguição mais intensa se seguiu e, mais tarde, fez com que Nasr deixasse o país sob a ameaça de prisão ou morte. Nabila logo foi forçada a sair também, deixando para trás seu marido e sete filhos.

Eu sei para onde estou indo

"Quatro anos atrás eu pensava que Jesus era apenas um homem, mas depois do que aconteceu comigo, agora eu sei que ele é o meu Deus. Quando você ouve minha história, se ainda não for cristão, você também passará a ter fé em Jesus."

Assim começou Mahad, um empresário árabe aposentado de 58 anos, que é seguidor de Jesus há três. A história de Mahad era tão atraente que ele tinha levado membros de 70 famílias a Cristo. Muitos desses novos convertidos levaram suas famílias inteiras à fé em Cristo também. Mahad lidera essa rede de cristãos em estudo bíblico e adoração à medida que crescem em sua compreensão de Cristo.

"Como universitário", Mahad disse, "estudei gestão de negócios, mas também apologética islâmica. Embora eu fosse um *hafez* e tivesse memorizado o Alcorão, ainda tinha perguntas. Então estudei outras religiões. Cheguei à conclusão de que todos os livros religiosos foram feitos por homens, exceto o *Injil* (Novo Testamento)."

"Quando o li, senti que não era feito pelo homem. Apesar de eu não ter uma fé forte, acreditava que ele era verdadeiro. Suponho que você poderia dizer que eu acreditava, mas não seguia."

Retornando da universidade para sua aldeia, Mahad tornou-se um empresário e um político local bem-sucedido. "Mais tarde, dirigi uma das maiores empresas neste país", disse ele, "mas então aconteceu algo que mudou tudo para mim. Minha esposa, a quem eu amava com todo meu coração, faleceu. Quando ela faleceu, uma parte de mim morreu também. Fiquei muito deprimido. Vendi minha empresa. Não tinha mais razão para viver."

A depressão de Mahad finalmente causou danos à sua saúde física. "Cerca de quatro anos atrás", disse ele, "fui ao médico, que me encaminhou a um especialista em coração. 'Você deveria ter vindo mais cedo', disse o cardiologista. 'Uma de suas artérias está obstruída.'"

"Quando os médicos se prepararam para a cirurgia aberta do coração, disseram-me que minhas chances de sobrevivência não eram melhores do que cinco por cento."

"Quando recebi a anestesia, estava com medo. Os céus pareciam se abrir diante de mim e comecei a orar, mas não senti paz alguma. Enquanto estava perdendo a consciência, gritei: 'Jesus', três vezes."

"Imediatamente, senti uma paz e que eu iria para a cirurgia e iria sair dela.

"Enquanto estava sob a anestesia, tive uma visão. Vi o mais belo campo verde que jamais tinha visto. De pé no prado, vi Jesus ao lado de minha esposa, segurando sua mão. Os dois pareciam tão felizes. Ela sorriu quando me viu e fez sinal para que eu fosse até eles."

"Foi como se eu estivesse andando acima do chão em direção ao campo. Senti tanta alegria. Sabia que aquela era minha esposa e que estava com Jesus.

Ela sempre foi muito bonita, mas eu nunca a tinha visto mais bonita do que estava nesta visão. Também sabia que, no mundo real, eu devia ter morrido, mas estava tudo bem. Eu iria estar com eles."

"Quando estávamos a apenas alguns metros de distância, houve uma parada. Comecei a me distanciar e eles começaram a se afastar de mim. Eu não queria voltar. Sabia que isso significava que a cirurgia tinha sido bem-sucedida, mas eu não queria aquilo."

"Nunca vou me esquecer daquela visão. Quando acordei, meus filhos estavam todos em volta da minha cama de hospital. Não conseguia falar, então pedia à minha filha uma caneta para que eu pudesse escrever o que tinha acontecido. Fechei os olhos e orei para que eu pudesse voltar. Mas, mais tarde, acordei novamente na minha cama de hospital."

"A cirurgia foi um sucesso, mas, desde aquele dia, meu coração está ligado a Jesus. Antes da cirurgia, eu tinha medo de morrer. Mas agora sei que vou estar com minha esposa e com Jesus."

A história de Mahad levantou outra questão. A família de Mahad era conhecida na sua aldeia como muçulmana.

"Sua esposa", perguntei delicadamente, "ela era uma seguidora de Jesus também?"

"Sim!", Mahad exclamou com grande entusiasmo. "Ela amava Jesus". Mahad enviou seu filho para trazer algo do quarto dos fundos. "Minha esposa sempre amou Jesus e ela amava Maria também. Nunca falou comigo sobre isso, mas ela sempre os queria por perto."

O filho de Mahad voltou com uma estatueta de gesso da Última Ceia, de Da Vinci, do tipo vendido para turistas no mercado.

"Ela comprou isto há muitos anos", Mahad sorriu. "Quando chegarmos ao céu, vamos perguntar a ela sobre isso".

DISCUSSÃO EM GRUPOS PEQUENOS
DESCUBRA POR SI MESMO

1. Quais impressões você obteve deste capítulo?

2. Como Deus está operando no Cômodo Árabe?

3. Quais são algumas das maiores barreiras e pontes para a fé neste Cômodo?

4. Quais são algumas maneiras inesperadas pelas quais Deus está operando neste Cômodo?

PARTE 3
Na casa da guerra

Capítulo 13
Olhando para trás

O que nossa jornada através dos nove Cômodos na Casa do Islã revelou? Temos muito a aprender com as maneiras pelas quais Deus opera. Antes de fazermos isso, entretanto, vamos revisitar as dez questões essenciais apresentadas no capítulo três para vermos qual foi o resultado positivo de nosso estudo.

Preocupações com a segurança

Nossa preocupação com a segurança tem provado estar bem fundamentada. Além dos martírios, guerras, perseguições e brutalidades que ocorreram como um fato da vida diária para muitos na Casa do Islã, também houve incidentes que estavam diretamente relacionados com os que contribuíram para este livro.

Entre aqueles que entrevistamos, vários indivíduos foram injuriados durante o curso da produção deste livro simplesmente por serem seguidores de Cristo na Casa do Islã. Em dois casos, a *Mukhabarat* (polícia secreta) da nação expulsou dois líderes da rede de seguidores de Cristo de origem muçulmana de suas casas e países sob a ameaça de uma pena de prisão ou morte.

Dois missionários cristãos que auxiliaram minhas entrevistas foram detidos e presos antes de serem expulsos do país mais tarde. Suas prisões foram por supostamente incitar a desordem civil, incentivando movimentos muçulmanos para Cristo.

Um muçulmano convertido na África Oriental, um evangelista dinâmico, jantou comigo na noite de Natal de 2011. Três meses depois, um vizinho, a quem ele estava testemunhando, o envenenou. Pela graça de Deus e a reação rápida de um médico cristão, este irmão foi trazido de volta da beira da morte.

Em um país do sul da Ásia, alguém sequestrou o irmão de um líder do movimento com quem fiz amizade e a quem entrevistei. Se o sequestro foi um rapto por jihadistas ou uma detenção por agentes do governo é difícil dizer. "Neste país", me disseram, "detenção e sequestro são a mesma coisa". O que sabemos é que, durante cinco meses, aqueles que o levaram o torturaram de formas que não podem ser narradas neste livro. Ele foi liberto, mas como uma fração da pessoa que era.

Finalmente, houve a jovem árabe de 21 anos que, corajosamente, nos disse que não se casaria com um não cristão. Poucos meses depois, seu pai, um muçulmano devoto, a forçou a fazer exatamente isso. Menos de um ano depois, sua nova família descobriu sua fé em Cristo e a espancou, colocando-a em submissão silenciosa.

Estas são as ameaças que pesam sobre todo muçulmano que se volta para Cristo. Essa realidade de perseguição continua a ser o grande teste que tanto prova quanto purifica a fé deles. Ao olharmos para trás através destes nove Cômodos, insisto para que o leitor junte-se a mim em oração por aqueles que lançaram seu destino com Cristo, arriscando tudo.

Escopo do projeto

O que começou com uma vaga sensação de 25 ou mais movimentos muçulmanos para Cristo expandiu-se até identificarmos 82 movimentos em todo o âmbito da história compartilhada do islã com o cristianismo. O primeiro deles não ocorreu até 13 séculos do encontro entre muçulmanos e cristãos.

Séculos	Número de movimentos	Percentual do total
7 – 18	0	0
19	2	2%
20	11	13%
21 (primeiros 12 anos)	69	84%

Capítulo 13 - Olhando para trás

Um olhar cético poderia supor que há mais movimentos muçulmanos para Cristo hoje porque mantemos melhores registros agora ou porque estamos olhando com atenção pela primeira vez. Os fatos, tal como os conhecemos, não confirmam isso. As gerações anteriores levaram a manutenção de registros de missões ainda mais a sério do que fazemos hoje. Os missionários, durante a grande era da expansão colonial ocidental, frequentemente mantinham diários de seu trabalho. Registros de batismos na igreja e de sepultamento foram mais cuidadosamente mantidos antes da era moderna do que os registros do censo do governo hoje. Relatos de um Mohammad ou Abdullah mudando seu nome para Pedro ou Jorge eram razão de comemoração e dificilmente deixariam de ser notados.

Mesmo algumas gerações atrás, quando alunos e professores das mais prestigiadas universidades do Ocidente, Harvard, Yale, Princeton, Oxford e Cambridge, estavam ocupados com o grande empreendimento de missões globais, não poderiam apontar nenhum movimento muçulmano para Cristo antes do avanço de Sadrach Surapranata no século 19. Uma leitura cuidadosa da *Catholic Mission History* (História da Missão Católica), de Joseph Schmidlin, o multi-volume *New Catholic Encyclopedia* (Nova Enciclopédia Católica) ou a monumental obra de sete volumes de Latourette, *A History of the Expansion of Christianity* (Uma história da expansão do cristianismo), não poderia acrescentar quaisquer movimentos adicionais ao nosso registro.

Nosso estudo, por outro lado, foi capaz de confirmar 82 movimentos muçulmanos para Cristo através do curso da história, dos quais pelo menos 69 parecem ser atuais. Historicamente, sabemos que pelo menos três destes movimentos passados – os movimentos Sadrach e de Shaikh Zakaryas do século 19 e os movimentos indonésios pós-1965 foram assimilados em outro trabalho cristão. Dos 69 movimentos contemporâneos, meus colaboradores e eu conseguimos entrevistas de 45 deles, 65 por cento de todos os movimentos islâmicos contemporâneos para Cristo. Antes deste estudo, entrevistei seguidores de Cristo de origem muçulmana de outros quatro movimentos muçulmanos para Cristo.

No final, o escopo do projeto provou ser administrável, mas apenas isso. Para reunir estas entrevistas foram necessários aproximadamente 400 mil quilômetros de viagens do autor, além de incontáveis quilômetros adicionais dos parceiros colaboradores em todo o mundo. O escopo incluiu mais de 1.000 entrevistas feitas em 33 povos etnolinguísticos em 14 nações.

Abordagem fenomenológica

No início deste livro, determinamos adotar uma abordagem fenomenológica para o assunto, que definimos como um método descritivo que suspende julgamentos até que o fenômeno dos movimentos muçulmanos para Cristo tenha sido cuidadosamente descrito. O leitor terá que julgar por si mesmo se realizamos ou não este propósito. Ao relatar cada um dos movimentos, e as entrevistas extraídas deles, em descrições de seus respectivos Cômodos na Casa do Islã, objetivamos mostrar como o contexto único de cada Cômodo contribuiu para os movimentos que surgiram dentro deles.

Para garantir a precisão do entendimento, vários especialistas de dentro de cada região revisaram as descrições do autor de cada um dos Cômodos na Parte Dois do livro. Estes peritos passaram anos e, em alguns casos, a vida toda, dentro dos Cômodos descritos neste livro. As contribuições desses especialistas foram de valor inestimável para corrigir e esclarecer as complexidades de cada Cômodo e as histórias que os moldaram.

Como se poderia esperar, os peritos nem sempre concordaram com o autor ou um com o outro entre eles. Esta é a natureza de explorar regiões do mundo que são controversas, cheias de nuances e permanecem praticamente veladas à compreensão total ou análise. Para citar o apóstolo Paulo: *O que agora vemos é como uma imagem imperfeita num espelho embaçado [...] Agora o meu conhecimento é imperfeito* (1Co 13.12). Esperemos que esta descrição atual dê lugar a um entendimento mais profundo e melhor em estudos futuros.

Visão do islã

O estudo revelou que, enquanto os muçulmanos compartilham um Alcorão comum e os mesmos *Hadith*, o mundo muçulmano é complicado. Generalizações sobre o islã são mais adequadas para a crítica de textos islâmicos do que para o entendimento de muçulmanos individuais e suas comunidades. As realidades variam de muçulmanos culturais, que são seculares e apáticos em muitos países, a muçulmanos devotos do Alcorão, que também estão indo para Cristo em números significativos.

Descobrimos também a insuficiência e inadequação de tentar encaixar todos os seguidores de origem muçulmana em uma escala estática de C1 a C5 de conformidade com um esquema preconcebido de entendimento. Um "de dentro" na Arábia Saudita, se transportado para Dallas, Texas, pode muito bem se transformar em um diácono de igreja. As pessoas são criaturas confusas, e é muito difícil classificá-las definitivamente.

Há um mal no islã, como em todas as religiões, quando é usado para controlar e manipular seus seguidores ou incitar a violência contra aqueles que exercem sua liberdade de consciência para abraçar um caminho diferente. O islã, hoje, é talvez a religião mundial mais intrusiva e notória em oprimir a não conformidade de crença. Devemos nos lembrar, porém, que o islã é provavelmente não mais controlador do que era o catolicismo romano na Idade Média ou, mais perto de nós, o puritanismo nos primeiros anos da história anglo-americana.[211] Apenas espera-se que o islã também experimente uma reforma na relação com os seus adeptos.

Definição de conversão

Uma das primeiras perguntas que os cristãos fazem ao ouvir sobre estes movimentos é: *Eles são reais? Os muçulmanos estão realmente se voltando para a fé em Jesus Cristo, o mesmo Jesus Cristo que nós cristãos conhecemos e amamos?*

À luz das definições bíblicas que estabelecemos no capítulo "Dez questões essenciais" deste livro, as respostas mais significativas a essa pergunta são encontradas nas vidas e testemunhos dos próprios COMs. Esses depoimentos revelam que Jesus, aquele que é experimentado e adorado por cristãos ao redor do mundo, é o mesmo Jesus a quem esses muçulmanos estão descobrindo, o mesmo Jesus do Novo Testamento a quem entregaram suas vidas.

Ao mesmo tempo, alguns desses seguidores de Cristo de origem muçulmana estão menos encantados com os rótulos de "cristão" e o que eles consideram ser "a religião do cristianismo". Enquanto muitos seguidores de Cristo de origem muçulmana estão sendo absorvidos nas igrejas que estão, sim, associadas à religião cristã, outros não. Outros ainda estão em uma jornada, que começou antes de sua fé em Cristo, quando cristãos e cristianismo foram considerados inimigos. Talvez algum dia esses mesmos inimigos sejam considerados familiares e amigos. Esta é a realidade dos seguidores de Cristo

---

211 A prática de recusar-se a aceitar (uma forma de execução social comum entre os puritanos) aqueles cujas vidas e pensamentos se desviaram das normas aceitáveis de fé ecoou repetidamente nas entrevistas que foram realizadas nos nove Cômodos na Casa do Islã. Nas respostas mais draconianas de abuso físico, detenções, tortura e execução, é preciso apenas olhar para a Inquisição Católica da Idade Média para encontrar abusos paralelos de poder religioso.

dentro da Casa do Islã. Conhecer e entender essa realidade ajudará a nos envolvermos com ela de maneira melhor.

Para muitos COMs que vivem em sociedades hostis e anticristãs, identificarem-se com a religião cristã realizaria rapidamente duas coisas: (1) seu distanciamento dos membros da família e amigos que eles almejam levar à fé em Cristo, e (2) sua execução imediata. Muitos optaram por não se identificarem como cristãos, a fim de expandir seu testemunho aos seus amigos muçulmanos e familiares. Outros viram no cristianismo uma associação cultural ou política que eles optaram por não abraçar. No entanto, cada um dos entrevistados e apresentados neste livro professa ter sido capturado pela pessoa de Jesus Cristo, tê-lo seguido no batismo, e procura viver sua vida de uma nova maneira por causa de seu relacionamento com ele como seu Salvador e Senhor.

A questão da verdadeira conversão é de transformação de vida. Para a maioria dos entrevistados, a transformação começou imediatamente. Orações foram atendidas, vidas foram mudadas e as implicações dessa mudança desafiaram e moldaram suas vidas e relacionamentos de maneiras que continuam a se desdobrar.

Definição de movimento

Este estudo limitou-se estritamente aos movimentos das comunidades muçulmanas à fé em Cristo de, no mínimo, 1.000 batismos na última ou últimas duas décadas ou, pelo menos, o início de 100 novas igrejas no mesmo período. Por essa razão, os COMs não foram avaliados nas partes do mundo onde foram absorvidos como indivíduos em comunidades cristãs abertas existentes ou, no outro extremo do espectro, onde a perseguição tem sido tão severa que provoca uma reação anônima a Cristo.

O que isso tem a dizer sobre esses convertidos que caem fora do âmbito deste estudo? O que dizer, por exemplo, sobre os milhares de cristãos anônimos de origem muçulmana que encontraram Jesus em um sonho ou ouviram uma transmissão de rádio ou televisão e entregaram suas vidas a Cristo secretamente? Ou, por outro lado, o que isso diz sobre os muçulmanos convertidos que obtiveram uma nova identidade como cristãos étnicos, adorando com outros cristãos nas igrejas mais tradicionais? Diz muito pouco, já que ambas as polaridades estão além do escopo deste estudo. Eles permanecem a base para outro estudo, um estudo importante, mas muito diferente. Talvez alguém, lendo este livro, possa ser inspirado a explorar esse tema.

Motivações para a conversão

Esta questão essencial contém dimensões tanto positivas quanto negativas. O aspecto positivo busca entender os muitos fatores que Deus está usando para atrair muçulmanos a si mesmo. Vamos explorar essa questão no próximo capítulo.

O outro lado desta questão, o lado negativo, procura descobrir segundas intenções que possam ter incitado esses movimentos. A questão, declarada francamente, é: *Que papel o dinheiro teve nesses movimentos?* Depois de ouvir as histórias de sacrifício e martírio, a questão pode parecer vulgar, mas a questão do dinheiro e seu papel é legítima. Se estes movimentos são o resultado de tentações financeiras ou recompensas, que esperança há para a sua continuidade? E muito menos para o seu crescimento.

A primeira resposta à pergunta é voltar à ameaça da pena de morte que aguarda qualquer muçulmano que se converte à fé em Cristo. Existem incentivos financeiros suficientes que poderiam superar tal ameaça existencial?

Não há dúvida de que muitas pessoas, tanto de origem muçulmana quanto ocidental, abraçam a fé sem uma plena compreensão do Evangelho e suas implicações. Muitas delas, como o jovem universitário de origem muçulmana que entrevistamos no Sul da Ásia, testemunharam: "Eu orei a Jesus para obter melhores notas e ele respondeu às minhas orações". As pessoas buscaram Jesus por cura, bênção, salvação, verdade, paz, perdão e outras razões. Mas o que dizer do ganho financeiro?

Fizemos entrevistas com algumas viúvas da África Ocidental que foram vítimas de suas comunidades muçulmanas depois que seus maridos morreram e, então, encontraram justiça e uma nova família de fé no mundo cristão. Alguém pode ver isso como motivação financeira. Muitos dos refugiados iranianos que fogem do colapso econômico de seu país estão buscando melhores oportunidades econômicas em outro lugar. Que muitos desses mesmos refugiados econômicos sejam também seguidores de Cristo ou tenham vindo à fé em Cristo depois que deixaram o Irã, parece ser mais uma coincidência do que causa e efeito.

Muito mais comum, porém, foram as histórias de convertidos que perderam tudo por seguir Cristo. Esta é a maneira normal pela qual a comunidade muçulmana trata apóstatas: eles tiram tudo. Entrevistamos pessoas cujas comunidades os espancaram, os prenderam, os torturaram, os evitaram, os envenenaram e tiraram-lhes seus trabalhos, bens e famílias. Estes são resultados muito mais normais do que ganhar recompensas financeiras por suas decisões de seguir Cristo.

Limitações deste estudo

Permanece tentador enfatizar a importância de como Deus está operando na Casa do Islã. Estamos assistindo a um momento histórico, sem precedentes na história da salvação. Mesmo de um ponto de vista secular, nunca foram vistos tantos indivíduos ou comunidades muçulmanas em tantos lugares diferentes se moverem em direção à fé em Jesus Cristo. Esses fatos não podem ser negados.

Mas deixe-me aqui antecipar e reconhecer críticas válidas que virão, com razão. Como dissemos na Parte Um, o número total de muçulmanos que abraçou a fé em Cristo é quase insignificante estatisticamente. Apenas uma pequena parte do mundo muçulmano, menos da metade de um por cento dos 1,6 bilhão de adeptos do islã voltou-se para Cristo. *Um Vento na Casa do Islã* será verdadeiramente significativo somente se estiver relatando um momento de desdobramento na história, o início de um avanço para um número crescente de muçulmanos voltando-se para a fé em Cristo.

Além disso, apesar dos esforços para ganhar uma posição demográfica equilibrada de entrevistas (jovens/idosos; cultos/incultos; urbanos/rurais; homens/mulheres; líderes/leigos), este objetivo foi atingido apenas parcialmente. No entanto, tentei apresentar neste livro as entrevistas que realmente refletem a diversidade dentro dos próprios movimentos. Consequentemente, você ouviu histórias destes nove Cômodos sobre homens e mulheres, jovens e velhos, altamente cultos e analfabetos, urbanos e rurais, líderes e leigos.

A inclinação do autor

Antes de entrar neste estudo, compartilhei minhas perspectivas pessoais como cristão evangélico que submete sua própria fé e prática à autoridade bíblica e às reivindicações de Jesus Cristo singularmente exclusivas de salvação, como reveladas na Bíblia. Por um lado, manter essa posição de fé obriga-me a filtrar cada testemunho e acontecimento através dos meus próprios pressupostos de fé. Esperemos que, no entanto, minha posição pessoal de fé não tenha obscurecido a apresentação do que está acontecendo nestes Cômodos nem impedido leitores de fazer suas próprias avaliações de onde e como Deus está operando.

No restante dos capítulos, voltarei a abordar essa posição de fé à medida que explorarmos juntos as lições, implicações e aplicações espirituais das maneiras pelas quais Deus está operando no mundo muçulmano.

Resultados desejados

Antes de iniciar esta jornada, apresentamos quatro metas ou resultados desejados para este estudo.

1. Descrever de forma precisa estes movimentos.

2. Aprender as maneiras pelas quais Deus está operando em todo o mundo muçulmano, para que possamos participar melhor desses movimentos.

3. Encorajar esses muçulmanos que estão abraçando a fé em Cristo, ajudando-os a ver como Deus os está atraindo para Cristo em todo o mundo muçulmano.

4. Desafiar os cristãos em todos os lugares a não terem medo ou odiarem os muçulmanos, mas a envolvê-los com o Evangelho de Jesus Cristo.

Nossa busca do primeiro objetivo nos levou através de cada um dos nove Cômodos na Casa do Islã, filtrando-os através dos dez elementos essenciais que revisamos acima. Separamos tempo para examinar o complexo ambiente de cada Cômodo, sua história, etnografia, dinâmica religiosa e política. Depois de enquadrar o contexto para cada Cômodo, ouvimos atentamente os testemunhos que surgiram a partir dos movimentos contidos neles.

No próximo capítulo, abordaremos o segundo objetivo, identificando os "comos" e os "porquês" desses movimentos. Ao fazermos isso, estaremos também explorando as questões mais comuns que surgem a partir de nosso estudo: *Por que esses movimentos estão ocorrendo hoje? O que Deus está usando hoje para atrair muçulmanos à fé em Jesus Cristo?*

Discussão em grupos pequenos
Descubra por si mesmo

1. À luz das "Dez questões essenciais", o que o surpreendeu mais com relação a como Deus está operando na Casa do Islã?

2. Quais são as implicações destas surpresas em como podemos participar da obra de Deus no mundo muçulmano?

Capítulo 14
Como e por quê

Então, como e por que estes movimentos muçulmanos estão acontecendo hoje? O que Deus está usando para trazer centenas de milhares de muçulmanos para Cristo? Por que está acontecendo agora e não nos últimos 13 séculos? E finalmente, como podemos fazer parte disso?

Volumes poderiam, e provavelmente deveriam, ser escritos para examinar este momento na história da salvação. Nunca vimos um momento como este antes, e temos muito a aprender. Enquanto tenho insights e lições que adquiri através dessas pesquisas e entrevistas, creio que obtive apenas uma fração do que Deus quer que aprendamos.

Em vez de fingir esgotar este assunto aqui, quero convidá-lo a participar de uma Wiki-análise. A Wiki-análise, como a *Wikipedia* online, aceita contribuições. Acredito que todos nós temos algo a contribuir e, juntos, todos nós podemos saber mais.

Considere este seu convite para fazer login no site do livro: www.WindintheHouse.org[212] e oferecer seus insights: *Como Deus está operando na Casa do Islã? Por que isso está acontecendo dessa maneira hoje? Por que demorou 1.300 anos para esta virada começar? Como nós podemos, poderíamos e deveríamos fazer parte desses movimentos?*

Deixe-me oferecer algumas observações imediatas para iniciar a conversa.

---
212 Site em inglês. Acesso em 03/05/2016. (N. de Revisão)

Dez pontes de Deus

1. Fé

A fé é a certeza de que vamos receber as coisas que esperamos e a prova de que existem coisas que não podemos ver. Foi pela fé que as pessoas do passado conseguiram a aprovação de Deus.
(Hb 11.1s)

Tudo começa com a fé. Podemos crer mesmo quando não vemos, mesmo quando a evidência está ausente. É esse tipo de fé que tem motivado missionários através dos tempos, assim como hoje, a entrar na Casa do Islã e compartilhar o Evangelho. As gerações anteriores de missionários permaneceram fiéis em seu testemunho, apesar de que muitos deles (a grande maioria) *não receberam as coisas que Deus tinha prometido, mas as viram de longe e ficaram contentes por causa delas* (Hb 11.13).

Quanta fé foi necessária para que eles deixassem suas casas e culturas para criar seus filhos na Casa do Islã, cujo legado havia sido de absorver milhões de cristãos em suas comunidades? Inúmeras testemunhas fiéis em épocas passadas não viram os movimentos que estamos vendo hoje, mas sua busca exemplar de uma colheita que eles "viram de longe" estabeleceu uma base para os grandes movimentos que estão ocorrendo em nossos dias, e a eles temos uma dívida de gratidão e de celebração atrasada.

Fé exemplar também está sendo demonstrada por esses irmãos e irmãs de origem muçulmana que andam diariamente no caminho de Cristo, enquanto o caminho de inúmeros outros ao seu redor é ditado pela *sharia* islâmica. Estes movimentos são construídos sobre a pura fé daqueles que *estavam prontos para dar a sua vida e morrer* (Ap 12.11).

E nós? Esta é a pergunta que ainda precisa ser respondida. Muitas vezes, relegamos o significado de fé a um mero assentimento mental, concordância com um ponto de vista particular ou fórmula doutrinal. Isso é completamente diferente da fé descrita no livro de Hebreus ou vivida hoje na Casa do Islã. Fé nessas representações é nada menos que obediência corajosa, mesmo quando essa obediência pode resultar em morte. É esse mais alto chamado de fé, esse chamado bíblico, que leva os fiéis ao discipulado e serviço na Casa do Islã hoje.

2. Oração

A oração de uma pessoa obediente a Deus tem muito poder.
(Tg 5.16)

As armas que usamos na nossa luta não são do mundo; são armas poderosas de Deus, capazes de destruir fortalezas.
(2Co 10.4).

Foi pedido uma vez a Aisha, uma seguidora de Cristo de origem muçulmana das areias do deserto do Norte da África, para explicar a razão de tantos muçulmanos em sua terra agora estarem vindo para Cristo. "Eu acredito", disse ela, "que as orações de pessoas de todo o mundo estão subindo ao céu há muitos anos. Nos céus, estas orações têm se acumulado como as grandes nuvens durante a estação das monções. E agora elas estão chovendo em cima do meu povo, derramando os milagres e bênçãos da salvação que Deus tem guardado para eles".

A oração tem sido a primeira e principal estratégia para praticamente todas as novas iniciativas no mundo muçulmano. É a grande força invisível que tanto tem estimulado cristãos a se arriscarem na Casa do Islã quanto tem penetrado nos corações dos muçulmanos que eles encontram lá.

A oração nos transforma, assim como aqueles por quem oramos. A oração nos leva para perto do coração de Deus, e perto do coração de Deus estão incontáveis muçulmanos carecendo de um Salvador. Se o Espírito Santo é o vento que está soprando através da Casa do Islã, então a oração é uma das maneiras pelas quais nós içamos nossas velas e capturamos esse vento.[213]

Missionários que oram infundiram a oração no DNA dos movimentos que ajudaram a lançar. Inúmeros muçulmanos que oraram a Allah para lhes revelar a verdade estão encontrando essa verdade em Jesus Cristo. Em Cristo, eles estão descobrindo aquele que os ama e responde às suas orações de maneira pessoal, o que eles nunca tinham experimentado nas orações ritualísticas do islã.

---

[213] Em anos recentes, cristãos têm desenvolvido novos e vitais recursos de oração para alcançar muçulmanos, tais como *30 Dias de Oração pelo Mundo Muçulmano* e outros guias de oração que uniram os corações de povos cristãos a muçulmanos que, no passado, eram estranhos para eles. Consulte Paul Filidis, ed. *30 Days of Prayer for the Muslim World (30 dias de oração pelo mundo muçulmano)*. Disponível em www.30-days.net. (Site em inglês. Acesso em 03/05/2016.)

3. Escritura

Pois a palavra de Deus é viva e poderosa e corta mais do que qualquer espada afiada dos dois lados. Ela vai até o lugar mais fundo da alma e do espírito, vai até o íntimo das pessoas e julga os desejos e pensamentos do coração delas. (Hb 4.12)

Embora os cristãos possuam a Bíblia há dois mil anos, só agora ela está alcançando os habitantes de muitos Cômodos na Casa do Islã, e ainda permanece indisponível nos idiomas do coração de muitos muçulmanos.

As Escrituras no idioma local tem sido fundamental para todos os movimentos que examinamos. Se ainda não as tiver lido, a primeira coisa que um novo convertido de origem muçulmana quer fazer é ler a Bíblia por si mesmo, ou, se não sabe ler, muitas vezes aprende para essa finalidade. Estamos apenas começando a ver o efeito da ampla divulgação de Bíblias, Novos Testamentos e porções das Escrituras para os idiomas dos muçulmanos em todo o mundo. À medida que esse esforço continua, a resposta provável virá em seguida.

O movimento pioneiro de Sadrach, na Indonésia, veio na esteira de uma nova tradução da Bíblia indonésia. As visões de Shaikh Zakaryas de Cristo na Etiópia levaram-no a uma livraria da missão sueca onde obteve um Novo Testamento em seu próprio idioma. Não é por acaso que as primeiras traduções da Bíblia na língua kabyle e do filme *JESUS* (que é o Evangelho de Lucas em formato de vídeo) rapidamente alimentaram um movimento nacional para Cristo na Argélia, ou que a distribuição de um milhão de Novos Testamentos em farsi no Irã ou o aparecimento de uma tradução da Bíblia *Musulmani* em Bangladesh resultaram em movimentos entre cada um dos respectivos povos.

Grande parte do mundo muçulmano permanece analfabeta, mas novas iniciativas para fornecer a Bíblia através de histórias, o filme *JESUS* e transmissões de rádio e televisão dão esperança de que a Sagrada Escritura continue a inflamar e alimentar movimentos em todo o mundo muçulmano.[214]

---

214 Contação de Histórias Bíblicas é um meio de comunicar verdades bíblicas para aprendizes orais e não alfabetizados. Em vez de ler a Bíblia, estes contadores de histórias bíblicas relacionam os grandes nomes da Bíblia contando as histórias adaptadas da Bíblia.

4. A atividade do Espírito Santo

Pois, se não for, o Auxiliador não virá; mas, se eu for, eu o enviarei a vocês. Quando o Auxiliador vier, ele convencerá as pessoas do mundo de que elas têm uma ideia errada a respeito do pecado e do que é direito e justo e também do julgamento de Deus.
(Jo 16.7s)

Jesus garantiu a seus seguidores que seria bom para eles se os deixasse, porque ele enviaria o Consolador (cf. RA), o Espírito Santo, cuja presença não seria limitada a um único corpo humano. O Espírito Santo, Jesus prometeu, seria como o vento, capaz de ir onde desejar (cf. Jo 3.8).

Muitos cristãos que servem entre os muçulmanos descobriram que é do agrado do Espírito Santo soprar através da Casa do Islã. Deus está visitando esses muçulmanos por meio de sonhos, de visões e de orações respondidas em nome de Jesus. Praticamente todos os que trabalharam no ministério com muçulmanos podem atestar a presença singular do Espírito Santo.

Talvez os cristãos devam também ser gratos que Maomé tenha endossado o valor dos sonhos em sua própria vida, o que levou os muçulmanos em todo o mundo a darem crédito a sonhos, o que já não é mais corriqueiro no mundo ocidental secularizado. Seja qual for a razão pela qual eles dão atenção aos sonhos, o que está claro é que Deus está usando este meio para mover as almas dos inúmeros muçulmanos e fazer com que olhem além de sua fé, para aquele que lhes oferece salvação e nova vida.

Um colega está servindo a Deus entre muçulmanos tempo suficiente para ter ouvido inúmeros testemunhos de sonhos nos quais um "ser que brilhava como a luz" apareceu a eles, chamando-os para ele. Em um recente encontro com um muçulmano que tinha experimentado tal sonho, meu colega simplesmente abriu a Bíblia na história da transfiguração de Cristo em Mateus 17 e convidou seu amigo muçulmano a ler os dois primeiros versos: *Seis dias depois, Jesus foi para um monte alto, levando consigo somente Pedro e os irmãos Tiago e João. Ali, eles viram a aparência de Jesus mudar:* **o seu rosto ficou brilhante como o sol, e as suas roupas ficaram brancas como a luz** (Mt 17.1s, ênfase acrescentada). Surpreendido com a descoberta, o muçulmano respondeu: "Esse é o cara, o cara nos meus sonhos! Quem é ele?"

5. Testemunhos de cristãos fiéis

Assim nós temos essa grande multidão de testemunhas ao nosso redor. Portanto, deixemos de lado tudo o que nos atrapalha e o pecado que se agarra firmemente em nós e continuemos a correr, sem desanimar, a corrida marcada para nós. (Hb 12.1)

Embora já tenhamos dito isso antes, vale a pena repetir aqui que cristãos fiéis, não só no passado recente, mas também através das épocas, lançaram as bases para muito do que está acontecendo agora. Em termos de devoção à oração, ao evangelismo, ao ministério, à fidelidade à Palavra de Deus e ao sacrifício pessoal, esses pioneiros são extraordinários.

Muito frequentemente, os evangélicos no Ocidente têm falhado em reconhecer o impacto dos que vêm de outras tradições e que vieram antes de nós. Muitos seguidores de Cristo fiéis nas tradições católicas romanas, ortodoxas assírias, nestorianas, armênias, etíopes, coptas e menonitas apareceram nos depoimentos dos atuais movimentos para Cristo de origem muçulmana. Sejam quais forem as falhas que encontremos nessas tradições, são ofuscadas pela contínua existência de Cristo e das Escrituras Sagradas que têm mantido fielmente ao longo dos anos e repassaram aos muçulmanos que buscam ao redor deles.

6. Aprender com o Corpo de Cristo

Jesus lhes disse: "Venham comigo, que eu ensinarei vocês a pescar gente". (Mt 4.19)

Um bom pescador, ao aproximar-se de um local de pesca desconhecido, vai perguntar àqueles que tenham pescado com sucesso lá: "O que eles estão mordendo? A que profundidade você jogou sua isca? A que horas do dia você os pegou? Foi perto da costa ou em águas profundas?"

Uma razão pela qual estamos vendo movimentos para Cristo hoje que não estávamos vendo nos séculos passados é que estamos realizando evangelismo aos muçulmanos de formas que diferem das de épocas passadas. Longe se vão as Cruzadas, inquisições e conquistas coloniais que procuraram expandir o Reino de Deus expandindo os reinos dos homens. Com a separação

Capítulo 14 - Como e por quê

entre Igreja e Estado em muitos países, hoje o Evangelho é livre para ser aceito ou rejeitado por seus próprios méritos, e não como um referendo do poder político governante que o está impondo. Para dentro deste novo ambiente, "pescadores" do Evangelho estão introduzindo traduções de linguagem muçulmana coloquial da Escritura, evangelismo e ministério centrados nos muçulmanos, testemunho contextualizado, transmissões de televisão por satélite e de rádio, caminhada de oração, ligação com o Alcorão e outras abordagens inovadoras.[215] Nos movimentos que examinamos, há claras evidências de lições aprendidas, compartilhadas e implementadas pelos que promovem atividades evangelísticas entre muçulmanos nos diversos Cômodos na Casa do Islã.

Mesmo agora, conquistas incríveis estão ocorrendo em algum canto remoto da Casa do Islã que estão resultando em muitos muçulmanos ouvindo e entendendo o Evangelho pela primeira vez ou levando-os a dar o passo inicial de fé e arrependimento que leva à salvação. O que muitas vezes não conseguimos ver é que é o Corpo de Cristo que está realizando esses avanços na arte divinamente ordenada da pesca pelas almas de homens e de mulheres. Quando nos damos ao trabalho de aprender como o Corpo de Cristo está operando em um canto do mundo para que possamos aplicar melhor essas lições em outro canto do mundo, não estamos simplesmente sendo pragmáticos; estamos sendo estudantes das maneiras pelas quais Deus está agindo em nosso mundo. Apenas como estudantes ávidos dos caminhos de Deus poderemos nos tornar verdadeiramente os pescadores de homens que ele deseja e nos chama a ser.

Tornar-se um estudante é tornar-se como aquelas criancinhas que Jesus exaltou como exemplos para seus seguidores.[216] Essa lição de aprendizado humilde é particularmente necessária para aqueles de nós do Ocidente que temos preenchido historicamente o papel de conhecedores e professores, ao invés de aprendizes e alunos. Temos muito a aprender.

---

215 Tais como *Any-3: Anyone, Anywhere, Any Time*, de Mike Shipman (Monument, CO: Wigtake Resources, 2013); e *The Camel: How Muslims Are Coming to Faith in Christ!*, de Kevin Greeson (Monument, CO: Wigtake Resources, 2010). Veja também "Estudos Bíblicos Descoberta", como descrito em *Movimentos miraculosos: muçulmanos que amam Jesus*, de Jerry Trousdale (Curitiba: Esperança, 2015).

216 "*Eu afirmo a vocês que isto é verdade: quem não receber o Reino de Deus como uma criança nunca entrará nele*" (Lc 18.17).

7. Comunicação

O Senhor Deus diz: "Venham cá, vamos discutir este assunto".
(Is 1.18)

Comunicação é mais do que proclamação. Uma comunicação eficaz sempre tem o componente "juntos". Ela exige compreensão por parte do ouvinte, bem como do comunicador. Nenhum avanço nessa área tem sido mais dramático do que no campo da contextualização. Contextualização significa comunicar de uma forma que seja claramente entendido na cultura e na cosmovisão dos que irão nos ouvir.

Cristo disse: *"E, quando eu for levantado da terra, atrairei todas as pessoas para mim"* (Jo 12.32). Estas palavras foram uma profecia da sua morte iminente na cruz, mas também a promessa de que seu dom de salvação expiatória seria para todos os povos. Muitas vezes, aqueles que estamos buscando alcançar não conseguem ouvir nossa mensagem ou ver a obra salvífica de Jesus Cristo porque estão distraídos conosco ou com nossa cultura.

Nos testemunhos que ouvimos de movimentos muçulmanos para Cristo de hoje há uma familiaridade com suas histórias, uma ressonância na fé que vemos exibida em suas vidas. Mas também existem diferenças significativas do que vemos em nossas próprias vidas. Muitas das expressões culturais de nossa própria fé, que se tornaram tão familiares para nós a ponto de parecerem inseparáveis do próprio Evangelho, estão estranhamente ausentes nesses movimentos. São essas expressões culturais (e não as teológicas ou espirituais) que nós, erroneamente, associamos com a religião cristã, que muitos desses seguidores de Cristo de origem muçulmana recusam-se a aceitar.

Nem nós, nem esses discípulos de Cristo emergentes de origem muçulmana temos permissão para escolher os elementos do Evangelho que vamos aceitar ou rejeitar. Mas nós e os nossos novos irmãos e irmãs de origem muçulmana temos precedência bíblica para determinar que somos salvos pela graça de nosso Senhor Jesus (cf. At 15.11) e não através de comportamento cultural ou mesmo culturalmente religioso.[217] Foi o desafio de distinguir cultura de Evangelho que provocou o primeiro concílio da igreja em Jerusalém (At 15.1-21), e este desafio tem continuado ao longo dos séculos.

---

217 Teria sido lógico e natural para os líderes da igreja primitiva exigir que práticas religiosas do judaísmo ordenadas por Deus fossem obrigatórias para os novos convertidos gentios, particularmente as práticas judaicas fundamentais, como a circuncisão, mas eles não o fizeram—e estes líderes da igreja primitiva eram judeus. Devemos manter este marco bíblico do primeiro Concílio de Jerusalém em mente à medida que buscamos comunicar o Evangelho aos muçulmanos.

Comunicadores eficazes do Evangelho aos muçulmanos vieram a compreender e apropriar-se do exemplo desafiador de Paulo: *Assim eu me torno tudo para todos a fim de poder, de qualquer maneira possível, salvar alguns* (1Co 9.22). E eles têm usado esse entendimento para comunicar eficazmente o Evangelho aos muçulmanos de maneira que as gerações anteriores nunca receberam.

Ao mesmo tempo, no entanto, o meio não é a mensagem. O poder do Evangelho está no próprio Evangelho, e não na forma como ele é embalado. As mesmas Boas Novas *a respeito da salvação que temos em comum* (Jd 3) estão transformando vidas e dando início a movimentos em toda a Casa do Islã hoje. O Evangelho não mudou ao longo dos tempos, o que mudou foi a maneira pela qual ele está sendo transmitido. Avanços tecnológicos na comunicação desempenham um enorme papel na propagação desta antiga mensagem que dá vida, permitindo que penetre em sociedades que estão efetivamente fechadas para os de fora. O filme *JESUS* e outros vídeos baseados no Evangelho tiveram um impacto imensurável no mundo muçulmano. Transmissões da mensagem do Evangelho, primeiramente através do rádio e agora através da televisão por satélite e a Internet, têm aumentado exponencialmente nossa capacidade de oferecer o Evangelho da salvação às pessoas de todo o mundo, muitas das quais talvez nunca conheçam um cristão face a face.

8. Descoberta

Procure descobrir, por você mesmo, como o Senhor Deus é bom.
(Sl 34.8)

Uma maneira notável e, para muitos de nós, inesperada, pela qual os muçulmanos estão abraçando a fé hoje é através de descoberta pessoal.

Criado como batista, entendi o comentário: "Você pode sempre dizer algo a um batista, mas não pode dizer-lhe muito". Embora possa não ter sido intencionalmente um elogio, para mim essa frase adequadamente descrevia uma paixão e um compromisso pelas verdades que não eram facilmente abaladas.

Os muçulmanos são assim também. Seus compromissos culturais e religiosos são profundos. Eles abominam quando lhes dizem que estão errados ou que a verdade é diferente da que sempre acreditaram. No entanto, quando eles descobrem a verdade por si mesmos, ela torna-se uma parte deles, algo pelo qual entregarão suas vidas.

Os movimentos muçulmanos para Cristo estão repletos de histórias de pessoas que rejeitaram a verdade quando alguém tentou impô-la a eles, mas apaixonadamente a aceitaram quando descobriram por si mesmos. Algumas vezes, começou com um sonho. Em outros momentos, começou com a percepção de que Maomé não tinha o caráter e a conduta de um homem de Deus, ou que o Alcorão, de fato, não oferecia nenhuma garantia de salvação.

Uma série de movimentos muçulmanos para Cristo nasceu através de alguma forma do Estudo Bíblico Descoberta, que promove uma familiaridade crescente com a narrativa bíblica de salvação. Através da Bíblia, eles descobriram por si mesmos o plano de Deus, que começou na Criação e continuou através dos profetas – profetas que eles reconheceram – antes de culminar na vida, ensinamentos e obra de Jesus Cristo. No momento em que estes "descobridores" encontraram Cristo no Novo Testamento, ficaram convencidos da autenticidade dele e entregaram suas vidas a ele em humilde submissão.

9. *O próprio islã*

Uma das grandes surpresas nos movimentos muçulmanos para Cristo que examinamos foi que o islã é, muitas vezes, seu próprio pior inimigo, que contém dentro de si as sementes de sua própria destruição.

Alcorão coloquial

Para muitos muçulmanos, cujos testemunhos registramos, sua peregrinação a Cristo começou com uma leitura clara, pela primeira vez, do Alcorão em seu próprio idioma. Durante séculos, os muçulmanos tiveram que aceitar, e muitas vezes memorizar, o Alcorão em árabe – a língua de Allah. O fato de que eles não a entendiam só reforçou sua força mística e o domínio que detinha sobre eles. Agora que muitos deles são capazes de lê-lo em seus próprios idiomas, a ilusão foi desfeita.

Os cristãos que temem o Alcorão como um rival da Bíblia não conseguem entender esta verdade simples: o Alcorão não oferece nenhuma garantia de salvação. Para garantia de salvação, deve-se voltar para a pessoa e a obra de Cristo Jesus. Tão potente é essa descoberta das limitações do Alcorão que muitos seguidores de Cristo de origem muçulmana pediram a disseminação de traduções coloquiais do Alcorão como um prelúdio para o testemunho do Evangelho. Como um evangelista de origem muçulmana colocou: "Só depois que eu li o Alcorão no meu próprio idioma é que percebi o quanto estava perdido".

A vida de Maomé

A moralidade questionável de Maomé é um tema bem conhecido entre os cristãos, mas continua a ser um dos segredos não pronunciados na Casa do Islã. Enquanto, certamente, há lugar para os apologetas cristãos que ousadamente apontam para os apetites amorosos e frequentes atos de violência por parte do Profeta do Islã, essas revelações são raramente bem recebidas pelos muçulmanos. Contudo, quando os membros de sua própria comunidade apresentam aos muçulmanos perguntas baseadas na mesma descoberta, os resultados têm sido bastante diferentes. Nos movimentos que examinamos, o melhor plano de ação tem sido que os próprios COMs levantem essas questões. Há ampla evidência em seus próprios textos sagrados para que eles cheguem à conclusão alcançada por um grupo de 20 líderes muçulmanos na África Ocidental: "Concluímos que Maomé não era qualificado para ser um profeta de Deus".

A opressão islâmica

Enquanto as ferramentas da *jihad* e da lei *sharia*, certamente, foram utilizadas para avançar o território muçulmano, os muçulmanos de hoje sentem cada vez mais repulsa por uma religião que impõe sua vontade pela força. Brutalidades muçulmanas contra muçulmanos no norte da África, no mundo árabe, no Sul da Ásia e Indo-Malásia têm sido estimulantes essenciais para milhões de muçulmanos questionarem as origens divinas do islã e se voltarem para Jesus Cristo.

10. Nacionalização

> "Portanto, vão a todos os povos do mundo e façam com que sejam meus seguidores [...] ensinando-os a obedecer a tudo o que tenho ordenado a vocês". (Mt 28.19s)

Jesus não nos incumbiu de ensinarmos às nações tudo o que ele nos ordenou; ele nos encarregou de ensiná-los a *obedecer* tudo o que ele nos ordenou. A distinção é significativa.

Nacionalização literalmente significa "gerado a partir de dentro". Movimentos muçulmanos para Cristo podem começar com estímulo externo, mas tornam-se movimentos apenas quando os próprios novos convertidos se apropriam e levam adiante o senhorio de Cristo.

Enquanto a contextualização pode permitir que pessoas de fora se comuniquem de forma eficaz com os muçulmanos, a nacionalização assume no ponto em que a contextualização cessa: quando aqueles que procuramos alcançar estão obedecendo a Cristo por vontade própria. Quando isso ocorre, esses novos cristãos levam o discipulado para níveis mais profundos do que os de fora jamais podem prever, pois eles têm *os olhos fixos em Jesus, pois é por meio dele que a nossa fé começa, e é ele quem a aperfeiçoa* (Hb 12.2).

Para os que procuram estimular e incentivar movimentos, a nacionalização pode significar que cristãos de fora terão um papel diferente daquele que eles possam ter anteriormente previsto. Enquanto cristãos de fora, como missionários, devem tomar a iniciativa de apresentar o Evangelho, seu papel evoluirá à medida que o movimento se enraíza. Em vez de permanecer o líder de frente, a nacionalização pode exigir que ele seja o incentivador, o que dá a visão, o pastor às sombras, o líder servo e treinador de líderes locais que irão nacionalizar o movimento para que o mesmo possa se envolver em todas as questões ocultas dos muçulmanos, áreas que os forasteiros mal podem imaginar.

Os cristãos que são relutantes em encorajar a nacionalização muitas vezes o fazem apelando para a necessidade de discipulado. Há um papel para pessoas de fora no processo de discipulado, mas envolve ensiná-los a importância de, obedientemente, submeter-se à Palavra de Deus e modelar para eles o senhorio de Cristo em todas as áreas de nossas próprias vidas, em vez de inculcar neles todas as doutrinas e práticas que nos são valiosas.

O verdadeiro discipulado, que vai até o âmago mais profundo dos pecados culturais, exige nacionalização para sua realização. Em lugar algum isso foi mais graficamente retratado do que no Cômodo da parte Ocidental do Sul da Ásia, quando a questão sobre se um homem deveria bater em sua esposa ou não foi levantada, não pelos de fora, mas pelos próprios novos convertidos. Quando a missionária mostrou submissão à Palavra de Deus em vez de oferecer seu próprio conselho, os novos cristãos encontraram um caminho a seguir.

A nacionalização exige que creiamos na promessa de Cristo de que o poder do Espírito Santo *ensinará toda a verdade* (Jo 16.13) e que a Palavra de Deus irá torná-los *completamente preparado e pronto para fazer todo tipo de boas ações* (2Tm 3.16s).

Cinco barreiras contra os movimentos

Um missionário sábio disse uma vez: "Muitas vezes, não é o que você faz, mas o que você deixa de fazer que leva a avanços no Reino". Grandes barreiras para os muçulmanos abraçarem a fé ainda existem dentro do mundo muçulmano hoje. Desafios da *sharia*, *jihad*, terrorismo, ignorância e injustiça dentro do mundo muçulmano continuam a restringir centenas de milhões de muçulmanos do conhecimento e poder salvador do Evangelho. No entanto, as maiores barreiras aos movimentos muçulmanos para Cristo podem ser encontradas não no mundo muçulmano, mas dentro de nossas próprias fileiras.

1. Cristãos contenciosos

Com milhares de denominações, nos dias de hoje o cristianismo está irremediavelmente fragmentado, mas isso não significa que tem que ser contencioso. Como um cristão moderado disse uma vez: "Não temos que nos olharmos olho no olho para caminharmos lado a lado".

Nossa natureza humana tem a necessidade de estar certa, mas isso não implica necessariamente que todos os outros estejam errados. O mesmo Jesus que disse: *"Quem não é a meu favor é contra mim"* (Mt 12.30) também disse: *"quem não é contra nós é por nós"* (Mc 9.40). Essa distinção nas declarações de Jesus não deve ser desprezada. Ser contra Jesus (o "mim" em Mateus 12.30) não é aceitável. Mas quando se trata de "nós" (a comunidade de Cristo), devemos ser mais caridosos, como era nosso Senhor. O paradoxo da inclusão e exclusão de Cristo deve, pelo menos, nos deixar com uma mistura saudável de humildade e graça antes de procurarmos atacar os outros no corpo de Cristo.

Desde os primeiros anos do islã, no século 7, os exércitos muçulmanos aproveitaram as divisões internas dentro do cristianismo para fazer avançar a causa do islã. Quando o general árabe Amr ibn al-'As liderou um grupo de

4.000 guerreiros para o Egito em 640, enfrentou exércitos esmagadores e fortalezas maciças que deveriam ter sido mais do que suficientes para derrotar seus combatentes do deserto. Em vez disso, ele descobriu uma nação cristã que estava irremediavelmente dividida sobre questões de doutrina que haviam sido elevadas a níveis impossíveis de resolver. Governantes bizantinos católicos tinham usado o dogma de Calcedônia como uma arma para aprisionar cristãos egípcios que se recusaram a se submeter a sua ortodoxia oficial. Há muito tempo oprimidos por seus correligionários bizantinos, muitos cristãos coptas não calcedônios do Egito preferiram a promessa de domínio muçulmano benevolente à realidade da discriminação bizantina.

Divisão semelhante ajudou a futura conquista otomana de Constantinopla, a capital da cristandade, em 1453. Os exércitos muçulmanos tinham tentado, de forma intermitente durante oitocentos anos, romper as paredes da maior cidade da cristandade. No entanto, no ano de 1204, os cristãos europeus fizeram o que nenhum exército muçulmano tinha realizado, quando redirecionaram a Quarta Cruzada para saquear Constantinopla, em vez de a Terra Santa, controlada pelos muçulmanos. Em um ato autodestrutivo que colocou cristãos ocidentais contra cristãos orientais, o caminho estava limpo para o islã, futuramente, engolir o que restava do Império Bizantino, pois foram cristãos, e não muçulmanos, que primeiramente saquearam a cidade, destruíram suas bibliotecas, roubaram seus monumentos e violaram suas igrejas.

Se formos sábios, essas lições da história servirão como contos de advertência para que as nossas divisões de hoje não nos distraiam do chamado maior que está diante de nós.

2. Medo e ódio

Um casal missionário que serviu por muitos anos no mundo muçulmano estava nos EUA para algumas atividades durante alguns meses e aproveitou a oportunidade para falar às igrejas sobre o amor de Deus pelos muçulmanos. Depois de falar em uma igreja local, o casal aceitou de um dos diáconos da igreja um convite para almoçar. No caminho para o restaurante, o diácono falou abertamente: "Ouvi que vocês estão dizendo", disse ele, "sobre como Deus ama os muçulmanos e tudo mais, mas deixe-me ser honesto: creio que devemos bombardeá-los todos".

A resposta do diácono não foi um caso isolado. Muitos norte-americanos, e muitos cristãos nos Estados Unidos, estão com raiva e com medo. As feridas ainda vivas do 11 de setembro, juntamente com atentados terroristas em Boston, Londres, Espanha, e em outros lugares, parecem exigir uma resposta semelhante.

De um ponto de vista racional, como se poderia não temer o avanço do islã? Olhe o que "eles" têm feito. Onde quer que o islã tenha triunfado, a dissidência foi silenciada, e a conversão à fé cristã, ou a qualquer outra fé, tem sido punida com a morte. O islã, tanto como religião quanto como ideologia, é uma ameaça legítima. Mas os muçulmanos não são nem uma religião nem uma ideologia; eles são pessoas que necessitam de um Salvador, pessoas por quem Cristo morreu.

O grande exemplo que nos instrui e desafia vem do próprio Jesus. As instruções de Jesus de dar a outra face, caminhar a segunda milha, orar por aqueles que o desprezam e perdoar aqueles que o têm ofendido permanecem não negociáveis para os discípulos fiéis de Cristo hoje.[218] Seguir Cristo nunca é fácil, e pode levar uma pessoa para a cruz por causa dos seus inimigos, mas há um triunfo assegurado e ressurreição que se segue.

3. Imitando o islã

O islã nasceu em um ambiente hostil, cercado por inimigos que ameaçavam sua existência. O islã canonizou a cultura árabe do século 7 e usou o poderio militar para fazê-lo avançar como ideal de Deus para o mundo. Os fundadores do islã eliminaram incertezas, elaborando uma religião que legalisticamente prescreveu todos os aspectos da vida e conduta, e, em seguida, lançou seus seguidores em uma *jihad* militar que continua até os dias atuais.

O cristianismo começou com um impulso diferente. Chamados para seguir um Salvador e Senhor vivo, que se declarou ser *o caminho, a verdade e a vida* (Jo 14.6), os cristãos partiram em uma aventura de obediência a um Cristo vivo, que prometeu estar com eles sempre, até o fim dos tempos. Quando nos vemos ameaçados, somos tentados a seguir o caminho que Maomé traçou: respostas legalistas para todos os aspectos da vida e reações violentas para aqueles que consideramos nossos inimigos. Quando sucumbimos a essas tendências, podemos nos tornar mais como os muçulmanos que temmos do que como o Cristo que nos prometeu seu poder e presença.

---
218 Consulte Mateus 5.38-48.

Através dos séculos, e por meio de inúmeras sociedades em todo o mundo, os cristãos adotaram padrões culturais de sua época que eles associaram com expressões normativas do próprio cristianismo. Se é a liturgia copta do século 10, as roupas dos menonitas do século 16 ou o avivamento americano do século 19, cada uma dessas adaptações culturais foi importante para a contextualização do Evangelho em sua época. Mas quando essas adaptações se tornam normativas e sinônimos do Evangelho, temos um problema. Quando não conseguimos ver que nossa cultura, até mesmo a nossa manifestação cristã da nossa cultura, não é a mesma coisa que o Evangelho, podemos enxergar aqueles que praticam sua fé cristã de forma diferente da nossa como estrangeiros e inimigos.

O Evangelho transcende cada uma das sociedades do mundo e convida os cristãos a se arrependerem de seu próprio caminho para a salvação e a participarem da salvação e do modo de vida que Deus criou para nós em Cristo Jesus. No entanto, quando consideramos nossa manifestação particular da cultura cristã como normativa para todos os seguidores de Cristo e adotamos meios opressivos, ou mesmo violentos, para impor esses padrões culturais – como fizemos durante as Cruzadas, a Inquisição e a mais recente Era Colonial – estamos imitando o caminho do islã e não o de Cristo. Ao fazer isso, corremos o risco de perder o poder, a bênção e a promessa estendidos àqueles que vão em nome de Cristo e da maneira de Cristo.

Desde sua criação no século 7, o islã tem estado ansioso por uma luta, e tem convidado os cristãos a fazerem o mesmo. Devido ao nosso grande poder, riqueza e vantagem militar, muitos ocidentais, até mesmo cristãos ocidentais, estão prontos para fazer uma aposta arriscada no futuro ao promover em uma batalha homem a homem com o islã.

É uma aposta de tolo que os cristãos deveriam procurar evitar. Não é por acaso que a história das relações cristãs com o islã está saturada de guerras. Se eram no início exércitos cristãos do combate bizâncio contra os guerreiros muçulmanos do século 7 que fluíam do deserto da Arábia, os cruzados empenhados em recapturar a Terra Santa, os cavaleiros medievais que contestaram o avanço otomano, ou os colonizadores ocidentais mais recentes do século 19, fica evidente que nossa história de fracassos em alcançar os muçulmanos para Cristo coincidiu com nossas falhas em sermos como Cristo para os muçulmanos.

Também não é coincidência que a crescente onda de movimentos muçulmanos para Cristo surgiu, não em um momento de hegemonia ocidental no mundo muçulmano, mas em um momento de retirada de dominação colonial e militar nesse mundo. A Era Colonial foi seguida por uma era de negócios, comércio e interdependência. Em um tempo em que dispomos de poucos incentivos para oferecer aos muçulmanos, além da bênção eterna da salvação em Cristo, eles estão escolhendo vir – não para nós ou para "nosso lado" – mas para o nosso Senhor.

4. Injustiça ignorada

Quando os cristãos ignoram a injustiça e esquecem-se daqueles que são vítimas de injustiça, abrimos a porta para o islã. Isso deve ser para nós uma das maiores lições tiradas da história da interação entre muçulmanos e cristãos.

Quando os primeiros exércitos muçulmanos árabes passaram por todo o Oriente Médio e Norte da África, descobriram uma região repleta de injustiças que os cristãos há muito ignoravam. Judeus na Palestina, que haviam sido banidos de Jerusalém há séculos pelos cristãos antissemitas, estavam mais do que dispostos a revelar aos exércitos muçulmanos todos os caminhos secretos para entrar na Terra Santa, os caminhos que levaram à sua conquista.[219] Quando o sultão muçulmano Umar chegou a Jerusalém, solicitou ao patriarca cristão da cidade, Sofrônio, uma visita ao Monte do Templo. À espera de encontrar um local sagrado, Umar ficou chocado ao descobrir que os cristãos tinham transformado o local, que já fora sagrado, em depósito de lixo da cidade, uma ação que tinha sido destinada a demonstrar aos judeus que sua religião não era importante. Umar ordenou que o lixo fosse removido e construiu o que mais tarde se tornaria a histórica Cúpula da Rocha e a mesquita de al-Aqsa.[220]

Da mesma forma, os cristãos coptas do século 7 no Egito, cujo patriarca tinha sido preso por se opor à autoridade doutrinária da Igreja Católica, abriram os portões de Alexandria para invasores árabes sob a promessa de que os muçulmanos lhes permitiriam cultuar livremente.[221]

---

219 David Levering Lewis, *God's Crucible: Islam and the Making of Europe, 570-1215* (Prova de Deus: o islã e a construção da Europa, 570-1215). (Nova Iorque: W. W. Norton & Company, 2009), p. 76.

220 Ibid., p. 78.

221 Ibid., p. 81.

Enquanto os exércitos muçulmanos continuaram a travessia do norte da África, encontraram milhares de escravos que tinham pertencido durante séculos aos seus compatriotas cristãos. Embora os muçulmanos não rejeitassem a instituição da escravidão – mais tarde se tornariam alguns dos últimos campeões do mundo do tráfico de escravos – imediatamente viram nas condições injustas uma oportunidade que poderiam explorar. Os conquistadores islâmicos informaram a esses escravos que nenhum cristão era autorizado a possuir escravo muçulmano, o que levou milhares de escravos cristãos a ganharem sua liberdade simplesmente por se converter ao islã.[222]

Injustiças perpetradas ou simplesmente toleradas pelos cristãos persistem até hoje, e os muçulmanos são rápidos em identificar estas incursões, enquanto oferecem o islã como solução. Pelo contrário, quando os cristãos são proativos e passam a combater a injustiça social, tanto em casa quanto no exterior, inoculamos nossas comunidades contra as incursões islâmicas. E, mais importante que isso, honramos a causa de Cristo. Da mesma forma, muitos dos movimentos muçulmanos para Cristo que estamos testemunhando hoje, ocorreram devido a injustiças que foram ignoradas na Casa do Islã, levando muçulmanos a encontrarem refúgio e justiça na pessoa de Cristo.

5. Ignorância e apatia

Certa vez um pesquisador sério solicitou a um pedestre que respondesse se ele achava que o maior problema que a sociedade de hoje enfrenta era a ignorância e apatia. Enquanto o pedestre abria caminho para passar, ele murmurou: "Não sei, e não me importo".

A maioria dos cristãos admite saber pouco sobre o islã ou os meios que Deus está usando para operar em seu mundo a fim de alcançar os muçulmanos. Outros simplesmente não se importam. Durante séculos, os norte-americanos tiveram o luxo de viver em um hemisfério distante da velha guerra com os muçulmanos que sitiaram cristãos na Europa por mais de mil anos. Tudo isso terminou em 11 de setembro de 2001.

Desde aquela época, eles encontram-se envolvidos em guerras com dois países predominantemente muçulmanos, enquanto lutam uma guerra global aparentemente interminável contra o terror da parte de militantes

---

[222] Bernard Lewis, *Race and Slavery in the Middle East, An Historical Enquiry* (Raça e escravidão no Oriente Médio, uma pesquisa histórica) (Nova Iorque: Oxford University Press, 1990), p. 8.

muçulmanos tanto em seu próprio país quanto ao redor do mundo. Não podemos nos entregar ao luxo de permanecer na ignorância e apatia.

Há tanta coisa para aprender com os meios que Deus está usando para agir no mundo muçulmano. Tanto que, de fato, apenas começamos a apresentar o assunto neste único volume. O leitor está convidado a ouvir novamente as histórias que surgiram destes Cômodos. Descubra por si mesmo o que Deus está fazendo e como ele está fazendo. Então, pergunte-se: *Como posso fazer parte do que Deus está fazendo? Qual é o meu papel? Como posso contribuir?*

A boa notícia é que Deus jamais ignorou nem nunca deixou de se preocupar com os muçulmanos. Seu Espírito está soprando de forma constante através da Casa do Islã, e o vento está aumentando. É hora de nos livrarmos da nossa inércia, nossa ignorância e apatia, e fazer alguma coisa.

DISCUSSÃO EM GRUPOS PEQUENOS
DESCUBRA POR SI MESMO

1. Você concorda com as *Dez Pontes* do autor? Por que ou por que não?

2. Quais outras pontes você acrescentaria a esta lista?

3. Você concorda com as *Cinco Barreiras* do autor? Por que ou por que não?

4. Quais outras barreiras você acrescentaria a esta lista?

Capítulo 15
Nossa resposta

O jurista islâmico Abu Hanifa (699-767) foi quem primeiramente cunhou o termo Casa da Guerra (*Dar al-Harb* em árabe) para descrever o mundo não muçulmano em contraste com a Casa do Islã. Ele pretendia que essa distinção desse aos muçulmanos a mentalidade que deveriam adotar à medida que atacassem aquelas nações que ainda não tinham se submetido ao islã.

É nessa Casa da Guerra que nós, os cristãos, nos encontramos hoje, enquanto buscamos uma resposta para a imigração de milhares de muçulmanos para a Europa, Ásia, África e Américas. Eles são nossos vizinhos, nossos colegas de aula, nossos colegas de trabalho e nossos amigos. Os cristãos que nunca imaginaram ir ao mundo muçulmano estão descobrindo que o mundo muçulmano chegou até eles.

Como o islã, o cristianismo também nasceu em um contexto de guerra. Desde sua criação, os adversários hostis tentaram esmagar o movimento que o carpinteiro galileu tinha lançado. Ao contrário de Maomé, porém, Jesus rejeitou a tentação de pegar em armas e escolheu um caminho diferente.[223] Ele, de fato, chamou seus seguidores à batalha, mas foi uma batalha do Reino de Deus contra os reinos deste mundo, uma batalha espiritual.

Hoje, alguns cristãos querem igualar os muçulmanos em uma competição de golpe por golpe, argumento por argumento, olho por olho e dente

---

[223] Arnold Toynbee levantou a questão, em seu capítulo sobre "Islam's Place in History" (O lugar do islã na História), de que "Maomé rendeu-se, no décimo terceiro ano de seu ministério, à tentação que, segundo os Evangelhos, foi resistida por Jesus no início do seu". Foi em seu 13º ano, quando Maomé retirou-se para a cidade de Yathrib (Medina), que ele se transformou de um profeta religioso falido em um líder político e militar bem-sucedido. Arnold Toynbee, *Um estudo da História*. (São Paulo: Martins Fontes, 1986.)

por dente. Ao contrário do rebanho sob ataque do primeiro século, nossa igreja do século 21 é poderosa. Os cristãos de hoje seguem a maior religião do mundo, possuem a maior riqueza do mundo e lideram os exércitos mais poderosos do mundo. Na verdade, já não somos mais *a imundície deste mundo* (1Co 4.13) que éramos quando começamos. E, assim, somos tentados a nos envolver com o desafio do islã em nossa própria força. Mas, fazer isso é perder o poder insuperável que foi dado a nós por aquele que se tornou *assim igual aos seres humanos* e *foi humilde e obedeceu a Deus até a morte – morte de cruz* (Fl 2.7s). Para os seguidores de Cristo, o caminho a seguir é inevitável: *Tenham entre vocês o mesmo modo de pensar que Cristo Jesus tinha* (Fl 2.5).

Assumir a atitude de Cristo não significa recuar diante da batalha que nos é apresentada. Em vez disso, temos que ser *cada vez mais fortes, vivendo unidos com o Senhor e recebendo a força do seu grande poder. Vistam-se com toda a armadura que Deus dá a vocês* (Ef 6.10s). A armadura completa de Deus capacitou a igreja perseguida do século 1 a superar uma oposição avassaladora e mantém a mesma promessa para nós hoje. Mas nunca devemos nos esquecer de que a nossa luta "não é contra carne e sangue", em outras palavras, não contra os homens, mulheres e crianças muçulmanos, mas "contra as forças espirituais do mal" que continuam a desafiar o Reino de Cristo.

No decorrer deste livro, aprendemos muito sobre os muçulmanos e sobre como Deus está agindo na Casa do Islã. Tem sido uma jornada que nos trouxe muitos insights, mas se terminarmos esta viagem com nada mais do que conhecimento e observações, deixaremos de lado as implicações de discipulado contidas nesta informação. O convite de Cristo, de fato, o mandato de Cristo, é para nós sermos parte de sua grande obra. Cristo nos chama a içar nossas velas espirituais e seguir o vento do seu Espírito que está soprando em todo o mundo.

Como fazemos isso? Aqui estão cinco passos práticos que podemos tomar agora mesmo, que nos alinharão com a atividade redentora de Deus entre os muçulmanos.

1. Ore pelos muçulmanos

A oração muda as coisas e todos os cristãos podem orar pelos muçulmanos. A oração origina-se em Deus e retorna para Deus em favor daqueles que não conhecem Deus. Quando oramos pelos muçulmanos, começamos a vê-los como Deus os vê. Se você não tiver amor pelos muçulmanos, ore por eles e veja como seu coração mudará.

Se você não sabe como orar pelos muçulmanos, comece com o que você lê ou ouve no noticiário. Dificilmente passa um dia sem que alguma tragédia, guerra ou atrocidade entre os muçulmanos não apareça nos jornais. Ore para que Deus opere através dessas tribulações para levar os muçulmanos a um conhecimento sobre Cristo e sua salvação. Como vimos em nossa caminhada através da Casa do Islã, Deus é capaz de tomar a violência e a injustiça que assolam o mundo muçulmano e transformá-las para o bem, assim como tomou o mal e a injustiça da cruz e transformou-os na redenção da humanidade.

2. Apoie esforços evangelísticos e ministérios entre os muçulmanos

Agora que você já viu como Deus está operando na Casa do Islã, descobriu por si mesmo o que Deus está usando. Você viu a importância do testemunho missionário e de cristãos locais, dos esforços para a tradução da Bíblia, vídeos evangélicos, televisão por satélite, transmissões de rádio, ministérios de compaixão, defesa da liberdade religiosa, ministério aos refugiados e outros esforços.

Esses ministérios são dispendiosos. Os muçulmanos não irão e não devem pagar por sua própria evangelização. Esse trabalho é de responsabilidade dos cristãos, cristãos de ambas as origens, muçulmana e cristã. Deus colocou mais riqueza nas mãos dos cristãos de hoje do que em qualquer época da história. Investir no cumprimento da Grande Comissão certamente pagará dividendos eternos. Os movimentos de muçulmanos para Cristo do século 21 apresentados neste livro são amplas evidências de que, quando investimos na divulgação do Reino entre os muçulmanos, Deus multiplica esses investimentos muitas vezes.

3. Vá aos muçulmanos

A Bíblia deixa claro: *Mas como é que as pessoas irão pedir, se não creram nele? E como poderão crer, se não ouvirem a mensagem? E como poderão ouvir, se a mensagem não for anunciada? E como é que a mensagem será anunciada, se não forem enviados mensageiros? As Escrituras Sagradas dizem: "Como é bonito ver os mensageiros trazendo boas notícias!"* (Rm 10.14s).

Movimentos para Cristo não acontecem espontaneamente. Ocorrem quando alguém, sacrificialmente, responde ao chamado de Deus e lhes leva as Boas Novas. Através deste livro você aprendeu sobre 82 movimentos muçulmanos para Cristo na história e ouviu testemunhos de 45 desses movimentos oriundos de 33 povos muçulmanos. Você também aprendeu, porém, que existem 2.157 grupos de povos muçulmanos no mundo. Isso significa que os movimentos ocorreram apenas entre 1,5% dos grupos de povos muçulmanos do mundo. Há muito trabalho ainda a ser feito.

4. Ministre aos muçulmanos em sua própria comunidade

Jesus disse que o maior mandamento é amar Deus com todo o nosso coração, e o segundo é amar o nosso próximo como a nós mesmos (cf. Mt 22.36-40). Hoje, o nosso próximo inclui muçulmanos. Uma rica definição de ministério surgiu dos muitos movimentos de muçulmanos para Cristo ao redor do mundo; cristãos que participam desses movimentos definem ministério como "responder às orações de pessoas perdidas". Esse conceito de ministério nos obriga a conhecer os muçulmanos, a ouvi-los, a nos tornarmos seus amigos.

Milhares de muçulmanos têm deixado suas pátrias e estão chegando como imigrantes e refugiados em países com populações cristãs expressivas. Muitos desses homens, mulheres e crianças muçulmanos estão fugindo da violência e já perderam tudo em seus países devastados pela guerra. Os cristãos que aproveitam essa oportunidade para fazer amizade e ministrar aos muçulmanos nestas situações lhes estão revelando um Cristo que eles nunca conheceram, e estão fazendo grandes avanços em direção a movimentos muçulmanos para Cristo.

5. Compartilhe o Evangelho com os muçulmanos

Oração e ministério são o prelúdio perfeito para testemunho do Evangelho. Quando você já passou tempo orando por alguém e, depois, demonstrou o amor de Cristo por esta pessoa por meio do ministério, é natural *responder a qualquer pessoa que pedir que expliquem a esperança que vocês têm* (1Pe

3.15). *Porém*, como o apóstolo Pedro continua, *façam isso com educação e respeito* (1Pe 3.16).

Graças aos pioneiros cujos ministérios contribuíram para os movimentos estudados neste livro, agora temos muitas opções para, efetivamente, compartilhar o Evangelho com os muçulmanos: distribuir a Bíblia em seu próprio idioma, compartilhar o filme *JESUS*, começar o programa de discipulado Estudos Bíblicos Descoberta, praticar o *Any-3* (Qualquer Pessoa, Qualquer Lugar, Qualquer Hora), fazer uso de Pontes para o Alcorão e simplesmente discutir com os muçulmanos seus sonhos e pedidos de oração.[224] A única coisa mais significativa que cristãos têm feito para estimular a atual onda de movimentos muçulmanos para Cristo é orar por eles e, obedientemente, envolvê-los com o amor e o Evangelho de Cristo. Este continua sendo o passo mais significativo que cada um de nós pode tomar hoje.

Nos próximos anos, os testemunhos neste livro circularão em toda a Casa do Islã. Os COMs já estão sentindo que o vento do Espírito de Deus está soprando através de suas comunidades. Estão descobrindo que Deus está fazendo algo extraordinário entre o seu povo. O simples conhecimento de que Deus tem os muçulmanos em seu coração tem incentivado esses novos cristãos a compartilharem sua fé com seus familiares, amigos e vizinhos.

Quando rejeitamos o medo, a raiva e o ódio, jogamos fora o lastro que nos ancora ao chão e nos preparamos para a aventura espiritual que Deus colocou diante de nós. Nas palavras do Novo Testamento, *deixemos de lado tudo o que nos atrapalha e o pecado que se agarra firmemente em nós e continuemos a correr, sem desanimar, a corrida marcada para nós. Conservemos os nossos olhos fixos em Jesus, pois é por meio dele que a nossa fé começa, e é ele quem a aperfeiçoa* (Hb 12.1s).

Então, quando oramos pelos muçulmanos, apoiamos o evangelismo deles, ministramos a eles, quando os amamos como próximos e compartilhamos nossa fé e vidas com eles, nos elevamos acima do conflito crescente e da violência que ocupam aqueles que estão fixados a uma perspectiva terrena. Logo descobrimos que fomos elevados a um plano diferente de ministério. Nossos talentos e habilidades escassos já não nos limitam; nós alçamos voo. Fomos apanhados pelo vento do Espírito que sopra onde quer e nos carrega junto com ele.

---

224 Informe-se sobre as melhores práticas para alcançar muçulmanos no website www.windinthehouse.org. (Site em inglês. Acesso em 09/05/2016)

Discussão em grupos pequenos
Descubra por si mesmo

1. O que significa viver na Casa da Guerra?

2. Como nosso estilo de guerra é diferente da guerra dos muçulmanos?

3. Quais passos Deus gostaria que você tomasse para fazer o Evangelho avançar entre os muçulmanos?

Bibliografia

Parte Um: Os desdobramentos da História

BARRETT, David., ed. *World Christian Encyclopedia, Second Edition, Dois Volumes.* (Nova Iorque: Oxford Press, 2002.)

GEORGE, Timothy. *Is the Father of Jesus the God of Muhammad?* (Grand Rapids: Zondervan, 2002.)

GREENHAM, Ant. *Muslim Conversions to Christ, An Investigation of Palestinian Converts Living in the Holy Land.* (Pasadena, CA: WCIU Press, 2004.)

GREENLEE, David, ed. *Longing for Community: Church, Umma or Somewhere in Between.* (Pasadena: WCIU Press, 2013.)

HINNEBESCH, J. F. "William of Tripoli", in: *New Catholic Encyclopedia, 2nd edition, Vol. 14.* (Detroit: Gale, 2003.)

HUMPHREYS, R. Stephen. *Islamic History: A Framework for Inquiry.* (Londres: Princeton University Press, 1991.)

JENKINS, Philip. *The Lost History of Christianity, The Thousand-Year Golden Age of the Church in the Middle East, Africa and Asia—and How It Died.* (Nova Iorque: Harper One, 2008.)

LATOURETTE, Kenneth Scott. *Uma história do cristianismo.* Sete Volumes. (São Paulo: Hagnos, 2007.)

MOREAU, Scott. *Contextualization in World Missions, Mapping and Assessing Evangelical Models.* (Grand Rapids: Kregel Publications, 2012.)

O'KANE, M. "Raymond of Peñafort", in: *The Catholic Encyclopedia.* (Nova Iorque: Robert Appleton Company, 1911.) Disponível em http://www.newadvent.org/cathen/12671c.htm. (Acesso em 01/04/2016.)

O'MEARA, Thomas F. "The Theology and Times of William of Tripoli, O.P.: A Different View of Islam", in: *Theological Studies*, Vol. 69, No. 1.

PARSHALL, Phil. "Danger! New Directions in Contextualization"em *Evangelical Missions Quarterly*, Outubro de 1998. Citado na Internet em 7 de agosto de 2013 em: https://www.emqonline.com. (Acesso mediante cadastro. Acesso em 04/04/2016.)

Pew Forum on Religion & Public Life. *The Future of the Global Muslim Population, Projections for 2010-2030*. (Washington, D.C.: Pew Research Center, 2011.)

SCHMIDLIN, Joseph. *Catholic Mission History*. (Techny, IL: Mission Press S. V.D., 1933.)

TRAVIS, John. "The C1-C6 Spectrum" em *Evangelical Missions Quarterly*, Outubro de 1998. Disponível em https://www.emqonline.com. (Acesso mediante cadastro. Acesso em 04/04/2016.)

VOLF, Miroslav. *Allah, A Christian Response*. (Nova Iorque: HarperCollins, 2011.)

VOSE, Robin. *Dominicans, Muslims and Jews in the Medieval Crown of Aragon*. (Nova Iorque: Cambridge University Press, 2009.)

WOODBERRY, Dudley; SHUBIN, Russell G. e MARKS, G. "Why Muslims Follow Jesus", in: *Christianity Today*, Outubro de 2011. Disponível em http://www.christianitytoday.com/ct/2007/october/42.80.html. (Acesso em 04/04/2016.)

Parte Dois: A Casa do Islã

Capítulo 4: O Cômodo Indo-Malaio

COOLEY, Frank. *Indonesia: Church and Society*. (Nova Iorque: Friendship Press, 1968.)

DIXON, Roger L. "The Major Model of Muslim Ministry", in: *Missiology: An International Review*, Vol. XXX, No. 4. Outubro de 2002.

GEERTZ, Clifford. *The Religion of Java*. (Chicago: University of Chicago Press, 1976.)

HEFNER, Robert W. *Conversion to Christianity: Historical and Anthropological Perspectives on a Great Transformation*. (Berkeley: University of California Press, 1993.)

PARTONADI, Sutarman. *Sadrach's Community and its Contextual Roots, A Nineteenth Century Javanese Expression of Christianity.* (Amsterdã: Rodopi, 1990.)

RUTGERS, Jacqueline C. *Islam en Christendom.* (Haia: Boekhandel van den Zendingsstudie Raad, 1912.)

SHIPMAN, Mike. *Any-3: Anyone, Anywhere, Any Time.* (Richmond, VA: WIGTake Resources, 2012.)

WILLIS, Avery T. *Indonesian Revival: Why Two Million Came to Christ.* (Pasadena: William Carey Library, 1977.)

Capítulo 5: O Cômodo da África Oriental

BAKER, Heidi e Rolland. *Learning to Love: Passion, Compassion and the Essence of the Gospel.* (Mineápolis: Chosen, 2013.)

BALISKY, Paul. "Dictionary of African Christian Biography, Shaikh Zakaryas 1845 to 1920 Independent Prophet Ethiopia." Disponível em www.dacb.org/stories/ethiopia/zakaryas2.html. (Acesso em 04/04/2016)

ISICHEI, Elizabeth. *A History of Christianity in Africa, From Antiquity to the Present.* (Grand Rapids, MI: William B. Eerdmans, 1995.)

MOOREHEAD, Alan. *The Blue Nile.* (Nova Iorque: Harper & Row, 1962.)

PAKENHAM, Thomas. *The Scramble for Africa.* (Nova Iorque: Avon Books, 1992)

RIPKEN, Nik. *The Insanity of God: A True Story of Faith Resurrected Yesehaq, Archbishop. The Ethiopian Tewahedo Church, An Integrally African Church.* (Nashville, TN: James C. Winston Publishing Co., 1997.)

Capítulo 6: O Cômodo do Norte da África

BRETT, Michael e FENTRESS, Elizabeth. *The Berbers.* (Oxford: Blackwell Publishers, 1996.)

DANIEL, Robin. *This Holy Seed: Faith, Hope and Love in the Early Churches of North Africa.* (Chester, UK: Tamarisk Publications, 1993.)

DAVIS Robert C. *Christian Slaves, Muslim Masters, White Slavery in the Mediterranean, the Barbary Coast, and Italy, 1500-1800.* (Nova Iorque: Palgrave MacMillan, 2003.)

DIRECHE-SLIMANI, Karima. *Chretiens De Kabylie, 1873-1954, une action missionnaire dans l'Algerie coloniale.* Uma dissertação publicada por EDIF 2000, 2004.

SLACK, James e SHEHANE, Robert, eds. "Public Edition of the Church Planting Movement Assessment of an Indigenous People Group on the Mediterranean Rim." (Richmond, VA: Global Research Department of the International Mission Board, SBC, 2003.)

Capítulo 7: O Cômodo da parte Oriental do Sul da Ásia

BASS, Gary J. *The Blood Telegram: Nixon, Kissinger, and a Forgotten Genocide.* (Nova Iorque: Alfred A. Knopf, 2013.)

BOSE, Sarmila. *Dead Reckoning: Memories of the 1971 Bangladesh War.* (Nova Iorque: Columbia University Press, 2011.)

CAREY, S. Pearce. *William Carey, The Father of Modern Missions.* (Londres: The Wakeman Trust, 1923.)

GREESON, Kevin. *The Camel, How Muslims Are Coming to Faith in Christ!* Edição revisada. (Richmond, VA: WIGTake Resources, 2007.)

NOVAK, James K. *Bangladesh: Reflections on the Water.* (Bloomington: Indiana University Press, 1993.)

Capítulo 8: O Cômodo Persa

BRADLEY, Mark. *Iran: Open Hearts in a Closed Land.* (Colorado Springs: Authentic, 2007.)

_____. *Iran and Christianity, Historical Identity and Present Relevance.* (Londres: Continuum International Publishing Group, 2008.)

BUCK, Christopher. "The Universality of the Church in the East", in: *Journal of the Assyrian Academic Society,* X, 1, 1996.

BULLIET, Richard. *Conversion to Islam in the Medieval Period: An Essay in Quantitative History,* 1979.

CARRINGTON, William J. e DETRAGIACHE, Enrica. "How Extensive Is the Brain Drain?" Disponível em www.imf.org/external/pubs/ft/fandd/1999/06/carringt.htm#chart. (Acesso em 14/04/2016)

CHISHOLM, Hugh, ed. *Encyclopedia Britannica, 11th ed.* (Nova Iorque: Cambridge University Press, 1911.)

ENAYAT, Hamid. *Modern Islamic Political Thought.* (Austin: University of Texas Press, 1982.)

HOVSEPIAN, Joseph e HOVSEPIAN, Andre. *A Cry From Iran: the untold story of Iranian Christian martyrs* (Santa Ana, CA: Open Doors International, 2007.)

JENKINS, Philip. *Jesus Wars, How Four Patriarchs, Three Queens, and Two Emperors Decided What Christians Would Believe for the Next 1,500 Years.* (Nova Iorque: Harper Collins, 2010.)

MOFFETT, Samuel. *A History of Christianity in Asia, Volume 1: Beginnings to 1500.* (Maryknoll, NY: Orbis Press, 1998.)

Pew Forum. "Mapping the Global Muslim Population," Disponível em www.pewforum.org/Muslim/Mapping-the-Global-Muslim-Population(6).aspx. Acesso em 10/05/2016)

TAVASSOLI, Sasan. *Christian Encounters with Iran, Engaging Muslim Thinkers After the Revolution.* (Londres: I.B. Tauris and Co., Ltd., 2011.)

"United Presbyterian Church in the U.S.A. Commission on Ecumenical Mission and Relations." Disponível em http://www.history.pcusa.org/collections/findingaids/fa.cfm?record_id=91. (Acesso em 10/05/2016.)

Capítulo 9: O Cômodo do Turquestão

BENNINGSEN, Alexander e WIMBUSH, S. Enders. *Muslims of the Soviet Empire: A Guide.* (Bloomington: Indiana University Press, 1986.)

DALRYMPLE, William. *From the Holy Mountain, A Journey in the Shadow of Byzantium.* (Nova Deli, India: Penguin Books, 2004.)

GROUSSETT, Rene. *The Empire of the Steppes: A History of Central Asia.* (Rutgers, NJ: The State University of New Jersey, 2002.)

HOPKIRK, Peter. *The Great Game: The Struggle for Empire in Central Asia.* (Nova Iorque: Kodansha International, 1990.)

HOSTLER, Charles Warren. *The Turks of Central Asia.* (Westport, CT: Praeger Publishers, 1993.)

KINROSS, Lord. *The Ottoman Centuries, The Rise and Fall of the Turkish Empire.* (Nova Iorque: Morrow Quill Paperbacks, 1979.)

KIPLING, Rudyard. *Kim.* (Londres: MacMillan and Co., Ltd., 1901.)

MOFFETT, Samuel H. *A History of Christianity in Asia, Vol. 1: Beginnings to 1500.* (Maryknoll, NY: Orbis Books, 1998.)

WHITE, Matthew. *Atrocitology: Humanity's 100 Deadliest Achievements.* (Edimburgo: Canangate Books, 2011.)

Capítulo 10: O Cômodo da África Ocidental

AUTRY, Richard. *Sustaining Development in Mineral Economies: The Resource Curse Thesis.* (Londres: Routledge, 1993.)

FAULCONBRIDGE, Guy e HOLDEN, Michael. "British police ponder conspiracy after soldier murder", in: *Reuters U.S. Edition 23 de maio de 2013*. Disponível em http://www.reuters.com/article/2013/05/23/us-britain-killing-cameron-idUSBRE94L0WU20130523. (Acesso em 26/04/2016)

GRISWOLD, Eliza. *Paralelo 10: notícias da linha que separa cristianismo e islã.* (São Paulo: Companhia das Letras, 2012.)

LAW, Bill. "Meeting the hard man of Liberia" em *BBC News-Africa, 4 de novembro de 2006*. Disponível em news.bbc.co.uk/2/hi/programmes/from_our_own_correspondent/6113682.stm. (Acesso em 25/04/2016.)

LEVITZION, Nehemiah e HOPKINS, John, eds. *Corpus of Early Arabic Sources for West Africa.* (Princeton: Marcus Wiener Press, 2000.)

MOGENSEN, Mogens Stensbaek. *Contextual Communication of the Gospel to Pastoral* Fulbe *in Northern Nigeria*. Uma dissertação apresentada à Escola de Missões Mundiais, Seminário Teológico Fuller, janeiro de 2000.

OLADIPO, Tomi. "Nigeria's growing 'prosperity' churches" em *BBC News-Africa*. Disponível em www.bbc.co.uk/news/world-africa-14713151. (Acesso em 26/04/2016.)

PAKENHAM, Thomas. *The Scramble for Africa: White Man's Conquest of the Dark Continent, 1876-1912.* (Nova Iorque: Random House, 1992.)

PERRY, Alex. "Global Justice: A Step Forward with the Conviction of Charles Taylor and Blood Diamonds", in: Revista *Time*, 26 de abril de 2012. Disponível em world.time.com/2012/04/26/global-justice-a-step-forward-with-the-conviction-of-charles-taylor-and-blood-diamonds/. (Acesso em 25/04/2016)

SAMURA, Sorious. "Cry Freetown." Disponível em https://en.wikipedia.org/wiki/Cry_Freetown (Acesso em 25/04/2016.)

SANNEH, Lamin. *Translating the Message: The Missionary Impact on Culture. American Society of Missiology. 2ª edição revisada e expandida.* (Maryknoll, NY: Orbis Books, 2009.)

STRIDE, G. T. e IFEKA, C., eds. *Peoples and Empires of West Africa: West Africa in History 1000-1800.* (Edimburgo: Nelson, 1971.)

"The Trans-Atlantic Slave Trade Database." Disponível em www.slavevoyages.org. (Acesso em 19/04/2016.)

TROUSDALE, Jerry. *Movimentos Miraculosos: Muçulmanos que amam Jesus.* (Curitiba: Esperança, 2015.)

Capítulo 11: O Cômodo da parte Ocidental do Sul da Ásia

COLL, Steve. *Ghost Wars, The Secret History of the CIA, Afghanistan and Bin Laden, From the Soviet Invasion to September 10, 2001.* (Londres: Penguin Books, 2004.)

DEHART, Joel. *The Upper Hand, God's Sovereignty in Afghan Captivity.* (Autopublicado, 1994.)

HOSSEINI, Khaled. *The Kite Runner.* (Nova Iorque: Riverhead Books, 2004.)

_____. *A Thousand Splendid Suns.* (Nova Iorque: Riverhead Books, 2007.)

LaPIERRE, Dominique e COLLINS, Larry. *Freedom at Midnight.* (Nova Deli: Vikas Publishing, 1997.)

RASHID, Ahmed. *Descent into Chaos: The U.S. and the Disaster in Pakistan, Afghanistan, and Central Asia.* (Nova Iorque: Penguin Group, 2009.)

RIPKEN, Nik. *The Insanity of God: A True Story of Faith Resurrected.* (Nashville: B&H Publishing, 2013.)

SALZMAN, Philip Carl. *Black Tents of Baluchistan*. (Washington: Smithsonian Institution Press, 2000.)

Capítulo 12: O Cômodo Árabe

"Arab Americans", in: *The Arab American Institute*. https://en.wikipedia.org/wiki/Arab_American_Institute. (Acesso em 29/04/2016)

BELZ, Mindy. "2008 Daniel of the Year", in: *World Magazine, Dez. 13 de 2008*. Disponível em http://www.worldmag.com/2008/12/broadcast_news. (Acesso em 29/04/2016)

CHANDLER, Paul-Gordon. *Pilgrims of Christ on the Muslim Road: Exploring a New Path Between Faiths*. (Plymouth, U.K.: Cowley Publications, 2007.)

CRAGG, Kenneth. *The Arab Christian, A History in the Middle East*. (Louisville, KY: Westminster/John Knox Press, 1991.)

DAVIES, Wyre. "Tunisia one year on: New trends of self-immolations", in: *BBC World-Africa*, disponível em http://www.bbc.co.uk/news/world-africa-16526462.2012-01-12. (Acesso em 29/04/2016.)

HITTI, Philip. *History of the Arabs,* 10ª ed. (Londres: MacMillan Education Ltd., 14ª reimpressão, 1991.)

IBRAHIM, Raymond. "Islam's Public Enemy # 1", in: *National Review Online*. Disponível em www.NationalReview.com/articles/223965/islams--public-enemy-1/raymond-ibrahim. (Acesso em 29/04/2016.)

JENKINS, Philip. *The Lost History of Christianity: The Thousand-Year Golden Age of the Church in the Middle East, Africa, and Asia – and How It Died*. (Nova Iorque: HarperCollins, 2008.)

KALYANI, Chitra. "Gospel joins *ansheed* (Islamic chanting) at Sufi Fest", in: *Daily News Egito*, 17 de agosto de 2011.

"Literacy and Adult Education in the Arab World", in: *UNESCO-Beirut Regional Report 2003*. Disponível em: http://www.unesco.org/education/uie/pdf/country/arab_world.pdf., p. 11. (Acesso em 28/04/2016)

YAPP, M.E. *The Making of the Modern Near East, 1792-1923*. (Nova Iorque: Longman House, 1987.)

_____*the Near East Since the First World War*. (Nova Iorque: Longman House, 1991.)

Parte Três: Na casa da guerra

ABDELHADY, Dalia. *The Lebanese Diaspora, The Arab Immigrant Experience in Montreal, New York, and Paris.* (Nova Iorque: New York University Press, 2011.)

HADDAD, Yvonne Yazbeck. *The Muslims of America.* (Nova Iorque: Oxford University Press, 1991.)

JENKINS, Philip. *God's Continent, Christianity, Islam, and Europe's Religious Crisis.* (Nova Iorque: Oxford University Press, 2007.)

LEWIS, Bernard. *Race and Slavery in the Middle East, An Historical Enquiry.* (Nova Iorque: Oxford University Press, 1990.)

David Levering Lewis, *God's Crucible: Islam and the Making of Europe, 570-1215.* (Nova Iorque: W. W. Norton & Company, 2009.)

TOYNBEE, Arnold. *Um estudo da História.* (São Paulo: Martins Fontes, 1986.)

Leituras adicionais sobre o islã

ALI, Abdullah Yusuf. *The Holy Qur'an, English Translation of the Meanings of the Qur'an with Notes.* (Indianápolis, IN: H&C International, 1992.)

BROWN, Jonathan A. C. *Hadith, Muhammad's Legacy in the Medieval and Modern World.* (Oxford, UK: OneWorld Publications, 2009.)

FARAH, Caesar E. *Islam, Fifth Edition.* (Hauppauge, NY: Barron's Educational Series, 1994.)

GEORGE, Timothy. *Is the Father of Jesus the God of Muhammad?* (Grand Rapids, MI: Zondervan, 2002.)

GLASSE, Cyril. *The Concise Encyclopedia of Islam.* (São Francisco: HarperCollins, 1989.)

GODDARD, Hugh. *A History of Christian-Muslim Relations.* (Chicago, IL: New Amsterdam Books, 2000.)

GRIM, Brian, ed. *The Future of the Global Muslim Population, Projections for 2010-2030.* (Washington, D.C.: Pew Research Center, 2011.)

HUMPHREYS, R. Stephen. *Islamic History, A Framework for Inquiry, edição revisada.* (Cairo: AUC Press, 1992.)

LINGS, Martin. *Muhammed, His Life Based on the Earliest Sources.* (Rochester, VT: Inner Traditions, 2006.)

LIPPMAN, Thomas W. *Understanding Islam, An Introduction to the Muslim World, Revised Edition.* (Nova Iorque: Mentor Book, 1990.)

MOFFETT, Samuel H. *A History of Christianity in Asia, Vol. 1: Beginnings to 1500.* (Maryknoll, NY: Orbis Books, 1998.)

_____. *A History of Christianity in Asia, Vol. 2: 1500 - 1900.* (Maryknoll, NY: Orbis Books, 2005.)

NETTON, Ian Richard. *A Popular Dictionary of Islam.* (Londres: Curzon Press, 1992.)

RAHMAN, Fazlur. *Islam, Second Edition.* (Chicago: University of Chicago Press, 1979.)

SIVAN, Emmanuel. *Radical Islam, Medieval Theology and Modern Politics.* (Binghamton, NY: Yale University Press, 1985.)

WEEKES, Richard V. ed. *Muslim Peoples, A World Ethnographic Survey, 2 Volumes, Second Edition.* (Westport, CT: Greenwood Press, 1984.)

Sobre ministério com Muçulmanos

BROWN, Brian Arthur. *Noah's Other Son, Bridging the Gap Between the Bible and the Qur'an.* (Nova Iorque: Continuum, 2007.)

El SCHAFI, Abd. *Behind the Veil, Unmasking Islam.* Nenhuma informação sobre a publicação, 1996.

GARRISON, David. *The Camel Rider's Journal.* (Arkadelphia, AR: WIGTake Resources, 2009.)

GREESON, Kevin. *The Camel, How Muslims Are Coming to Faith in Christ!* Edição Revisada. (Monument, CO: WIGTake Resources, 2011.)

JABBOUR, Nabeel T. *The Crescent Through the Eyes of the Cross, Insights from an Arab Christian.* (Colorado Springs, CO: NavPress, 2008.)

_____. *Unshackled & Growing, Muslims and Christians on the Journey to Freedom.* (Colorado Springs, CO: Dawsonmedia, 2006.)

KRONK, Rick. *Dreams and Visions, Muslims' Miraculous Journeys to Jesus.* (Pescara, Italy: Destiny Image Europe, Ltd., 2010.)

LIVINGSTONE, Greg. *Planting Churches in Muslim Cities.* (Grand Rapids, MI: Baker Books, 1993.)

McCURRY, Don. *Healing the Broken Family of Abraham: New Life for Muslims.* (Colorado Springs, CO: Ministry to Muslims, 2001.)

MEDEARIS, Carl. *Muslims, Christians, and Jesus, Gaining Understanding and Building Relationships.* (Bloomington, MN: Bethany House Publishers, 2008.)

MARTIN, E.J., ed. *Where There Was No Church, Postcards from Followers of Jesus in the Muslim World.* (São Francisco, CA: Learning Together Press, 2010.)

MUSK, Bill. *The Unseen Face of Islam, Sharing the Gospel with Ordinary Muslims.* (Monrovia, CA: MARC, 1989.)

_____. *Touching the Soul of Islam, Sharing the Gospel in Muslim Cultures.* (Monrovia, CA: MARC, 1995.)

PARSHALL, Phil. *Muslim Evangelism, Contemporary Approaches to Contextualization, segunda edição.* (Colorado Springs, CO: 2003.)

REGISTER, Ray. *Back to Jerusalem, Church Planting Movements in the Holy Land.* (Enumclaw, WA: Winepress Publishing, 2000.)

SWARTLEY, Keith E., ed. *Encountering the World of Islam.* (Littleton, CO: Biblica, 2005.)

TANAGHO, Samy. *Glad News! God Loves You My Muslim Friend.* (Littleton, CO: Biblica, 2004.)

WOODBERRY, J. Dudley. *From Seed to Fruit, Global Trends, Fruitful Practices, and Emerging Issues Among Muslims.* (Pasadena, CA: William Carey Library, 2008.)

_____, ed., *Muslims & Christians on the Emmaus Road.* (Monrovia: MARC, 1989.)

Polêmicas, apologética e relações muçulmano-cristãs

CHANDLER, Paul-Gordon. *Pilgrims of Christ on the Muslim Road, Exploring a New Path Between Two Faiths.* (Lanham, MD: Cowley Publications, 2007.)

DARWISH, Nonie. *Cruel and Usual Punishment, The terrifying global implications of Islamic Law.* (Nashville: Thomas Nelson, 2008.)

FLETCHER, Richard. *The Cross and the Crescent, The Dramatic Story of the Earliest Encounters Between Christians and Muslims.* (Londres: Penguin Books, 2005.)

GEISLER, Norman L. e SALEEB, Abdul. *Answering Islam, The Crescent in Light of the Cross.* (Grand Rapids, MI: Baker Books, 2002.)

GRISWOLD, Eliza. *The Tenth Parallel, Dispatches From the Fault Line Between Christianity and Islam.* (Nova Iorque: Farrar, Straus & Giroux, 2010.)

JAMIESON, Alan G. *Faith and Sword, A Short History of Christian-Muslim Conflicts.* (Londres: Reaktion Books, 2006.)

KHALIDI, Tarif, ed. *The Muslim Jesus, Sayings and Stories in Islamic Literature.* (Cambridge, MA: Harvard Univ. Press, 2001.)

LEWIS, David Levering. *God's Crucible, Islam and the Making of Europe, 570-1215.* (Nova Iorque: Norton, 2008.)

LINGEL, Joshua; MORTON, Jeff e NIKIDES, Bill, eds. *Chrislam, How Missionaries are Promoting an Islamized Gospel.* (Garden Grove, CA: i2 Ministries, 2011.)

PARRINDER, Geoffrey. *Jesus in the Qur'an* reprinted. (Oxford, UK: OneWorld Publications, 1996.)

SPENCER, Robert. *Islam Unveiled, Disturbing Questions About the World's Fastest-Growing Faith.* (Nova Iorque: Encounter Books, 2002.)

WARRAQ, Ibn. *Why I Am Not a Muslim.* (Amherst, NY: Prometheus Books, 1995.)

Fontes das ilustrações

Capítulo 1: Algo está acontecendo

▷ John Tzimisces, ca. 925-976 (domínio público). Pintura de Klavdly Lebedev (c. 1880). Disponível em http://en.wikipedia.org/wiki/File:Lebedev_Svyatoslavs_meeting_with_Emperor_John.jpg. (Site em inglês. Acesso em 09/05/2016.)

▷ Rogério II, (Creative Commons). Autor: Matthias Süssen; Upload feito em 21 de maio de 2007 como "Roger II, wird von Christus gekrönt, Mosaik in La Martorana". Disponível em http://en.wikipedia.org/wiki/File:Martorana_RogerII2008.jpg. (Site em inglês. Acesso em 09/05/2016.)

▷ São Francisco de Assis (domínio público). Pintura de José de Ribera (c. 1642). Disponível em http://en.wikipedia.org/wiki/File:Saint_Francis_of_Assisi_by_Jusepe_de_Ribera.jpg. (Site em inglês. Acesso em 09/05/2016.)

▷ São Domingos de Gusmão (domínio público). Pintura de Fra Angelico, 1437. Disponível em http://en.wikipedia.org/wiki/File:The_Perugia_Altarpiece,_Side_Panel_Depicting_St._Dominic.jpg. (Site em inglês. Acesso em 09/05/2016.)

▷ Raimundo Penaforte (domínio público, permissão: PD-ART0. Pintura de Tommaso da Modena (1352). Disponível em http://en.wikipedia.org/wiki/File:Raymon_de_Peñaforte.jpg. (Site em inglês. Acesso em 09/05/2016.)

▷ Raimundo Lúlio (domínio público US-PD). Fonte: Scientific Identity, (26 de março de 1315). Disponível em http://en.wikipedia.org/wiki/File:Ramon_Llull.jpg.

▷ Charles Lavigerie (domínio público, PD-US). Fonte: NYPL; autor: Albert Capelle, Paris; datado de 1882. Disponível em http://en.wikipedia.org/wiki/File:Charles_Lavigerie.jpg.

Capítulo 4: O Cômodo Indo-Malaio

▷ Sadrach Radin Surapranata – Citado em: "Guru Sadrach" de Pendopo Deso. Disponível em http://karangyoso.blogspot.com/2008/12/kyai-sadrach.html.

▷ Sadrach's Trinity Mesjid – Postado no website "Guru Sadrach" por Pendopo Deso. Disponível em http://karangyoso.blogspot.com/2008/12/kyai-sadrach.html.

▷ Logo da Companhia Holandesa das Índias Orientais (domínio público). Disponível em http://en.wikipedia.org/wiki/File:VOC.svg.

▷ Presidente Sukarno (domínio público). Disponível em http://en.wikipedia.org/wiki/File: Presiden_Sukarno.jpg.

▷ Presidente Suharto (domínio público). Disponível em http://en.wikipedia.org/wiki/File:President_Suharto,_1993.jpg.

▷ Livro *Any-3*, de Mike Shipman, usado com permissão da WIGTake Resources. Disponível em www.ChurchPlantingMovements.com/bookstore.

Capítulo 5: O Cômodo da África Oriental

▷ San Tribesman (Wikimedia commons). Postado pelo autor Ian Beatty. Disponível em http://en.wikipedia.org/wiki/File:San_tribesman.jpg.

▷ Comércio de Marfim (domínio público). Postado por Frank G. e Frances Carpenter. Disponível em http://en.wikipedia.org/wiki/File:Ivory_trade.jpg.

▷ Forte Jesus; Descrição: Hrvatski: Vlasnistvo (Wikimedia Commons; Creative Commons Attribution-Share Alike 3.0 Unported license) Upload feito por Zeljko em 11 de agosto de 2007. Disponível em http://en.wikipedia.org/wiki/File:Fort_JesusMombasa.jpg.

▷ Alcorão Aberto (Creative Commons). Postado na Internet por el7bara. Disponível em http://commons.wikimedia.org/wiki/File:Opened_Qur%27an.jpg.

Capítulo 6: O Cômodo do Norte da África

▷ Bom Pastor – foto do autor da pintura de Del Parson (b. 1948).

▷ Barbarossa (domínio público) Litografia de Charles Motte (1785-1836). Fonte desconhecida. Disponível em http://en.wikipedia.org/wiki/File:Arudsch-barbarossa.jpg.

▷ Mosaico Berbere (creative commons). Postado na Internet por Dzilinker. Citado na Internet em 25 de setembro de 2013 em: http://en.wikipedia.org/wiki/File:Berbers_Mosaic.jpg.

▷ Santo Agostinho (domínio público). Pintura de Carlo Crivelli (1487/88?). Disponível em http://en.wikipedia.org/wiki/File:Carlo_Crivelli_-_St._Augustine_-_Google_Art_Project.jpg.

Capítulo 7: O Cômodo do Sul da Ásia Oriental

▷ William Carey (domínio público). William Carey: The Shoemaker Who Became the Founder of Modern Missions. Autor desconhecido. Disponível em http://en.wikipedia.org/wiki/File:CareyEngraving.jpg.

▷ Paquistão Ocidental e Oriental (domínio público). Disponível em http://commons.wikimedia.org/wiki/File:Partition_of_India.PNG.

▷ Paquistão Ocidental e Oriental (1947-1971) (domínio público). Adaptado de um mapa de autoria de Green Giant. Disponível em http://commons.wikimedia.org/wiki/File:Historical_Pakistan.gif.

▷ Tablighi Jamaat; Descrição: Malaysia Jamaat Tablighee Ijtima' (Wikimedia Commons) Autor: Aswami Yusuf, 8 de setembro de 2009. Upload original feito por Muhammad Hamza. Disponível em: http://en.wikipedia.org/wiki/File:2009_Malaysian_Tablighi_Ijtema.jpg.

▷ Um Cômodo Cheio; Descrição: Tablighi Jamaat (Wikimedia Commons). Upload feito por Muntasirmamunimran em 24 de janeiro de 2010 como "Biswa Ijtema Dhaka Bangladesh". Disponível em http://upload.wikimedia.org/wikipedia/commons/8/81/Biswa_Ijtema_Dhaka_Bangladesh.jpg.

Capítulo 8: O Cômodo Persa

▷ Cruz Armênia (Wikimedia Commons). Upload feito por Vigen Hakhverdyan como "Kachqar, Armenia". Disponível em http://en.wikipedia.org/wiki/File:Khachqar10.jpg.

▷ Haik Hovsepian Mehr. Disponível em http://www.christianmillennium.com/religion/Haik_%20Hovsepian_Mehr.html.

▷ Mehdi Dibaj. Disponível em http://www.elam.com/articles/Remember-Their-Sacrifice/.

▷ Henry Martyn (Wikimedia Commons). De "A memoir of the Rev. Henry Martyn"; Sargent, John; Londres : Impresso para R. B. Seeley e W. Burnside : vendido por L. e G. Seeley; 1837. Disponível em: http://en.wikipedia.org/wiki/File:Henry_Martyn.jpg.

Capítulo 9: O Cômodo do Turquestão

▷ Tamerlão (domínio público). Autor: Nezivesten. Fonte: Pugachenkova GA, LI Rempel History of Arts of Uzbekistan from the earliest times to the middle of the XIX century. M., 1965. Disponível em: http://en.wikipedia.org/wiki/File:Tamerlan.jpg.

▷ Suleiman, o Magnífico (domínio público). Pintura de Hans Eworth (1520-1574?). Disponível em: http://en.wikipedia.org/wiki/File:Hans_Eworth_Osmanischer_Wurdentrager_zu_Pferd.jpg.

- Joseph Stalin (domínio público). Fonte: U.S. Signal Corps photo. Disponível em http://en.wikipedia.org/wiki/File:CroppedStalin1943.jpg.

- Catarina, a Grande (domínio público). Pintura "Retrato de Catarina II da Rússia (1729-1796)", de Johann Baptist von Lampi the Elder (1751-1830). Disponível em http://en.wikipedia.org/wiki/File:Johann-Baptist_Lampi_d._Ä._007.jpg.

- Tumba Gur-e Emir (Creative Commons Attribution). Upload feito por Faqsci em 15 de abril de 2012. Disponível em https://commons.wikimedia.org/wiki/File:Gur-e_Amir_-_Inside_views_995_Tombs.JPG?uselang=pt-br.

Capítulo 10: O Cômodo da África Ocidental

- Tráfico Humano; Descrição: Am I Not A Man? (domínio público). Fonte: British Abolition Movement, 1795. Disponível em https://en.wikipedia.org/wiki/Josiah_Wedgwood#Abolitionism.

- Samuel Doe (domínio público). Upload feito por Frank Hall em 18 de agosto de 1982. Disponível em http://en.wikipedia.org/wiki/File:Samuel_Kanyon_Doe.jpg.

- Ahmed Tejan Kabbah (domínio público). Upload feito por Kari Barber, VOA 18 de setembro de 2007. Disponível em http://en.wikipedia.org/wiki/File: Ahmed_Tejan_Kabbah.jpg.

- Homem Santo Marabout (domínio público). Upload feito por Peter Kremer em 26 de janeiro de 2007. Disponível em: http://en.wikipedia.org/wiki/File:Kuntamarabut.jpg.

Capítulo 11: O Cômodo do Sul da Ásia Ocidental

- Mortimer Durand, 1903 (domínio público). Permissão PD-US. Disponível em http://en.wikipedia.org/wiki/File:Mortimer_Durand.jpg.

- Choudary Ali (1895-1951) (domínio público). Permissão PD-Pakistan. Fonte: Rahmat Ali, uma biografia, de K.K. Aziz. Disponível em http://en.wikipedia.org/wiki/File:Chrahmat.jpg.

▷ Narendra Modi (Creative Commons). Disponível em http://en.wikipedia.org/wiki/File:Narendra_Damodardas_Modi.jpg.

Capítulo 12: O Cômodo Árabe

▷ Mesquita Al-Azhar (domínio público). Upload feito por Tentoila em junho de 2006. Disponível em http://en.wikipedia.org/wiki/File:Al-Azhar_(inside)_2006.jpg.

▷ Hagar e Ismael (domínio público). Pintura de Grigoriy Ugryumov, 1785. Disponível em http://en.wikipedia.org/wiki/File:Hagar_and_Ishmael_in_desert_(Grigoriy_Ugryumov).jpg.

▷ Vasco da Gama (c.1469-1524), (domínio público). Retrato de Vasco da Gama c. 1565. Disponível em http://en.wikipedia.org/wiki/File:Vasco_da_Gama_(Livro_de_Lisuarte_de_Abreu).jpg.

▷ Mohamed Bouazizi (domínio público). Disponível em http://en.wikipedia.org/wiki/File:Mohamed_Bouazizi.jpg.

▷ Padre Botros Zakaria. Disponível em https://www.facebook.com/photo.php?fbid=121620193403&set=a.436063683403.238209.121618628403&type=1&theater.

Índice

Observação: As entradas neste índice, transferidas textualmente da edição impressa deste título, não são suscetíveis de corresponder à paginação de qualquer leitor de e-book. No entanto, as entradas neste índice, e outros termos, são facilmente localizadas usando-se o recurso de pesquisa do seu leitor de e-book.

Símbolos

11/09 40, 41, 158, 279, 282

A

Abdul-Ahad 103, 104

Afegão 210

Afeganistão 62, 124, 128, 158, 208, 209, 210, 215

África Ocidental 21, 40, 45, 186, 188-194, 197, 198, 200, 201, 261

África Oriental 40, 41, 52, 53, 87, 89-93, 95, 96, 101-104, 256

Ahl al-Bayt 242

Ahmed 114, 205, 206, 208, 209, 211, 213-216, 218, 224-228

al-Hayat 116, 238, 239

al-Masih 35, 69, 82, 95, 96, 141, 196, 222, 223

al-Qaeda 94, 236, 248

al-Watan al-Arabi 232

Albânia 34

Alcorão 22, 45, 59, 82, 84, 87, 88, 95, 97, 98-102, 112, 121, 130, 132, 135, 138-143, 147, 148, 150, 152, 160, 180, 198, 199, 205, 206, 208, 214, 217, 219, 223, 234, 236, 240, 243, 244, 245, 249, 258, 271, 274, 275, 289

Ali Akbar 162, 163

Allah 29, 50, 54, 69, 80, 88, 96, 98, 111, 115, 131, 133, 134, 138-142, 146, 150, 198, 208, 216, 239, 242, 267, 274

Amal 244-246, 248

Anglicano(s) 152, 155, 160, 161

Animista (Animismo) 72-77, 129, 131, 134, 186, 188

Ansaru 193, 194, 200

apatia 282, 283

Árabe 22, 23, 24, 31, 36, 39, 41, 52, 53, 61, 68, 98, 92, 93, 109, 110, 115, 116, 118, 133, 141, 148, 150, 151, 156, 167, 171, 179, 188, 189, 194, 231, 232, 234, 235, 236, 237, 238, 239, 242, 243, 244, 246, 248, 251, 256, 275, 277, 279, 281

Árabe (idioma) 21, 26-28, 31, 62, 69, 88, 90, 96, 97, 108, 109, 111, 115, 116, 120, 135, 140, 142, 180, 198, 206, 214, 232, 234, 235, 274, 285

Arábia Saudita 40, 94, 236, 237, 259

Arabização 79, 108, 111, 117, 120, 121

Argélia 22, 27, 29, 31, 32, 34, 35, 40, 108-112, 189, 238, 268

Armênia/Armênio 27, 34, 145, 152-155, 159, 161, 163, 270

Ásia Central 23, 34, 40, 167, 168, 170-178, 183

Assembleia de Deus 152-155

Assírio 152, 155, 159, 161-163, 270

Ayatollah 39, 150, 151, 154

Azan 215

Azerbaijão 34, 173

Azeri(s) 170

B

Baathist, partido 236

Bacon, Roger 25

Baluchistan(i) 210

Bangladesh 35, 40, 127-130, 137, 142, 210, 268

Batista(s) 34, 114, 126, 135, 136, 160, 174, 175, 178, 191, 197, 202, 273

batizado (batismo) 21, 23, 27, 28, 31, 32, 59, 62, 68, 73, 76, 80, 81, 84, 88, 96, 100, 102, 116, 126, 135, 141-143, 160, 172, 180, 181, 194, 196, 202, 203, 218, 223, 240, 242, 243, 244

Bek 180

Bengala Ocidental 124, 127, 128, 130

Bengalês 35, 124, 126, 128-130, 132, 133, 136, 140, 210

Bengali 35

Berbere(s) 29, 31, 34, 105, 108, 109, 110, 112, 114, 115-121, 188, 189, 232

Bíblia 30, 32, 44, 62, 69, 73, 81, 82, 84, 101, 106, 114-116, 124, 128, 129, 132-135, 138, 140, 141, 143, 160, 161, 182, 198, 213, 217, 222, 223, 226, 227, 244, 247, 263, 268, 269, 274, 287, 289

Bíblia *Musulmani* 132, 133, 268

Blancs, Pères (Padres Brancos) 31, 32

Boko Haram 193, 194, 200

Botros, Abouna Zakaria 238-240, 242

Britânico 89, 92, 136, 161, 172, 177, 189, 198, 209, 210

Bulgária 35

C

Califado Abbasid (Abássida) 23

Carey, William 128, 132, 133, 160

Casa do Islã (Watan al-Arab) 21, 28, 36, 41, 42, 44, 52, 53, 55, 61, 63, 78, 89, 110, 148, 193, 194, 200, 201, 209, 213, 232, 235, 255, 258, 259, 260, 262-269, 271, 273, 275, 282, 283, 285-289

Catarina, a Grande 175

Católico(s) (catolicismo) 24-33, 72, 73, 76, 86, 106, 112, 117, 119, 152, 155, 186, 195, 225, 235, 257, 259, 270, 278, 281

China 167, 170, 174

coloquial 132, 271, 274

COM 32, 36, 49, 56, 57, 59, 61, 81, 82, 84, 86, 95, 112, 120, 126, 131, 132, 139, 143, 147, 152, 161-163, 179, 180, 196, 198, 199, 201, 202, 248, 259, 260, 275, 289

Comunismo (Comunista) 33, 34, 55, 74-78, 168, 170, 171, 173, 174, 179, 242

Conrado de Ascoli 25, 26

Constantinopla (Istanbul, Bizâncio) 22, 25, 171-173, 278, 280

Contextualização 53, 56, 78, 272, 276, 280

Conversão 22, 24, 28, 29, 35, 49, 58-60, 64, 73, 78, 79, 88, 93, 100, 112, 118, 132, 134, 146, 178, 191, 200, 201, 259-261, 279

Copta 238, 270, 278, 280, 281

Cruzadas(s), Cruzado(s) 24, 25, 27, 235, 237, 270, 278, 280

D

da'i 94, 101

Damasco 23, 167, 235

Dar al-Harb 285

Dar al-Islam 21, 31, 105, 119

Darius 148

descoberta 98, 104, 198, 271, 273, 274, 289

desdobramento(s da história) 39, 40, 41, 46, 53, 262

De Dentro 80, 123, 131, 132, 134-142, 241, 259

Dibaj, Mehdi 154, 155

Doe, Samuel 191

Domingos de Gusmão, São 27

Dominicano(s) 26, 28, 73

Druso 242

E

Egito 25, 62, 190, 231, 236-239, 278, 281

Elias 103, 104

Escala-C 56, 57, 123, 258

escravo(s), escravidão 90, 92, 93, 95, 109, 110, 188, 189, 191, 282

Estados Unidos 39, 40, 50, 105, 109, 127, 157, 158, 186, 190, 203, 209, 279

Emirados Árabes 94

F

Fatwa 136

Fenomenologia/fenomenológico 49, 53, 55, 63, 64, 258

Fernandez, Capitão 140, 142

França 26, 31, 89, 105, 106, 110, 111, 112, 114, 118, 119, 172, 190

Francês 24, 31, 105, 108, 112, 114, 115, 172

Franciscano(s) 25, 27, 28, 73

Francisco de Assis 25, 26

G

Gana 188, 190

Grã-Bretanha 152, 172, 177, 190

Granger, Maddie 185, 186

Guilherme de Rubruck 25

Guilherme de Trípoli 27

Gujarat 211

H

Hadith 50, 59, 98, 243, 258

hafez 87, 88, 206, 240, 249

hajj 130, 142, 236

Hakim, Xeque 87-89, 96

Hanifa, Abu 285

Hanson, Jason 206, 208, 209, 214, 215, 217, 218

Hasan, Amid 140-143

Hindu(ísmo) 33, 35, 72, 73, 75, 76, 129-136, 167, 170, 210, 211

Holandês 29, 30, 67-70, 73, 74, 84, 89, 92

Hovsepian, Haik 153-155

Hussein 97, 150, 151, 162

I

Iêmen (iemenita) 40, 51, 93, 109, 110, 232, 234, 237

ignorância 277, 282, 283

imã 69, 72, 95, 96, 98, 102, 124, 138, 142, 146, 150, 215, 224

Índia 40, 62, 124, 128, 130, 142, 160, 161, 209-212

Índias Orientais Holandesas 29, 68, 73, 74

Indische Kerk 67-70, 84

Indo-Malásia 41, 52, 53, 275

Indonésia 22, 29, 30, 33, 40, 45, 56, 67, 68, 72-80, 268

Injil 80, 88, 99, 100, 139, 143, 245, 249

injustiça 196, 198, 237, 277, 281, 282, 287

Inquisição 26, 28, 259, 280

Irã 34, 35, 40, 128, 145, 147, 148, 150-163, 261, 268

Iraque 23, 40, 150, 234, 238

Isa 35, 69, 82-84, 88, 95-97, 123, 132, 134, 135, 137-143, 196, 218, 222-224, 245

Isai 123, 131, 134, 135, 142, 143

Israel 87, 110, 236, 237

J

Jalal 218, 223

jamaat 123, 130, 132, 138, 142, 143, 223, 227, 228, 305

Jejuar (jejum) 153, 241

Jesuítas 73

JESUS, filme 34, 45, 114, 117, 132, 156, 160, 161, 177, 179, 213, 238, 273, 289

jihad 24, 78, 111, 193, 211, 237, 275, 277, 279

jihadista 102, 200, 256

Jordânia 110, 236-238

K

Kabbah, Ahmad Tejan 192

Kabyle 268

kafir 82, 83, 87, 205, 206, 208, 216

Kalam 222

Kashmir(i) (Caxemira) 208, 210, 212, 215

Kebirabad 205, 214, 215, 217

Kharijites 150

Khoda 133, 177

Khomeini, Ayatollah Ruhollah 39, 151, 154, 157

Kitab al-Moqadis 135, 141

Kristen Jawa 30, 31, 69, 70, 84

L

Lang, Timur 167

Lashkar e-Taiba 211

Latourette, K. S. 23, 25-28, 32, 33, 173, 257

Lavigerie, Charles Martial 31

Líbano (Libanês) 27

Líbia 25, 39, 108, 110, 232, 236, 237

Lúlio, Raimundo 27, 28

M

madrasa(s) 97, 115, 124, 143

Magrebe 108, 110, 111

Mahad 248, 249, 250

Mahmoud 112, 114

Malásia 72, 74, 78

Maomé, Profeta 22, 23, 33, 35, 45, 54, 67, 69, 84, 92, 93, 95, 97-99, 102, 117, 133, 139-142, 148, 150, 199, 200, 222, 223, 232, 235, 242, 245, 269, 274, 275, 279, 285

marabout 196

Marrocos 108, 110, 189, 234, 236, 238

Martyn, Henry 160, 161

Mauritânia 22, 108, 110, 189, 232, 238

Mawlana 11, 138, 140, 141, 143

medo 60, 63, 95, 101, 103, 117, 118, 148, 180, 196, 218, 220, 221, 244-246, 249, 250, 263, 278, 279, 289

Mehmed II, Sultão 88, 171

Mehmet Khaleed 138, 139

Menonita(s) 174, 175, 270, 280

mesjid 30, 69

mesquita(s) 39, 69, 87, 88, 95-97, 134, 140, 142, 168, 221, 228, 231, 236, 281

minarete 88

Modi, Narendra 211

Moore, Ted 205, 214, 215, 217, 218

Mourisco(s) 28, 109

Mori, Thomas 124, 136, 142

Moscou 172

motivação 28, 261

movimento, definição 21

Mubarak, Hosni 231, 236

mujahid (*mujahedeen*) 94, 115, 208, 215

mulá (*mullah*) 145, 146, 158

mulheres 22, 23, 30, 35, 41, 69, 74, 97, 99, 111, 129, 146, 153, 156, 167, 182, 185, 189, 197, 202, 212, 215, 219, 223-228, 234, 242, 248, 262, 271, 286, 288

Mundo Árabe 36, 39, 41, 52, 61, 179, 194, 231-239, 248, 275

Mundo Persa 36, 41, 52, 147

N

Nabila 241, 242, 246, 248

Nação Árabe (*al-Watan al-Arabî*) 232

Nacionalização 275-277

Nadia 145-147, 152, 156-164

Namaz 146, 160, 216

Nasir 205, 206, 208, 214, 217, 218

Nasr 240-248

Nestoriano 174, 271

Nigéria (nigeriano) 22, 51, 62, 191, 193, 198, 201, 202

Nisibis 23

Norte da África 26, 31, 32, 39, 41, 52, 53, 105-110, 112, 114, 119-122, 171, 188, 238, 267, 275, 281, 282

O

ódio 157, 211, 213, 278, 289

ópio 68, 146, 158, 173

Orar (oração) 45, 56, 72, 73, 83, 100-102, 106, 114-116, 118, 130, 132, 133, 138, 153, 159, 160, 181, 182, 199, 215, 216, 220, 241, 242, 247-249, 256, 267, 270, 271, 279, 286-289

ortodoxo 77, 78, 148, 172, 174, 175, 177

Otomano   28, 109, 110, 148, 167, 168, 171, 172, 235, 280

P

Padres Brancos (Pères Blancs)   31, 32

Paquistão   39, 94, 124, 127, 128, 130, 133, 209-212, 237

Parte Ocidental do Sul da Ásia   41, 52, 205, 209, 212-214, 218, 223, 229, 276

Parte Oriental do Sul da Ásia   41, 52, 123, 127-130, 134, 144

pastor   80, 106, 119, 121, 156, 191, 196, 199, 201, 241, 276

Pentecostal   162, 181

Pir   135

pirata(s)   109, 110

Português   29, 72, 92

Presbiteriano(s)   126, 152, 155, 161, 178

Primavera Árabe   237, 238, 244

Punjab(i)   209, 210

Q

Questionário, O   44, 45, 47

Quirguistão   34, 171, 173, 175

R

Rafiq   105, 107, 108, 119, 121

Raimundo Penaforte   26

Ramadã   115, 142, 217, 231

Reconquista   24, 28, 109

Reddah   115, 116, 118, 119

Rogério II   24

Rota da Seda   170, 171

Rucker, B.T.   126, 136

Rússia (russo)   152, 168, 170-180, 209, 216

S

Saara   22, 108, 110, 186, 188, 190, 193

Sabri   243, 244

Sadrach   30, 35, 67-70, 73, 74, 78, 80, 84, 86, 257, 268

Sahih   50, 218

Saidna   223

salafi   94, 95, 235, 241, 242

Sara   147

Sat-7   239

satélite (TV por satélite, Sat-7, Al-Hayat)   116, 117, 119, 156, 163, 238, 239, 247, 271, 273, 287

Schmidlin, Joseph   29, 31, 257

Segurança 49-52, 162, 179, 181, 210, 255

Seljúcida 23

Shahada 69

Sharia 50, 77, 97, 109, 154, 193, 194, 213, 215, 223, 240, 266, 275, 277

Shawar Kameez 219

Síria 23, 89, 236-238

Slate, Faith 185, 186, 202, 203

Somália 22, 62, 89, 90, 93, 103

Stalin, Joseph 173, 175, 176

Sufi 55, 131, 135, 148, 151, 231

Sunita 23, 55, 131, 140, 148, 150, 237, 242

T

Tablighi Jaamat 130

Talibã 215, 217, 237

Tamerlão 167, 168, 171, 174, 182

Taylor, Charles 191

Teerã 39, 153-155, 158

tradução 30, 97, 114, 132-134, 140, 160, 161, 198, 213, 268, 287

tribal(ismo) 95, 126, 132, 134, 136, 137, 195, 205, 222, 224

Tribo de Deus 218, 221, 222

Tunísia 26, 27, 32, 62, 108, 110, 236-238

Turcomano 34, 168, 170, 173, 174, 176-178, 209

Turquestão 36, 40, 41, 52, 167-183

Turquia, Turco 23, 27, 28, 34, 108, 110, 152, 161, 167, 170-172, 174, 177, 178, 180, 182, 235, 238

Tzimisces, John 23

U

União Soviética 34, 40, 168, 170, 172, 174-176, 179, 209

Uzbequistão (Uzbeque) 168, 170, 173, 175, 177

V

Viena 172

viés do autor 49, 62, 64

Vietnã, Guerra 75, 112, 185

W

Wahhabi (wahhabismo) 236, 237

Wells, Peter & Faith 202, 203

Y

Yeghnazar, Seth 153, 154

X

Xeque 87-89, 94, 96-103, 141, 190

Xiita(s) 25, 34, 51, 55, 145, 148, 150-152, 162, 216, 242

Z

Zakaryas, Shaikh 32, 35, 257, 268

Sobre o livro:

Formato: 16 x 23
Tipo e tamanho: Cambria 11/15
Papel: Capa - Cartão 250 g/m2
Miolo - Polem Soft 70 g/m2
Impressão e acabamento: Imprensa da Fé